当代浙江学术文库
DANGDAI ZHEJIANG XUESHU WENKU
浙江省社科联省级社会科学学术著作出版资金资助出版（编号：2016CBQ07）

自闭症儿童交流性言语研究：基于个案的追踪

李晓燕 著

浙江工商大學出版社
ZHEJIANG GONGSHANG UNIVERSITY PRESS

图书在版编目(CIP)数据

自闭症儿童交流性言语研究 ：基于个案的追踪 / 李晓燕著. —杭州 ：浙江工商大学出版社，2016.12(2020.9 重印)

ISBN 978-7-5178-1872-4

Ⅰ. ①自… Ⅱ. ①李… Ⅲ. ①缄默症—儿童语言—研究 Ⅳ. ①G76

中国版本图书馆 CIP 数据核字(2016)第 257752 号

自闭症儿童交流性言语研究：

基于个案的追踪

李晓燕 著

出 品 人	鲍观明
策划编辑	任晓燕
责任编辑	任晓燕
责任校对	邹接义
封面设计	林朦朦
责任印制	包建辉
出版发行	浙江工商大学出版社 (杭州市教工路 198 号 邮政编码 310012) (E-mail:zjgsupress@163.com) (网址:http://www.zjgsupress.com) 电话:0571-88904980,88831806(传真)
排 版	杭州朝曦图文设计有限公司
印 刷	广东虎彩云印刷有限公司绍兴分公司
开 本	710mm×1000mm 1/16
印 张	14.5
字 数	249 千
版 印 次	2016 年 12 月第 1 版 2020 年 9 月第 2 次印刷
书 号	ISBN 978-7-5178-1872-4
定 价	45.00 元

浙江工商大学出版社营销部邮购电话 0571-88904970

序

自闭症儿童的康复一直是特殊教育界的世界级难题。当我的导师周兢教授指引我的博士论文向这一方向前进的时候，心中的忐忑惶恐，那种感觉到现在还难以忘怀。在选择自闭症儿童作为研究对象后，我曾经无数次想象过程的困难和艰辛，想象自己的耐心和毅力怎样被日日消磨。我以数字计算我的生活，预计自己将会累到一个极限。

我猜到了这开头，却没有猜到结局：在我开垦自闭症儿童语言发展与言语障碍的苗田时，在掘地时，有一股清凉的溪流出现了，它不断地消解着我无穷无尽的疲惫，在我倦极入睡的时候，还仿佛听到种子成长的声音。这些用数字难以度量的东西，改变了我的世界观，进而也改变了我的方法论。

这条小溪流，是自闭症儿童不为人知的隐秘生活之流。在密集的观察、长时间的追踪以及丝缕毕现的分析当中，一向被世人称为冷漠和怪异的自闭症儿童，向人们展示出了前所未有的新面貌：他们或许没有看我们，回避眼神的接触，但他们真的想要亲近母亲、呼唤朋友，他们一直在用他们的方式，频繁地、执着地表达着这样的努力。只是这样的努力，微弱如细小水流，难以突破指尖成为行为，难以突破嘴唇成为声音。在以“标准的行为”和“标准的声音”为尺度的世界里，这些方式未被我们看到过、听见过，但它确实存在。如同蝙蝠听得到超出人耳范围的声波，就掌握了黑夜的秘密；如同海豚听得到超出人耳范围的声波，就掌握了深海的秘密。在摒弃了我们习惯的语言方式之后，我们忽然听到了自闭症儿童的声音，听到了在呆板的语调当中隐藏的热情、在回避的眼神当中遮掩的愿望、在异常的话语当中挣扎的努力。

自从察觉了它之后，我们——自闭症儿童、家长和研究者，都获得了力量。家长和研究者的力量，来自于儿童康复的可能性：明白自闭症儿童的语用，是一个需要在显微镜下观照的世界。在那里，人们原以为一线之隔的错误到正确，竟然隔着一条崎岖而漫长的小道，自闭症儿童在上面艰难前行，一点点从完全不正确到逐渐地接近正确。而儿童的力量，则来自于自身存在意义和幸福感本身：如果他们的努力被看到，被鼓励，被支持，他们会获得更多的动力，更努力地发出他们的声音。

要看到他们的努力，我们需要长时间静静地观察与耐心地等待，努力发现他们所喜爱的、所擅长的、所羡慕的、所害怕的、所害怕又想要接近的等等。要能够有效地鼓励他们，我们要细致地分析他们的语用状态，帮助他们进入分析的、应用的语用情境，吸引并尽力维持他们的注意力，推动他们发现并实现获得成功的机会，用成功来鼓励成功。要能够有效地支持他们，我们需要立足于语用，同时要离开语用本身，返回语言的家——语言是交往与思维的女儿，如果他们愿意交往，积极思考，语用发展水到渠成。我们需要重新回到自闭症儿童的心灵与大脑所在的地方，从他们的立场看他们的语用，从他们的立场而不是自以为是地看待教育者的行为：在语言的交往及思维应用当中儿童开心吗？有没有愿意并且能够达成的目标吸引儿童开口？有没有充足的动机推动儿童的语用？

博士毕业之后，笔者从未停止过对自闭症儿童语用发展的思考，先后进行了一项密切相关的国家课题以及一项教育部课题的研究。更深的了解，更广的视野，让我愈发地肯定了博士论文研究中发现的那点微光的价值——对自闭症儿童不为人知的隐秘生活之流的了解可以更好地引导一条双向融合的路：不是自闭症儿童向普通儿童的世界回归，而是自闭症儿童与普通儿童，以及其他的特殊儿童，所有儿童的家庭及师长们，如何通过所有人的自我调整和相互融合，以更好地适应这个大家原本就共存共有共享的世界，这个因差异而美好的多元世界。

在本书即将付梓之际，感谢浙江省社科联省级社会科学学术著作出版资金的全额资助，感谢刘淑娟编辑为本书的出版所付出的辛勤劳动，使本书能有机会与读者见面。感恩专业之路上的先导者与同行者们，包括我的导师周兢教授和师门与同行的人们，感恩自闭症儿童和他们的家长、老师、小伙伴们。感恩时间，大浪淘沙般帮我不断地涤荡我的所知所想，留下这最美好最热烈的念头，与大家分享。

李晓燕

2015 年 12 月 18 日

前　　言

尽管自闭症在过去一度被认为是一种罕见的病症，但在目前，自闭症以及其他广泛性发展障碍，已经被看作为儿童障碍的第三大障碍形式(Daley, 2002; Murray, 1996; Weru, 2005)。语言障碍是诊断自闭症的核心症状之一(American Psychiatric Association, 2000; 2013)，所有自闭症患者在这一领域都存在明显的滞后和障碍现象(Tager-Flusberg, 2004)，范围包括从完全不能交流，到有充分的语言知识，但在运用这些语言知识进行会话或进入语篇情境时出现根本性的障碍(American Psychiatric Association, 1994; 2000; 2013)。有关自闭症儿童语言特征与语言障碍本质的研究，在过去的几十年内日益受到研究者们的关注，获得了大量的研究成果。

研究者们指出，自闭症儿童在语言的各范畴，如语义、语法、语用范畴均存在程度不一的滞后或障碍现象。但是，某一范畴的发展也许取决于其他范畴的发展，或者与语言其他范畴的发展有关。显示这一方面成果的图景研究我们了解得不多，更不用说在发展中的图景研究了。目前，几乎还没有研究者运用成长模型技术(Growth Modeling)对自闭症儿童语言主要范畴间发展速率的差异进行分析(Tager-Flusberg, 2004)。

研究者们还从许多方面对自闭症儿童语言运用的质量进行了探讨。一部分研究着眼于自闭症儿童各范畴的指标衡量，一部分研究着眼于会话或者语篇等实际语言运用情境当中的效果表现。但是，无论是从语法、语义、语用范畴的角度，还是从语言运用时的信息交互、情境交际等角度，都未能全部展示出自闭症儿童语言运用中实际效用的表现以及表现之间的关系。结合量的数据分析与质的现象总结，从自闭症儿童语言习得、提取、操作、运用的完整程序上来衡量自闭症儿童语言运用质量的研究，目前还没有发现。

由于自闭症儿童在熟悉程度不同的环境里，与熟悉程度不同的人互动可能会出现完全不同的语言模式，使得自闭症儿童语言发展和交流因素影响的研究比之普通儿童显得尤为重要。许多研究者在有关自闭症儿童的家庭影响、同伴影响的研究中,提出了一些具参考价值的研究结论,但到目前为止,还未发现以自闭症儿童自身语言发展与交流的需求角度出发进行的研究,这在某种程度上影响了自闭症儿童语言发展和交流干预的直接操作。

除此以外,我们还发现,在现有的文献中,很少有对自闭症儿童获得语言过程的阶段进行追踪研究,即对自闭症儿童幼儿期这一关键时期进行研究。而且,现有的对于自闭症儿童语言障碍本质的了解,主要来自于美国和欧洲国家的研究。在许多发展中国家,包括中国,与自闭症儿童发展有关的研究极少(Sanua, 1986; Daley, 2002),更不用说与自闭症儿童语言发展和障碍有关的研究。汉语是语义型语言,与印欧语系的形态型语言不同;汉语儿童与欧美儿童处于不同的文化环境(潘文国, 2001)。语言差异和文化差异对儿童语言的发展有非常重要的影响,因此,汉语言文化环境下自闭症儿童的语言发展和交流,极有可能呈现不同的状况。

本研究的目的在于对四位汉语自闭症幼儿的语言发展和交流技能进行深入细致的探索研究。首先,探讨汉语自闭症幼儿语言概貌图景及其在发展当中的变化。然后,在量化研究的基础上辅以质化的方法,探讨汉语自闭症幼儿语言概貌特征实际运用的效用,主要从语言形式的习得、提取、操作、运用等方面,对汉语自闭症幼儿在实际场景中的语言运用质量进行考察。自闭症幼儿语言概貌表现还易受交互关系的影响与制约,以至交互关系本身成为概貌研究不可或缺的部分。因此,语用交互影响研究亦作为本研究的内容之一。本书将从"自闭症幼儿语言成长模型研究""自闭症幼儿语言运用质量研究""自闭症幼儿语言运用交互平台研究"三大研究板块入手,试图对四位汉语自闭症幼儿语言发展与交流的立体图景进行探讨。

本研究为平行个案研究,我们分别以语言年龄(MLU: mean length of utterance)为匹配标准,对四位汉语自闭症幼儿和四位配对普通幼儿的亲子言语互动进行了长达18个月的追踪摄像观察;对四位汉语自闭症幼儿家庭主要成员的访谈资料、两个小时的幼儿园摄像观察、半个小时的陌生人言语互动摄像观察等;另外,还对其中一位自闭症幼儿的融合幼儿园非正式课程时间的言语互动进行了40天的观察笔录。本研究兼具预测性和描述性的研究目的,采用了量化和质化多种研究方法相结合的方法进行了分析。

第一章研究基础部分,对与自闭症儿童语言发展和交流技能、研究方法有关的文献进行了回顾与综述,主要包括:第一部分为自闭症儿童语言发展概貌研究综述,对自闭症儿童在语义、语法、语用三个范畴的特征与障碍进行了描述，还对这三个范畴的图景式研究以及研究方法进行了回顾；第二部分为自闭症儿童语言运用的实效研究综述，主要从会话的发起、会话的话轮转换以及会话障碍的归因三个方面，分别对相关研究进行了评述；第三部分为自闭症儿童语言运用交互平台研究综述，主要从母亲和同伴的影响两个方面进行；第四部分以研究视野以及研究方法的角度，从整体上对前面三大部分的综述进行再综述。本章主要关注的是就现有的研究状况，并提出本书的研究空间。因此，本章的各个小节中，我们提出与本研究有关的三大研究问题：

(1)汉语自闭症幼儿的语言成长模型是怎样的？与普通儿童的成长模型是否一致？

(2)汉语自闭症幼儿语言运用的质量如何？汉语自闭症儿童的成长模型如何影响了语言运用的质量？

(3)语言运用环境对汉语自闭症幼儿的语言发展与交流有何影响？产生影响的依据是什么？

第二章为汉语自闭症幼儿语言发展和交流研究的方法设计。首先，我们对本研究需要研究的问题与思路分别做了阐述；其次，我们从三大研究问题入手，分为三大研究板块，每个研究板块都对研究的操作过程进行了详细说明，包括：要解决的问题，研究的思路，研究对象的选取，语言资料的收集、转换、编码、统计，以及分析方法，等等；最后，我们对本研究的意义进行了阐述。

第三章、第四章和第五章为本研究的主要结果部分。

第三章为汉语自闭症幼儿语言成长模型研究的结果部分。该部分使用成长模型技术分析方法对汉语自闭症幼儿的语言成长模型进行研究。包括同步分析方法进行的图景研究以及之后追踪部分的速率研究两部分。首先，运用同步研究分析方法，呈现了研究开始时汉语自闭症幼儿与配对普通幼儿(以起始的 MLU：平均语句长度相匹配)语言主要范畴的静态图景概貌，并发现，在亲子言语互动中，与配对普通幼儿相比，汉语自闭症幼儿的成长模型显示出这样的特点：图景显示出主要语言范畴的不平衡、发展显示出主要语言范畴的不同步、汉语自闭症幼儿语言发展与交流的个体差异大。具体表现为：第一，语法为相对弱势，四个个案均表现出这样的状况；第二，交流行为为相对优势，四个个案均表现出这样的状况；第三，语义水平变化较大，显示语义有可能是受到发展或环境影响较大的范畴，而用于核查整体功能状况的功能性言语比例指标，则显示出个体间不同的发展方向；第四，个体差异较大，更表现出范畴之间不平衡性的复杂性。

汉语自闭症幼儿语言成长模型研究的结果,是一个数量的结果,它表现了汉语自闭症幼儿语言成长的基本概貌。若想要了解其概貌的本质及其形成的原因,我们就必须深入具体运用现场进行质量的研究,而概貌表现出来的发展不平衡的现象,更需要深入细致的了解才能够解释。所以,我们深入到追踪研究数据当中进行量化比较和质化观察,从以下两个方面进行:一是将汉语自闭症幼儿和配对普通幼儿的语用指标进行组间比较分析;二是将四位汉语自闭症幼儿的整体语言运用情况进行组内分析与比较,对其语言运用的质量做进一步的考察。

第四章呈现的即是自闭症幼儿语言运用质量研究的结果部分。结果从三个方面呈现:第一部分运用协方差分析方法,对汉语自闭症幼儿以及配对普通幼儿语用交流行为具体类型的使用是否存在差异进行了检验。研究发现,尽管汉语自闭症幼儿和配对普通幼儿使用的语用交流行为类型相似,但使用的具体类型受限。主要表现为,一方面,在交流意图上,汉语自闭症幼儿有较强的发起交流愿望,但多在想象情境中讨论事物,对于正在发生的、发生过的或者未发生事物的讨论,以及有关社会情绪情感方面的表达显著偏少;另一方面,在言语表达形式上,汉语自闭症幼儿显著依赖于宣告建立新的情况发起交流,但向父母获取信息和提供信息时存在困难。汉语自闭症幼儿的语用交流行为研究成果表明,虽然汉语自闭症幼儿具有通过宣告与陈述吸引母亲交流的强烈愿望,但是其用于信息交互、情感交互的言语意图以及言语形式贫乏。第二部分仍运用协方差分析方法,对汉语自闭症幼儿会话“轮流”特征进行了检验。研究发现,相比较配对普通幼儿而言,尽管汉语自闭症幼儿以一些看似正常的方式(如较多的发起、拓展、直接回应)参与父母的会话,但是他们发起与拓展的信息重复率较高,不回应、错误回应显著偏多,而且更易于产生不能让会话流畅地进行下去的异常话语。而对汉语自闭症幼儿语言成长模型形成原因的研究,我们主要是通过对每个个案语言运用现象的梳理与分析完成的。研究发现,语言形式虽然可以被孤立地加以训练和教育,但实际上,它的实效由信息运用和交际运用决定,因为真实有效的语言是应用型习得语言。因此,语言的学习能否在信息运用和交际运用当中进行,对语言运用的质量有重要影响。而语言操作当中的操作指向对于语言运用本身又有极其关键的影响。因此,语言的操作指向是否是分享指向型以及语言形式的习得类型是否是应用型习得类型,是影响汉语自闭症幼儿语言运用质量的主要因素。而操作指向又直接影响语言形式的习得类型,它是影响汉语自闭症幼儿语言运用质量的核心因素。因此,汉语自闭症幼儿个案语言主要范畴的发展、语言的运用及实效与操作指向及语言形式的习得类型是一致的,对于语言形式的习得而言,部分可以被孤立的训练所影响。这两方面是汉语自闭症幼儿语言发展概貌的形成原因。

Sameroff 等研究者指出,儿童的发展是儿童与提供经验给他的家庭和社会情境不断交流的结果(Sameroff & Fiese, 2000)。我们对汉语自闭症幼儿在不同语用交互环境下的观察发现,环境交互之于汉语自闭症幼儿语言运用的影响较普通幼儿大。因此,对汉语自闭症幼儿语言发展和交流的研究,还必须深入到语言交互的环节和语言运用的最直接层面——交互平台进行考量。接下来,我们采用多种研究方法,对汉语自闭症幼儿的语言交互平台状况进行了分析。

第五章展示的是汉语自闭症幼儿语言运用交互平台研究的结果部分。该部分从四个方面进行:第一部分,运用量化统计中的重复测量方法,笔者对个案 QQ 语用交互的指向和被指向关系进行了研究。研究发现,在个案 QQ 的幼儿园环境当中,存在一个以自闭症幼儿 QQ 为中心的人际交往圈,其中同伴对他的影响更甚于老师。第二部分,运用多种质化研究方法,笔者对密切交互同伴 Y 对于个案 QQ 语言运用影响的积极方面和受限方面进行了分析,展示了个案 QQ 在语言行为中受到 Y 语言影响的具体方面。第三部分,运用现象学的阐释方法,笔者对个案 QQ 和同伴 Y 之间为什么会产生密切语言交互进行了尝试性分析,以寻找语言影响能够发生的深层原因。研究发现,个案 QQ 与同伴 Y 之间语言交互的平台,其基础是"关系"交互的平台。而关系交互平台的形成,源自他们是否"兴趣相似""能力互补""性格互补"等因素,这些因素满足了其交往当中相应的需求特征。因此,个案 QQ 能否获得较好的语言影响,首先与该关系平台能否形成有关,然后才与该关系平台上的互动对象能否提供较好的语言鹰架有关。在第四部分,通过同伴 Y 对个案 QQ 语言的积极影响分析与受限分析,我们提出"平等、自信、宽松"的场景属性以及"语言形式鹰架、语言运用鹰架、可持续发展鹰架、在情境中交互的语言鹰架"应作为自闭症幼儿形成良好语言交互平台不可或缺的因素。良好的语言运用交互平台支持有助于自闭症幼儿的语言形式获得较多功能性的运用,同时也直接影响了其语言运用的质量。

第六章、第七章是研究结论和讨论、教育建议、研究局限以及有待进一步研究的问题。在结论和讨论部分,结合量化和质化研究结果,我们对汉语自闭症幼儿语言成长模型,汉语自闭症幼儿语言运用质量,汉语自闭症幼儿语言运用交互平台三个部分的结论分别进行了讨论,对结论出现的原因进行了分析，据此提出了相应的教育建议。研究局限主要在于，我们研究的是4—6岁学龄前自闭症儿童，现有的结论还有待于拓展到更宽泛的年龄段，以及更多的自闭症儿童中去，以进一步地验证研究结论。因此，还需要增加其他年龄段样本，做进一步的研究。

在今后的研究方向中，下列问题有待于进一步的研究：第一，后续的干预研究；第二，语篇层次的研究；第三，学龄阶段的后续研究；第四，与其他语言障碍群体的比对研究；第五，分别入读融合幼儿园和普通幼儿园的自闭症幼儿语言运用的比对研究。

目　　录

第一部分　基础和准备

第二部分　分析和发现

第三部分　结论与讨论

第一部分　基础和准备

第一章　研究基础

本章主要从以下四个方面对研究文献进行综述：自闭症儿童的语言概貌特征，自闭症儿童的语言运用质量，影响自闭症儿童语言运用的交互环境因素，以及本研究的研究视野与方法。首先，对自闭症儿童语言发展过程中语言主要范畴，即语言形式及其运用、交流行为及其运用方面的研究进行了梳理。其次，对自闭症儿童语言运用的质量，以及影响其语言运用质量的可能因素进行了回顾。再次，从自闭症儿童的母亲以及同伴两个方面对自闭症儿童语言运用的交互环境影响因素进行了综述。最后，从总体上的研究视野与研究方法两个方面，对自闭症幼儿语言研究的内容视野与方法的综述进行再综述。本章的文献梳理，目的是为了发现：自闭症儿童语言概貌的特征有哪些？这些概貌特征有怎样的运用质量？运用质量在哪些影响层次和方面可以得到解释？语言概貌和运用怎样影响语言交互？语言交互外在因素又如何影响进一步的语言运用概貌和质量？本章的结尾部分，将呈现根据本综述而得出的一些研究假设。

语言障碍是自闭症的核心特征之一（American Psychiatric Association，2000；2013）。自 Kanner 将自闭症儿童的语言症状与其他发展障碍儿童的语言症状进行区分后（Kanner，1946），自闭症儿童语言特征与障碍的研究受到了越来越多研究者的关注。若干年的各种研究表明，约 50％的自闭症儿童永远不能获得功能性语言（Bryson，1996），而获得功能性语言的自闭症儿童在临床上亦表现出异常的言语和语言特征。以下文献的综述内容均为针对获得功能性语言的自闭症儿童而言。

第一节　自闭症儿童语言概貌特征的研究

语言发展包括几个语言范畴——语音、语义、语法和语用范畴的习得。

为了了解自闭症儿童整体的语言概貌特征,有必要对其主要范畴基本语言状况的研究进行梳理。所以,在本部分的文献综述中,我们将从以下四个方面进行:自闭症儿童的语法技能;自闭症儿童的语义技能;自闭症儿童的基本语用技能;自闭症儿童语言主要范畴相对关系的图景概貌。

一、自闭症儿童的语法技能

研究者们普遍认为自闭症儿童的语法发展存在障碍。尽管对自闭症儿童的追踪研究表明,自闭症儿童的句法发展过程与普通儿童的句法发展过程相似,并以与普通儿童一般的顺序习得特定的语法结构。而且,在习得语言的内部机制上,他们的表现与普通儿童、唐氏儿童相同(Tager-Flusberg et al., 1990; Tager-Flusberg, 1994)。但是,对自闭症儿童语法发展的深入研究表明,自闭症儿童的语法发展存在严重障碍。

首先,自闭症儿童语法发展速率显著滞后于普通儿童。在控制了语义知识和非言语智商,以及讨论的议题后,自闭症儿童产生言语的语法复杂性显著较低(Eigsti et al., 2007);即使是使用相对粗糙的语法衡量工具MLU(平均语句长度,英文全称为 mean length of utterance),自闭症儿童也表现出相对较短的状态(Condouris et al., 2003; Rapin & Dunn, 2003; Kjelgaard & Tager-Flusberg, 2001; Capps et al., 1998; Seal & Bonvillian, 1997)。

其次,自闭症儿童使用的语法范围狭窄。Scarborough 等研究者使用句法衡量工具 IPSyn(句法生成指数)对自闭症儿童的语法结构做深入探讨时发现,自闭症儿童部分语法结构得分显著较高,然而他们的总体语法结构得分显著低于普通儿童,显示他们的语法发展存在范围上的限制,即倾向于运用范围较窄的语法结构,差异显著。他们的研究还发现,相比较语法结构得分而言,MLU(平均语句长度)的成绩易于高估自闭症儿童的语法发展状况(Scarborough et al., 1991)。该研究结论得到了 Condouris 等研究者的证实,Condouris 的研究表明,自闭症儿童在自发言语语法测查的项目(如 MLU 和 IPSyn)上都存在障碍(Condouris et al., 2003;Tager-Flusberg, 2006)。

除了语法习得出现上述异常外,研究者们还发现,自闭症儿童在语法运用上存在刻板现象:自闭症儿童虽然能以正确的语法形式完成句子的完形填空,却不能在语义情境中完成,得分甚至低于阅读困难儿童(Frith & Snowling, 1983);转换语法形态时,自闭症儿童错误率高、复杂性低(Pierce et al.，1977)。也就是说，虽然自闭症儿童能习得一些语法结构，但在运用的灵活性、适切性以及最终能达到的水平上均与普通儿童存在差异。

那么，是什么影响了自闭症儿童语法运用的灵活性、适切性以及最终的发展水平？有研究者曾在自然情境下对四位自闭症儿童、四位唐氏儿童、四位普通儿童（以 MLU）共三组儿童进行了观察，发现自闭症儿童产生的语法存在大量模仿现象，但模仿所起的作用较小（Tager-Flusberg & Calkins，1990）。对于普通儿童来说，模仿是重要的语言习得方式之一，语言模仿和语言创造相辅相成、相得益彰，共同促进儿童语言的学习。为什么自闭症儿童存在大量模仿却没有促进其语言发展？经观察，和普通儿童依赖信息分析处理(analytic)的学习方式不同，自闭症儿童的"模仿"采用的是一种完形的或整体的策略（gestalt)，即采用回声、重复和程序惯例（Prizant，1983)等策略进行语法学习，因此，与普通儿童的模仿存在质的差异。虽然自闭症儿童在学习一些形式很好的短语时一学就会，但这些短语仅仅被当作一个未加分析、理解的字符串在使用，所以只能掌握并重复运用少量特定形式的语法框架。

这就解释了为什么自闭症儿童在 IPSyn(句法生成指数)测试中部分语法结构得分显著较高，总体语法结构得分却显著低于普通儿童的问题(Scarborough et al.，1991)。有研究提出的"自闭症儿童的表达性言语好于理解性言语"(Boucher，1988)的奇怪结论也得到了解释：我们不能把自闭症儿童说出来的言语都列为表达性言语，实际上，自闭症儿童产生的很多言语是通过"完形模仿"产生的，其真正自发产生的表达性言语较少。这种"完形模仿"式的语法习得，由于是回声性(echolalia)的，而不是通过理解在学习，因此这些语言较少在言语交流中得到修正反馈，违反了语言的发展是语言和环境不断交换的过程原则，这使得自闭症儿童的语法运用呈现死板、狭窄的特点，并影响了它最终能达到的水平。

二、自闭症儿童的语义技能

研究表明，对自闭症儿童来说，词汇习得是一个相对掌握得较好的领域（Kjelgaard & Tager-Flusberg，1999；Tsai & Beisler，1984)。有研究者发现，与语法发展相比，自闭症儿童词汇发展的障碍程度较轻（Rollins，1994)。自闭症儿童的自然跟踪数据及标准化测试（如皮博迪图片词汇测验，英文全称 peabody picture vocabulary test，简称 PPVT)均表明，他们具有较为丰富的词汇量（Tager-Flusberg et al.，1990；Kjelagard & Tager-

Flusberg, 1999; Fein & Waterhouse, 1979),对于高功能自闭症儿童来说,词汇量更是高于他们的其他语言能力(Lord & Paul, 1997)。

虽然自闭症儿童在词汇习得数量上显示出相对较好的能力,但是许多研究已经证实,自闭症儿童语义范畴的其他方面存在障碍。在词汇的概念研究上,存在不同的研究结论。早期的研究认为,自闭症儿童与语言年龄匹配的发展障碍儿童相比,以分类为基础的排序、概念的命名、概念的种类、词汇测试无差异(Kjelgaard & Tager-Flusberg, 2001; Boucher, 1988; Tager-Flusberg, 1985a, b)。自然跟踪数据(Tager-Flusberg et al., 1990)及标准化测试如PPVT均表明自闭症儿童有形成概念、理解意义的能力。但近来有研究者对自闭症儿童使用的70000个会话单词进行了分析(包括概念的形成),研究发现,自闭症儿童的词汇概念存在异常,这种异常尤其体现在上位概念和时态概念两个方面(Perkins et al., 2006)。

对自闭症儿童词汇的深入研究发现,自闭症儿童是以一个系统的高度受限的方式习得单词的意义的。在会话或者语篇的运用情境当中,研究者们发现,一方面,较单词产生而言,自闭症儿童的单词理解不仅相对滞后(Charman et al., 2003),而且在重新提取语词语义时较为困难(Owens, 1998);另一方面,自闭症儿童掌握某些类型的词汇出现困难,包括对心理状态及社会—情感词汇的习得与理解表现出特定的障碍(Eskes et al., 1990; Tager-Flusberg & Sullivan, 1994),这种困难直接影响到其对句子和语篇的理解。比如,他们对卡通、玩笑、幽默、惊奇、连贯的内容理解存在很大困难(David et al., 2003),在背诵文本的测试中,回忆连贯的或不连贯的系列单词及故事时,自闭症儿童和普通儿童不存在显著差异,但是自闭症儿童回忆出来的情感句子显著少于普通儿童(Beversdorf et al., 1998)。他们在生活中几乎很少运用任何与心理状态有关的词汇,特别是认知状态词汇,如知道、想、记得、假装等等(Tager-Flusberg, 1992; Bang J et al., 2013)。事实上,自闭症儿童理解社会词汇的特定障碍在其生命早期就已发生,即自闭症婴儿在理解词汇时,与早期姿势发生(包括共同指代等)的联结相对滞后于与后期姿势发生(包括使用物体等)的联结(Charman et al., 2003)。

这种语言理解与提取的困难以及心理与情感习得的特定困难,极大地影响了自闭症儿童的语言面貌,使他们无法了解交流情境及对方的谈话主题,通常只能片面或者片断地理解他人谈话内容,以至于在回答他人提出的问题时,较同年龄儿童怪异或不正确(Lord & Paul, 1997),表现出范围狭窄的、无法与情境相协调的使用方式,显示出语义发展的奇异图景。自闭症儿童常出现一种特殊语义倾向，即产生大量特异性词语(idiosyncratic)和新词语(neologism)(Volden & Lord，1991)，这种自创特异新词倾向，也许与他们在认知、社会和语言上的特定能力缺失有关。

三、自闭症儿童的基本语用技能

语用交流行为是儿童最早出现的语用行为，同时也是最基本的语用现象(周兢，2006)。它关注的是儿童语言运用能力最基本的层面。交流时所运用的语言在说话者和听话者之间造成的影响，可以从两个水平层次上进行分析。第一个水平层次是语言所表达的交往倾向，即说话者要表达的社会交往意图；第二个水平层次是语言运用所采用的言语行动形式，也就是一个人用什么样的形式来表达自己的愿望倾向(Ninio & Snow，1996)。儿童语言交流行为研究探讨的是，儿童怎样在学习语言和进行交流过程中，逐步学会用不同的语言形式来表达自己的不同交流倾向，使自己的语言具有越来越强的交往功能(周兢，2002)。这两个层面是一个互相交织的过程。

有关交流行为范围的研究表明，尽管各种群体儿童交流行为的平均数量、频次、持续时间无差异(Dawson et al.，1991；Wetherby，1986；Prizant & Schuler，1997)，但是，自闭症儿童表达的交流意图种类有限，交流行为使用的功能范围显著受限，即自闭症儿童习得口头语言时不能表达全部范围的语言功能，或者说不表达全部范围的言语行为(Tager-Flusberg，1993)。主要表现在，他们很少对正在进行的，或是过去的活动做出评论，也很少使用语言寻求或者分享注意，不提供新的信息，不表达意图、意愿、现状或其他心理状态(Tager-Flusberg，1992；1993)。Rollins 对 MLU(平均语句长度)和生理年龄相配的自闭症儿童与唐氏儿童的跟踪研究也发现，在言语意图的评估方面，与唐氏儿童相比，自闭症儿童几乎不接应母亲有关关注物体的讨论，而且他们表达自己交流意图的社会交往类型十分有限；甚至在发展过程中出现社会交流意图表达倒退的现象(Rollins，1994；Rollins & Snow，1998)。

自闭症儿童用以表达交流意图的言语行动种类亦受到限制(Wetherby，1986；Loveland et al.，1988)。比如，在提问的使用中，自闭症儿童很少使用那些用以理解他人，以获得不同知识(寻求信息)或者态度(寻求同意或阐述)的功能性提问。相反，他们会使用提要求、测试问题或者寻求注意等影响他人行为，而不是心理状态的问题。有些看起来属于宣告类的言语行动类型，有可能实际履行的意图为提要求（Tager-Flusberg & Sullivan, 1994）。例如，当一个儿童说，糖放得很高。也许他并不是在评论糖的位置，而是可能在提出要求，让别人拿给他。

还有研究者在言语意图使用范围的研究基础上，对自闭症儿童言语意图的使用层次进行了探讨，并尝试对自闭症儿童使用范围研究的一些结论做出解释。Wetherby(1986)指出，自闭症儿童的交流意图层次，可以分为非社会性的、准社会性的和社会性的三个层次。非社会性的交流意图包括：第一，试图组织他人的行为达到环境中的目的，如要求或阻止一个物体或者行动；第二，在言语行动上表现为组织行为。准社会性的交流意图为聚焦于自己或自己的需要，包括试图吸引他人对自己的注意，如提出社会常规，欢迎，叫人，要求允许，展示或者卖弄，等等。社会性交流意图聚焦于互动或者信息分享，包括引导他人对一个物体或者事件的注意，如命名一个互动物体的标识，评论，要求信息，等等。第一个层次是为了达成工具性目的，满足自己的需要；第二个层次仍以自己为注意之重心，但已带有社会性的目的；第三个层次则是为了和别人分享同一个话题而具有的交流（Wetherby, 1986）。

Stone 等研究者对自闭症儿童三个层次的交流意图进行研究时，发现自闭症儿童缺乏第二层次和第三层次的交流意图。第二层次和第三层次交流意图的缺乏反映在言语行动上则表现为：与发展障碍儿童相比，自闭症儿童为了共同注意的评论或者交流，比用于行为组织的提要求或者交流要少；用于社会互动的交流行为在该研究中没有出现(Stone et al., 1997)。该研究结果得到了一系列同类研究的支持(Stone & Caro-Martinez 1990; Wetherby et al., 1989; Chiang & Lin, 2008)。

有研究认为，自闭症儿童第二层次和第三层次交流意图缺乏，缘于其中某些层次的习得具有特定难度，因此，自闭症儿童在习得交流意图时，会显示出序列。正常发展儿童在一岁时就已出现三种交流意图层次：非社会性的、准社会性的、社会性的(Bruner, 1981; Wetherby & Prizant, 2002)。但是，处于前语言和早期语言阶段的自闭症儿童极少使用原叙述行为的交流姿势或言语(protodeclarative speech)，如使用物体获得成人注意或引导成人对物体的注意等，却较多地使用原命令行为(protoimperative speech)，如反映需要和需求的行为或姿势等(Baron-Cohen, 1989; Mundy et al., 1986; Wetherby, 1986)，共同注意等社会性或准社会性交流功能的出现频率显著较低，甚至不出现(Wetherby, 1986; Wetherby et al., 1989)。所以，研究者们认为，自闭症患者在这两方面具有根本的障碍(Mundy et al.,

1990; Mundy et al., 1994)。

四、自闭症儿童语言概貌特征的图景式研究

自闭症儿童语言概貌特征的图景式研究源于研究者们对于语言各范畴相互关系的探求，这也同时使自闭症儿童的语言研究获得了新的视野。研究发现，在普通儿童语言发展的过程中，其语言各范畴间的发展关系相当密切，并据此认为，语言各范畴间的发展高度制约，是相互影响的关系(Rollins, 1994)。而来自发展或习得困难群体的研究表明，语言某个范畴会出现选择性的障碍(Cromer, 1976; 1988)。这样，有研究者认为，自闭症儿童语言各范畴间的发展也许是不平衡的，也许正是这种不平衡使得自闭症儿童的语言表现与普通儿童不同(Rollins, 1994; Lord & Paul, 1997; Tager-Flusberg, 1989)。因此，他们有可能在语言的某个范畴发展得较好(如语义范畴中的词汇)，但在另外一个范畴出现障碍或背离(如语用交流行为)。因此，对每个语言范畴的独立研究常常遭到临床上和理论上的质疑。而语言图景研究(Language Profile)聚焦于语言各范畴的同步关系，该方法强调评估障碍儿童的多种语言技能，采用标准化的分析方法，将得到的障碍儿童的语言图景模式与年幼的普通儿童或其他种类的障碍儿童进行配对比较。这种个体语言图景的构成方式，可以概括出语言各范畴的相对强项和相对弱项的模式(Wilkinson, 1998)。因此，关于语言图景的研究正日益受到研究者们的重视(Wetherby & Prizant, 1993; 李晓燕, 2009)。

至目前，自闭症儿童语言图景研究的结论主要倾向于两点：

第一，自闭症儿童语言出现的障碍形式包括语言形式(语言结构)和语言功能(语言运用)的脱节(Tager-Flusberg, 1989; 1993)。也就是说，在语言的4个范畴，即语音、语义、语法和语用范畴中，语言的表达形式相对没有障碍，或者障碍程度较轻，但是，语言的功能出现明显的障碍(Rollins, 1994; Wilkinson, 1998; Rollins et al., 1998)。

第二，语用是自闭症儿童语言发展的核心障碍。自闭症儿童可能具有较为完整的语言知识，但是其语言发展中语用范畴技能弱势的图景相当清晰(Lord & Paul, 1997; Wilkinson, 1998)。而且，这些语用困难将影响其表征能力(语义)的习得，如出现“隐喻式”和异常的言语，包括异常使用的，但有意义的单词或者短语(Lord and Paul, 1997)；自己创造的或者无意义的单词(新词)；模仿不适合当前情境的单词、短语(Prizant et al., 1997)；语用困难还将影响其语法的习得，如交流意图中吸引他人注意的能力和讨

论共同注意事件的能力将预期其句法结构的发展(Rollins，1994；1999；Rollins & Snow，1998)。

这些研究从"图景"的角度，对自闭症儿童多项语言技能进行了考量，证明了不论自闭症个体所能达到的实际语言水平如何，他们都存在语言障碍的系统模式(Mundy & Crowson，1997)。这些研究结果表明了图景研究视野的重要性：自闭症儿童的语言表现确实存在不同步的现象。但是，自闭症是一种发展性障碍，即使是最严重的学前自闭症儿童，随着生理年龄的增长，其语言表现也会获得显著的发展性进步(Tager-Flusberg，2004)。显著的发展性进步是否会改变自闭症儿童的语言图景？鲜少有发展追踪研究对此类图景的发展变化进行研究，只有 Rollins 曾运用成长模型(growth modeling)分析技术，共享 Tager-Flusberg 等研究者采集和分析过的数据，对六对生理年龄和语言年龄相配的自闭症儿童和唐氏儿童语义、语法、语用范畴的语言图景和发展速率进行了研究。她的研究发现，研究起始时，与唐氏儿童相比，六位自闭症儿童表现出两种语言图景，一种是四位自闭症儿童在语义多样性上为中度问题，而语用交流行为类型为重度问题；一种是语言各范畴都存在问题。不管各范畴间的关系如何，所有六位自闭症儿童都表现出语用功能的障碍。但是，在研究的发展过程中，自闭症儿童词汇的发展速率高于唐氏儿童，因此，研究终止时，自闭症儿童词汇习得的成长速率估计值高于唐氏儿童。也就是说，研究结束时，尽管自闭症儿童的语用问题仍很严重，但是语义多样性(词汇)的中度问题已经不再存在，语言各范畴的整个图景发生了一些变化(Rollins，1994)。Rollins 的研究是最早开始使用成长模型分析技术对自闭症儿童语言各范畴的发展速率进行系统研究的研究，具有方法上的创新，为后来的研究提供了可资借鉴的思路和方法。例如，之后陆续有一些研究者运用成长模型分析技术，对自闭症儿童某一范畴，如词汇或者句法进行了跟踪研究，使我们获得了一些有关自闭症儿童词汇和句法成长模式的认识(Anderson，2007；Smith et al.，2007；Rollins，1999；Rollins & Snow，1998)。但是，如 Rollins(1994)一样对自闭症儿童语言不同范畴间的发展速率差异进行的研究鲜见，而且，Rollins 的研究由于缺少密切针对性的数据分析，使得其提出的研究结论，即语用困难影响语法习得受到了 Tager-Flusberg 等研究者的质疑(Rollins，1994)。所以，Tager-Flusberg 指出，还没有研究能够发现自闭症儿童的语言成长模式(Tager-Flusberg，2004)。

上述文献对自闭症儿童语言形式及其运用、语言交流行为特征的相关研究进行了梳理。这些研究结论为我们了解自闭症儿童的语言特征提供了一定的基础。但这些结论并不能简单地加诸汉语自闭症儿童。从语言学上说，汉语言具有鲜明的与印欧语系国家语言不同的特征。在语言的表达上，印欧语系语言重形合，是“显性”语言，它们从构词、构语、构句到语段中的连接都偏重于使用形式或形态因素，被称为形态型语言；而汉语语言重意合，是“隐性”语言，主要是逻辑、语义和语序在起作用，被称为语义型语言(潘文国，2001)，与形态型语言有极大的不同。从文化上说，汉语儿童与美国儿童处于不同的文化环境，而文化差异对语言发展的影响非常重要。汉语言文化环境下自闭症儿童的语言发展，极有可能呈现不同的发展状况。一项对汉语自闭倾向儿童语用交流行为的个案研究已经证明，汉语自闭症儿童使用的言语意图类型均数甚至高于同生理年龄普通儿童(计迁等，2006)。该结果与国外已有的研究结果相悖，且是对一个个案的研究，没有做进一步的分析，也没有后续研究的支撑，需要做进一步的探讨。

其次，即便是起步早、发展快的印欧语系研究，研究结论也多来自于对自闭症儿童语言某一范畴，非整体关系的研究，使得研究结论难以解释，而已有图景与图景研究显示出的自闭症儿童异于普通儿童语言各范畴不平衡式的发展，使得孤立的解释更易于出现错误。因此，以发展的、系统的立体图景式研究视野对异质性极高的自闭症儿童进行研究非常必要，因为自闭症儿童语言概貌图景本身即是一个发展变化中的系统，而且是一个异于普通儿童平衡式语言发展的系统。

我们因此得出研究空间：

1. 汉语自闭症儿童显示了怎样的语言成长模型？

2. 汉语自闭症儿童的语言成长模型与普通儿童是否一致？

第二节 自闭症儿童语言运用质量的研究

自闭症儿童语言概貌的梳理表明，自闭症儿童语言各范畴之间既存在障碍程度较轻的方面，又存在障碍程度较重的方面。在实际的语言运用中，这种不平衡式的语言概貌体现了怎样的实际效用？在功能上表达了怎样的语言质量？信息流动有无发生？人际关系是否实现？等等。语言运用质量研究即关注语言各范畴展示的实际功能。就幼儿阶段而言，语言发展集中表现在口头语言的发展上，特别是会话过程当中的展示。下面即对自闭症幼儿在会话过程中的语言实际运用状况的相关文献进行综述。

一、会话的发起研究

发起研究显示，自闭症儿童的会话发起表现非常依赖于其互动对象。所以，面对不同的互动对象，自闭症儿童的发起表现迥异。

自闭症儿童与同伴互动时的表现如下：在低结构化社会环境（如游戏）中，与其他障碍儿童或者普通儿童相比，自闭症儿童发起会话的能力较弱。被迫与同伴亲近时，他们就会对社会环境做更多限定，以求环境结构化。但是，在高结构化社会环境中，如参与仪式活动时，自闭症儿童即表现出较强的发起会话的能力（Seal et al.，1997；Loveland et al.，1988；Eales，1993；Tager-Flusberg & Anderson，1991）。

相比较同伴而言，自闭症儿童更愿意与成人发起社会互动（Chiang & Lin，2008；Hauck，1995；Stone & Caro-Martinez，1990）。在与成人的发起交流方面，自闭症儿童和智障儿童相比，不存在差异。但是，自闭症儿童发起的与母亲和熟悉的成人互动远远多于与非熟悉成人的互动（Bernard-Opitz，1982）。对家庭中的观察发现，自闭症儿童具有独特的表达性交流的模式，尤其表现为只愿意与母亲发起互动，而且，他们在家庭中发起的与母亲的社会互动较其他语言障碍儿童对母亲的发起多（Chiang & Lin，2008；Warreyn et al.，2005）。在与母亲进行的自发游戏中，有研究者试图让母亲尽可能以简洁的方式回应互动中的自闭症儿童，并限制其进一步的互动，但是自闭症儿童主动发起的言语行为较普通儿童多，虽然这些言语行为并不总是与情境相符（Warreyn et al.，2005）。该研究结论得到了另一项研究的证实，即，3—6岁自闭症儿童会话中的主动发起行为与非言语智商、性别匹配的普通儿童相比，不存在显著差异（Eigsti et al.，2007）。

二、会话的话轮转换研究

自闭症儿童与普通儿童在话轮转换（即会话轮流）的相对比率上没有差异，说明他们不存在这种低水平的会话技能障碍（Tager-Flusberg & Anderson，1991）。但在会话过程中，自闭症儿童表现出大量的会话障碍，阻止或限制了他们的会话能力。

首先，自闭症儿童对于信息与主题方面的不适当回应显著高于普通儿童。研究会话的重要内容之一在于谈论的主题是否离题。有研究者将离题定义为与先前说者话语主题无关的话语，这些话语扰乱了会话的流畅性

(Tager-Flusberg & Anderson, 1991)。在会话交流中,自闭症儿童存在大量离题现象。表现为,在同母亲的交流中,虽然自闭症儿童能够较多地回应母亲的问话,但是这些回应并没有发展、拓展或阐述母亲提供给他们的信息,而是引入了一些无关或重复的评论(Capps et al., 1998)。即使不离题,也很难通过有效回答问题保持交流。对于要求阐述的信息或者表现为不回应,或者试图进行信息修正以传递信息,但是这种能力存在障碍(Geller, 1998; Tager-Flusberg, 2000; Hale & Tager-Flusberg, 2005)。而且,他们在与他人会话中不能做出清楚的指代(Fine et al., 1994),给出的背景信息不够充足,难以有效地在交流中断时补充语言资源,不能意识到特定要求类型的语法结构、语义或语用上存在的限制(Fey et al., 1988; Tager-Flusberg, 1994)。因此,尽管自闭症儿童试图对表达的信息做多次调整,但他们却不能成功地提供与成人要求最接近的答案(Lord & Paul, 1997; Tager-Flusberg, 1996; 2000)。

其次,在使用僵化的、重复的、奇异的语言形式方面,自闭症儿童显著高于普通儿童。相关研究指出,与普通匹配组儿童相比,自闭症儿童产生大量异常话语,并以不合适的评论扰乱言语互动的流畅性(Volden et al., 1997)。他们的讲话特征为生硬地、刻板地运用语言,在有限的情境中反复使用一个单词或者词组达到交流目的,或者通过运用言语常规达到交流目的(Loveland, et al., 1988; Volden & Lord, 1991)。而且,自闭症儿童不能理解说者—听者关系的角色转换,例如,经常出现代词倒置错误等(Tager-Flusberg, 1994)。这些错误反映了自闭症儿童对自我和他人的观念进行概念化时出现困难,因此他们不能进行情境中的角色转换,使得会话呈现出一种奇怪的模式。

最后,自闭症儿童在理解会话意图时通常出现歧义。他们根本不能理解交流是用于表达、解释意图的,而不仅仅具有字面上的意义(Happé, 1993; Sperber & Wilson, 1986)。一些研究发现,即使是年龄较大的高功能自闭症儿童,在解释非字面意义或者辨别言语意义时也存在困难(Happé, 1993; Happé, 1994; Minshew et al., 1995)。Happé 的两项研究均发现,自闭症儿童解释、理解大量非字面信息的能力(如谎话、玩笑、假装、讽刺、责备等)与完成心理理论任务的成绩具有密切关系。Mitchell 等研究者使用更为结构化的心理理论任务对自闭症儿童进行测试,他们指出,当把这些心理理论任务呈现在会话情境中的时候,自闭症儿童很难对说者的意图做出精准的解释,即与匹配对象不同的表现在于,这些自闭症儿童仅以字面意义的方式解读说者的话语,而不关注说者的真实意图之所在(Mitchell, 1997)。

三、会话障碍归因研究

从自闭症儿童的语言概貌研究综述已知,自闭症儿童的基本语法、语义以及基本语用技能虽然存在程度不一的障碍,但仍然具备一定的语言运用能力。那么,在会话当中的实际语言运用中,自闭症儿童为什么会出现上述会话障碍,从而限制或阻止了他们与互动对象的进一步交流?

有的研究认为,这可能缘于自闭症儿童高度依赖于模仿的认知方式,而不是通过理解的认知加工模式习得词汇与语法知识。自闭症儿童特别依赖于完形的或整体的策略(gestalt)习得语言,主要表现为模仿、重复和程序惯例(Prizant, 1983)。Tager-Flusberg 等人将自闭症儿童与普通儿童、唐氏儿童(语言相配)相比,发现处于语言发展早期阶段的自闭症儿童,较之其他两组儿童产生更多的模仿言语、重复及程序化言语。与此同时,在发展过程中,对照组儿童的模仿与程序化言语的比率在迅速下降,而他们未出现类似的迅速下降的趋势(Tager-Flusberg et al, 1990)。这些研究结果说明,自闭症儿童过度依赖作为早期语言知识习得途径之一的简单模仿,因此,他们的认知处理处于一个低级水平,使得他们不能把模仿或程序化得来的语言运用到实际的场景中。这种观点可以同样有效地解释自闭症儿童语言运用中的多种现象。以回声性言语(echolalia)为例,对 10 位自闭症儿童回声性言语的频次和语言理解能力的关系进行的研究表明,语言理解能力较差的自闭症儿童产生的回声性言语显著多于那些语言理解能力与生理年龄相符合的自闭症儿童(Roberts, 1989)。一些干预研究也表明,在提高自闭症儿童的认知理解能力之后,他们的回声性言语就会减退(Foxx & Faw, 1990)。

除了归因于认知方式外,还有研究者将自闭症儿童的会话障碍归因于共同注意能力的缺失。共同注意是社会互动者对有关物体或事件的注意分享。研究表明,婴儿期儿童用手指、用动作显示,或者用眼睛注视以引起他人注意等与共同注意有关的体态语言可以预期其一年以后的语言发展(Mundy et al., 1990)。对于学前自闭症儿童的追踪研究也表明,自闭症儿童的共同注意能力不仅可以预期其现在的语言能力,而且可以预期其将来能够获得的表达性语言技能(Toth et al., 2006; Charman et al., 2003; Dawson et al., 2004)。由此可见,共同注意能力对于自闭症儿童的语言发展相当重要。但是,对自闭症儿童、落后儿童以及普通儿童的对比研究发现，自闭症儿童在共同注意能力方面显示出特定的障碍（Dawson et al.，2002；2004；Ferraioli & Harris，2011）。而自闭症儿童在共同注意上的缺陷，有可能是引起和解释其语言习得滞后的原因之一（Baron-Cohen et al.，1997）。在会话当中，根据 Tager-Flusberg 的说法，由于缺乏注意共同注意能力，自闭症儿童不仅可能无法意识到他们可以从互动对象那里获得新的信息，而且/或者无法意识到，为了在对话中与互动对象保持和转换分享注意，他们必须为互动对象提供新的信息。这种敏感意识的缺乏，使得他们不能理解他人有独立的信念、需要和希望。因此，对于问题，他们给出很少的回应，话轮较少；不能保持会话的主题（Tager-Flusberg，1999a）。自闭症儿童的共同注意困难是社交因素还是认知因素造成的？目前，即使是能够较好解释自闭症儿童语言障碍的心理理论（Theory of Mind）也无法回答这个问题；也鲜有研究能够直接回答，自闭症儿童心理理论能力缺损究竟源自于认知水平低下还是社交冷漠。

以上有关自闭症儿童会话技能的研究主要集中于对会话本身的一些指标进行衡量和考察，如会话的发起、回应等等，并列举了一些会话障碍归因研究，展现出一幅较为完整的自闭症儿童在会话当中的语言运用质量图景。但是，这些研究专注于会话技能本身的一些特质，以及对有关认知加工与心理理论的解读，鲜少有研究考虑到会话是语言概貌的一种体现。会话展示出的语言运用质量，固然有会话技能方面的原因，同样也应有语言自身概貌因素对于会话的影响，而且语言自身概貌因素有可能是会话技能障碍的深层原因之一。对于语言运用质量的考察，应该是一个从语言自身概貌研究延伸至会话的深入进行的过程，而不是一个个孤立的过程。

更进一步说，语言过程是一个复杂的过程，涉及语言形式的习得、存储与提取、操作、用于信息交互、用于关系交互等，正如卡洛和伦奇提出的语言四范畴理论里所说："儿童的语言是以整合的方式获得的。儿童语言能力的获得是语言规则范畴（词汇、语音、语法、语义和运用规则）、语言内容范畴（参与时的感觉、知觉、记忆、表征、概念化和符号化等认识因素）、语言操作范畴（包括言语感知、理解、语言制作和说话）和交际环境范畴（内部交际环境：交流动机、愿望和需要；外部交际环境：刺激、辅助和保持）整合的结果。这四个方面综合发生作用，如果某一方面存在障碍，会使其他方面受到一定程度的影响"（Carrow & Lynch，1982）。自闭症儿童在会话当中表现出来的语言运用质量，也许是多个范畴综合作用的结果，而非独"高度模仿的认知方式"与"共同注意缺失"的结果。也就是说，在语言规则范畴、语言内容范畴、语言操作范畴和交际环境范畴等方面的发展中以及这些方面之间相互影响的过程当中,均有可能存在影响自闭症儿童语言运用质量的因素。

因此,我们认为,从自闭症儿童语言自身的概貌研究出发,使用同样的语料进行会话的深入研究,将概貌研究与会话研究相互结合、相互验证,将语言运用涉及的各个范畴相互结合、相互验证,便于我们从整体上把握自闭症儿童的语言运用质量。而且,文献中还没有发现有关汉语自闭症儿童会话技能的研究。在这里,我们得出以下研究问题:

1.汉语自闭症儿童在会话当中的语言运用质量如何?

2.汉语自闭症儿童语言成长模型如何具体地影响了汉语自闭症儿童的语言运用质量?

第三节　自闭症儿童语言交互环境影响因素的研究

关于自闭症儿童的发起交流方面,前文已提及,许多研究者发现他们非常依赖于其互动对象与情境。面对不同的互动对象和情境,自闭症儿童的发起表现迥异。比如,相比较同伴而言,自闭症儿童更愿意与成人发起社会互动(Chiang & Lin, 2008; Hauck, 1995; Stone & Caro-Martinez, 1990)。在低结构化社会环境中,与普通儿童甚至其他障碍类型儿童相比,自闭症儿童发起会话的能力较弱,在高结构化社会环境中,如参与仪式活动时,自闭症儿童即表现出较强的发起会话的能力(Seal et al., 1997; Loveland et al., 1988; Eales, 1993; Tager-Flusberg & Anderson, 1991)。因此,互动环境严重影响自闭症儿童的语言表现,成为自闭症儿童语言研究不可缺少的部分。在这一部分的内容里,我们将进行相关研究的综述。现有研究一般是从主要交互对象的影响因素进行研究的,所以,这部分的综述分为成人类(一般为主要监护人母亲)与同伴类(一般为所在集体当中的同龄儿童)两部分。

一、母亲对自闭症儿童的影响研究

研究已表明,照料者的教育是预期自闭症儿童语言发展速率轨迹较高或较低的重要指标,即自闭症儿童在社会情境中获得最大的成功并不总是由最高的智商决定的(Anderson, 2007),而是与照料者的教育有很大的关系。因此,母亲对于儿童的影响,无论在语言领域还是其他领域,都备受重视。研究者们一致认为，母亲的支持性言语特征有助于自闭症儿童的语言学习与运用。

但对于什么是支持性言语特征，研究者们有不同的见解。有的研究者认为，采用指导与控制模式有利于儿童语言的发展，其优势在于提问不仅可以使母亲建立和发展会话的主题，保持语篇的连贯性；而且提问还提供了儿童适当回应的框架，且回应的内容与正要进行的主题有关。另外，采用指导和控制模式会降低儿童的认知负担。因为若儿童必须遵守会话对象的主题，那么必然会增加其认知负担(Rocissano & Yatminick, 1983)。如果成人回应儿童，儿童可以控制主题，那么，儿童只需要较少的认知资源就可以控制主题，将更多的资源分配到语言的产生上(Girolametto et al., 1986)或者互动的其他方面，如社会参与(Peters, 1977)等。但是，也有研究指出，采用指导与控制模式不利于特殊儿童的语言发展，比如，教师对于聋童所施加的会话的控制越多，聋童主动的展示就越少，且回应就越短(Eheart, 1982)。对一项唐氏综合征儿童的亲子研究也论证了该观点，该研究指出，若唐氏综合征儿童的母亲倾向于采用指导性的、工具性的和控制性的模式，比如提问过多，那么，在该模式下，唐氏综合征儿童试图自发产生言语的情况也就越少(Eheart, 1982)。

言语输入质量究竟怎样才算合适也存在完全不同的两种观点。观点一是，母亲的言语输入要基于儿童语言的产生状态，而不是认知或理解状态。它更强调的是儿童的自然发展能力。成人言语的变化应能适应儿童的发展能力(Gleitman et al., 1984)。观点二指出，母亲输入语言的语法形式与功能要调节到最大的程度，这种程度为儿童能够理解的语言水平，而不是能产生的语言水平。语言输入中语法结构调节最好依据鹰架的语言教学，即成人提供给儿童的语言范例应该超出儿童产生的水平(Richards, 1991)。因此，在儿童的语言发展早期阶段，母亲言语的 MLU(平均语句长度)应逐渐增加，一般应为母亲的 MLU 比儿童的 MLU 长两个词素，以推动儿童的语言向前发展(Cross & Morris, 1980)。Brook-Gunn 也认为，对于处于电报言语阶段的儿童，如果母亲产生的 CDS(儿童指向言语)较为复杂，那么儿童的语言发展比较好(Brook-Gunn & Lewis, 1984; Bang & Nadig, 2015)。

虽然研究者们对母亲的支持性言语特征存在争议，但是，母亲对自闭症儿童的巨大语言影响，得到了研究者们的肯定。比如，母亲的儿童指向语言使儿童获得语言习得和练习的机会(McCollum & Hemmeter, 1997; Kaiser et al., 1998)。母亲在实际的生活情境当中扮演支持型会话伙伴的角色,有助于提高儿童的共同注意,维持基本交流互动(Kaiser et al., 2001; Vivian et al., 2012)。另外,母亲还间接地促成了其他人对儿童的影响。比如,自闭症儿童对母亲熟悉的成人的自发交流多于与母亲不熟悉的成人的交流(Bernard-Opitz, 1982)。

二、同伴对自闭症儿童的影响研究

尽管母亲对于自闭症儿童的语言发展的影响十分重要,但母亲不能替代同伴发挥作用。研究表明,虽然自闭症儿童的父母对自闭症儿童发起的游戏行为高于对其兄弟姐妹的发起,但是,自闭症儿童向其兄弟姐妹主动发起的互动行为要多于对父母的发起(El-Ghoroury & Romanczyk, 1999)。自闭症儿童如果不能从同伴那里接收到充足的发起,甚至会经常主动发起与同伴的交流(Bacon et al., 1998),这是由于与同龄人比较,成人存在几个方面的限制。

限制一:儿童易于在交往上依赖成人,因为成人可能给予更多的关注和宽容。但这种宽容的交流环境不是自然的,因此,儿童形成的成人交往依赖不利于儿童最终所需要的交往独立(Kasari et al., 1993; Hauck, 1995; Killoran et al., 2013)。

限制二:成人不自觉的结构化不利于自闭症儿童的言语发起,而言语发起是交流的核心功能之一。成人控制话轮(Koegel & Mentis, 1985),儿童的言语行为可能因强化词汇和提问而得到表面的后果(Dyer 1989; Potter & Whittaker 2001; Sigafoos & Reichle, 1993),但却影响了儿童的主动发起交流(Chiang & Carter, 2008)。

成人受限的这些语言影响因素,可以通过同伴的影响而克服。而且,儿童必须学会与儿童交互。在儿童的第一个八年中,儿童的社会交流从以成人为中心转移到以同伴为中心,之后的社会生活也将越来越向同伴转移。这是父母无法取代的。适宜的同伴有助于儿童的自发性发展,而促进自闭症儿童的自发性交流正是教育者的主要目标(Prizant & Wetherby, 2005; Watson et al., 1989),并把它作为评估整个教学项目的一个标准。

尽管研究者们都认同同伴的作用,但什么样的同伴是适宜的?研究者们存在不同的见解。观点一认为,普通儿童是自闭症儿童更好的互动伙伴。持这种观点的研究者认为,在普通学校读书的自闭症儿童与同伴的交流频率多于在特殊学校读书的自闭症儿童,而且,产生的评论性功能语言也多于在特殊学校读书的自闭症儿童。因此,具有正常发展同伴或者(和)

其他类型交流障碍儿童同伴的自闭症儿童的交流要好于仅有自闭症同伴的自闭症儿童(Chiang & Lin，2008；Bauminger et al.，2003)。观点二认为，能力或者其他方面相似的自闭症儿童是自闭症儿童更好的互动伙伴(Guralnick et al.，1996；Buysse et al.，1997；Laursen & Hartup，2002；Cook & Semmel，1999；Bauminger-Zviely et al.，2014)。在与普通儿童融合的环境中，自闭症儿童很少与同伴互动，因为他们所做的互动通常是笨拙的，不成功的。而普通儿童亦倾向于与其他普通儿童互动，建立关系，却不愿意与自闭症儿童建立很好的关系(Guralnick，1990)。缺乏合适的朋友接触导致自闭症儿童社会行为的退缩，又最终增加了自闭症儿童被同伴拒绝的经验(Frederickson & Turner，2003)。还有极少的研究者持观点三，即普通儿童与特殊儿童均为自闭症儿童的重要伙伴。比如，Bauminger等研究者以IQ、生理年龄、性别、母亲教育背景等变量进行匹配，对18位高功能自闭症儿童及17位普通儿童在自然情境中，例如休息和点心时间里对同伴自发性的社会发起和回应进行了观察，指出“高功能自闭症儿童同时与普通儿童和特殊儿童互动的重要性”，因为他们的研究发现“尽管高功能自闭症儿童倾向于与普通儿童互动，但是，高功能自闭症儿童的混合性互动(特殊儿童与普通儿童的互动)与非混合型互动(特殊儿童与特殊儿童的互动)不存在差异”(Bauminger et al.，2003)。

三、从研究角度对自闭症儿童语言交互环境影响因素的评述

目前对于自闭症儿童语言交互环境影响因素的研究较多，但以上综述内容已经发现，在同伴影响研究和母亲影响研究当中，均出现了一些有分歧的观念。这些研究均为实证研究，研究结果得到了翔实材料的支撑。那么，缘何出现不同甚至相反的研究结论？这是什么原因引起的？

我们认为，这种研究结果上的差别也许揭示了这样一种可能：即母亲的不同指导风格或者不同语言输入质量并不会直接影响儿童的语言发展；而交往同伴，不论是普通儿童还是相似障碍儿童，也同样不会直接影响儿童的语言发展。而有可能是它们的某一个方面起决定作用，或者它们与另一些因素结合在一起共同起作用。这有可能是情境交往当中出现这些相反的研究结论的原因。我们以同伴研究为例，对这种可能性进行深入探讨。

研究结果毋庸置疑地说明，自闭症儿童需要同伴关系，因为它有完全

不同于亲子关系的特质，对于自闭症儿童的语言发展具有不可缺少的推进作用。虽然理想的研究指出了自闭症儿童的这种需求，但是源于自闭症的社会交往障碍特征，自闭症儿童依然非常缺少同伴关系，这是因为，“学生间是互助的伙伴关系，而不是帮助与被帮助的关系”(Bishop et al.，1996)。只有当同伴彼此互相协助，而没有谁是“上司或楷模”时，最好的关系才能发展出来(Marcus，2002)。但是，这种自然的交往的发展对于自闭症儿童来说相当困难。Odom 等人(1985)指出，将特殊儿童和普通儿童放在同一个教室，并不能保证社会互动的产生。在回归主流的教室中，由于自闭症儿童存在诸多障碍问题，比如功能性的交流需要，信息处理等问题(Crosland & Dunlap，2012；Ravet，2011；Von der Embse et al.，2011)，所以普通儿童通常喜欢与普通儿童互动(Guralnick et al.，1996；Gena & Kymissiε，2001)，特殊儿童在融合的教育情境下被排拒的比例很高(Guralnick，1999)。研究表明，在融合班级和特殊班级就读的自闭症儿童语言能力的发展不存在显著差异(Harris et al.，1990)。促使同伴参与或者交朋友所需要的相关变量包括认知能力、情感理解、语言能力(Hauck，1995；Sigman & Ruskin，1999)、较好的社会互动技能(Orsmond et al.，2004)等。对于普通儿童来说，要求他们与自闭症儿童处理好这些变量难度很大。如果将自闭症儿童在学校的语言影响寄望于自然的、良好的同伴关系的建立，就目前的特殊教育现状来看，短期内很难改变。这是由我国的国情决定的。事实上，这也是世界融合教育普遍存在的一些问题。那么，如果我们能够发现，普通儿童或者相似儿童的区别并不是决定自闭症儿童是否受到良好的语言影响的因素，而是另有其他的真正的支持性特征，那么我们就可以不必考虑，或者换一种方式认识自闭症儿童与普通儿童难以建立自发交往的困难。事实上，不论是父母还是同伴，是家庭还是幼儿园，都是成人界定的概念和名称。对于自闭症儿童来说，均是一种交往的平台上的交往对象。交往能否成功，有可能由一些交往的普遍性原则决定，这些原则有可能超越同伴和父母这样的概念而存在。破除这些概念的藩篱，我们有可能获得新的视野。抛开同伴和家庭等这些成人定义的概念，回归到自闭症儿童需要的本身，回归自闭症儿童本身的语言运用交互平台，也许才是目前以及更长远意义上研究自闭症儿童语言影响因素的方向。因此，有必要提出进一步研究的问题是：

1. 汉语自闭症儿童语用交互的指向关系怎样？

2. 汉语自闭症儿童语用交互的指向对于其语言发展与交流有何影响？

3. 汉语自闭症儿童语用交互的基础是什么？

第四节 本研究的研究空间

以上三个板块的综述,我们是分别从自闭症儿童的语言基本概貌、语言运用质量、语用交互影响三大板块进行的,我们也因此得出了一系列的研究问题。而本部分则是对于这三个板块综述的综述,以整体上得出研究视野以及研究方法上的空间。

一、自闭症儿童语言发展研究呼唤亚类型立体图景式研究视野

近年来,自闭症儿童发展和教育的研究受到研究者们的普遍关注,相关的研究成果亦不断涌现。由前文所述的研究现状可知,这些研究涉及自闭症儿童语言形式及功能、自闭症儿童语言在会话和语篇当中的实际效用、自闭症儿童的交互环境影响因素等方方面面。但这些研究中的绝大多数只针对某一方面进行,比如语法发展如何,会话当中的意图情况如何,等等。极少量的研究对包括语法、语义、语用范畴在内的整体语言图景进行了研究(如 Rollins, 1994),但这种研究是极其重要的。因为,对于普通儿童的语言发展来说,语言各范畴的发展是同步发展的,相互制约的,所以衡量某个语言范畴的技能可以说明一定的问题。而来自发展或习得困难群体的研究表明,语言的某个范畴会出现选择性的障碍(Cromer, 1976; 1988)。因此,他们有可能在某个范畴(如,语义范畴)发展得较好,但是在另外一个范畴(如,语法范畴)出现障碍或背离。所以,在自闭症儿童语言研究中,通过单独的语言范畴的衡量,对自闭症儿童语言特征进行研究有其局限性。这样的研究方法只对语言各范畴相互制约,同质性发展的普通儿童有用。因此,对自闭症儿童语言各个范畴分别进行的非图景式研究出来的结果,常常受到临床上和理论上的质疑(Wilkinson, 1998)。系统性的障碍研究需要系统性的视野。

不仅需要考虑图景式研究,还需要考虑发展的因素。将人类作为被试时,发展性问题是需要我们考量的重要方面。生理年龄是一个不容忽视的变量。许多自闭症儿童语言研究包括了生理年龄跨度很大的被试(Tager-Flusberg, 2004),严格意义上的匹配分析才能够析选出合理的发展因素。部分研究以自闭症儿童心理年龄为匹配标准寻找被试,致使被试的生理年

龄很不一致,这样做的结果是生理年龄发展引起的变化很容易被忽略。这也是自闭症儿童语言研究中长期被忽略的问题。

因此,我们认为,需要对自闭症儿童的语言进行跟踪式的立体图景式研究。进行立体图景式研究不仅有其必要性,事实上也有其必然性。自闭症儿童语言相关基础性的研究在过去的60年里得到了很大的发展,为自闭症儿童语言发展的模式研究提供了很好的基础。立体图景式研究可以有效拓展已有自闭症儿童语言研究的内容,较之早前的研究具有更为整体的学术视野。和自闭症儿童语言研究一样,其他类型特殊儿童的语言研究发展进程,如听力损伤儿童、智障儿童和特异性语言障碍儿童(Specific Language Impairment)的语言发展研究,也大抵经过了从个别发展特征研究到整体模式研究,从描述性研究到预测性研究阶段的发展历程,表明了研究本身具有历史与逻辑的一致性。

需要强调的是,自闭症儿童存在极大的异质性,立体图景式研究宜于选择其中的亚类型进行。否则,不可控制的因素过多,使得研究结果流于分散,难以解释与分析。需要补充的一点是,自闭症语言研究出现的许多高异质性甚至相悖的研究结果,也许与自闭症本身的复杂病症有关,但也许有可能与非立体图景式的研究视野有关。

二、自闭症儿童语言发展研究呼唤多元组合式研究方法

就研究现状的综述,我们认为,目前自闭症儿童语言研究有一些重要的问题需要解决:

问题之一:许多研究留下了相悖的研究结论,有的研究可以从对研究方法的审视当中得到一些解释。比如,可能由于被试取样、数据处理及分析的方法不同而造成相悖的结论。但这些原始语料因无从查证,失去了重新解读的机会。或者,当研究者众多、研究成果较多的时候,在研究基础之上进行的研究就非常有必要。这时,研究对象和过程的可重看、可重读的保障是研究可以进一步深入,并最终验证其有效性的重要环节。这方面,语料库语言研究法是比较好的一种方法。通过使用语料库来研究语言,语言学家们获得了对语言进行研究的一种新观点、新途径。语言学家现在可以用语料库语言学开始调查在自发情境中使用的实际语言,而不是观察在理论上可能出现在一种语言里的现象(Biber et al., 2000),而且这些语料库语言资料的存贮通常具有一定的稳定性,便于他们在不同时期对研究资

料不断重看、重读与深入进行。

问题之二：自闭症儿童语言研究需要以质化与量化研究紧密结合的方式进行。精妙的匹配对比设计无法代替在语言运用现场当中对于会话进程的实际观察，长期的跟踪有助于加强本来较少的样本研究结论的信度。将作为一种社会现象的语言作为研究对象，本身就包含着复杂的关系因素，这不是纯粹的量化研究可以应对解决的。而社会生活的复杂与变动，使得单次的观察同样带有不稳定性，需要量的方式进行辅助。如前文所述，自闭症儿童语言研究需要立体图景式的视野，而这种系统的视野无疑更需要系统的研究方法的支撑。

使用不同的研究方法对同一语言现象进行探究，以便互相引证，或者在研究过程中根据实际情况，灵活转换研究的焦点，选用合适的研究方法，以提高研究观察的信度和效度。比如，使用语料库建构的方式收集与处理大量语言信息，有利于保持语言研究的准确与共享；计算机分析方法可以帮助我们在较短的时间内了解整个数据的特征；通过语言现场的调查，我们可以从语言直接接触的过程出发，深入到个案的经验中去，不仅收集到个案产生的语言形式本身，而且还包括其中的经验、观点与认知结构，以及在语言发生发展过程中的语言接触、文化接触、背景接触等等。Saussure认为，语言如下棋一样，它是不断地变化着的。但在每一个阶段，棋盘上的每一个棋子和其他的棋子都保持着某种特定的关系，往一个方向的移动必为另一个方向的移动所平衡，因此它又是相对稳定的，或称为动态的平衡(Saussure, 1966)。事实上，这一观点也适用于自闭症儿童语言研究，研究的个案在不断地变化发展，因此研究者的方法也需要不断地变化调整，以和研究内容之间保持着一种平衡的关系。

本章小结

文献的梳理表明，语言障碍是自闭症的核心症状，所有的自闭症儿童在这一领域都存在明显的障碍。这一领域的障碍广泛地体现在语言的各范畴当中，而且这种障碍在自闭症儿童语言各范畴里的体现不是均衡的，这使得自闭症儿童语言发展、交流的形式与功能之间可能表现出不同步的状况，再加上其他一些因素，使得自闭症儿童语言概貌与运用质量之间可能存在许多难以解释的语言现象。因此，自闭症儿童语言研究需要系统思想统筹下的立体图景式研究：发展中的范畴之间的相互影响研究，生活实际场景当中的概貌、质量、环境的交互影响研究。

在对文献回顾的基础上，我们可以提出与他人互动时，汉语自闭症幼儿语言发展和交流有关的几个假设：

1. 汉语自闭症儿童的语言成长模型异于普通儿童。

2. 汉语自闭症儿童的语言运用质量是其语言运用时涉及的各个范畴交互整体影响的产物。

3. 汉语自闭症儿童语用交互环境对于其语言发展与交流有极其重要的影响。

上述研究假设，将通过研究进一步发现论证。

第二章　研究设计

为了能够全面把握四位汉语自闭症幼儿语言发展和交流的特点，我们将使用量化研究与质化研究相结合的研究方法进行研究。在上一章文献回顾的基础上，我们拟对文献梳理出的三大板块进行研究：一是汉语自闭症幼儿语言成长模型研究；二是深入语言运用的环节，对汉语自闭症幼儿语言运用质量进行研究；三是深入语言交互环节，对汉语自闭症幼儿语言运用的交互平台进行研究。

第一节　研究思路与研究的具体问题

在本研究中，我们将围绕"四位汉语自闭症幼儿语言发展和交流的特点"，分别考察以下几个系列的问题：

一、研究板块之一：自闭症幼儿语言成长模型研究

（一）研究的思路

本部分的成长模型研究主要采用 Growth Modeling 方法进行，包括两个分阶段的研究。首先是一个起始点的图景研究，然后以 18 个月的发展速率研究考虑发展的因素。两个阶段的组合，使得我们可以得到个案的成长模型。具体的过程是：设置 MLU 匹配的普通幼儿对比组，对四位汉语自闭症幼儿与配对普通幼儿共同起点状态的语言状况以及 18 个月内的发展速率进行研究，由此得出汉语自闭症幼儿语言的成长模型。衡量语言发展的指标有：衡量语法状况的 MLU（平均语句长度）、MLU5（最长 5 句话语长度）；衡量语义多样性的词汇种类，衡量基本语用能力的交流行为种类；以

及功能性言语比例①。借以分析的语料为每两月一次的亲子言语互动。所有的语料经转录后录入计算机，进行严格的编码后进行运算，同时将运算结果制表并分析。

这一部分的研究，实质上是一个关于汉语自闭症幼儿语言图景，即概貌的研究：通过对汉语自闭症幼儿与配对普通幼儿数量上的整体比对，我们将会对四位汉语自闭症幼儿的语言形式、基本语用能力、功能性语言的相对发展状况有一个框架上的了解。

(二)研究的具体问题

1. 研究起始时，与 MLU 配对普通幼儿相比，汉语自闭症幼儿的整体语言图景是怎样的？

2. 与 MLU 配对普通幼儿相比，汉语自闭症幼儿语法范畴的发展速率是否相似？

3. 与 MLU 配对普通幼儿相比，汉语自闭症幼儿语义范畴的发展速率是否相似？

4. 与 MLU 配对普通幼儿相比，汉语自闭症幼儿语用范畴的发展速率是否相似？

二、研究板块之二：自闭症幼儿语言运用质量研究

(一)研究的思路

汉语自闭症幼儿语言成长模型研究的结果，是一个数量的结果，它表现了汉语自闭症幼儿语言成长的基本概貌。若想要了解概貌的本质及其形成的原因，就必须深入具体运用现场进行质量的研究。这一部分，首先是对概貌研究当中与语言运用环节直接相关的数据进行深入细化的再处理，主要从基本语用交流行为具体类型的使用、会话轮流具体类型的使用入手，对汉语自闭症幼儿语言运用的偏好特征进行研究。然后，我们使用追踪数据、追踪录像观察与访谈资料，深入探讨每一位个案(共四位)的语

① 需要指出的是，自闭症儿童在会话情境中，存在大量没有会话意识的语言。无法将这些语言作为一般语言研究的对象，但事实上它们形成了自闭症儿童基本的语言概貌特征之一。因此，我们将“功能性言语比例”作为衡量汉语自闭症幼儿语言概貌的指标之一。这是由自闭症儿童语言的特殊性决定的。

言运用现场，在语言的会话场景语料当中具体地深入了解每位个案语言的实效状况，并试图对成长模型的形成原因做出解释。

这一部分的研究，是将研究的焦点由概貌转向语言运用的实际会话过程，是图景研究的进一步深入。对于汉语自闭症幼儿语言运用偏好特征的研究，是一个量化研究的细部，对于汉语自闭症幼儿每位个案语言的语言运用实效研究，是一个研究现场（语料）的细部。本部分是一个量化研究与质化研究有机结合的研究。

（二）研究的具体问题

1. 与 MLU 配对普通幼儿相比，汉语自闭症幼儿语用交流行为类型的具体使用是否存在差异？

2. 与 MLU 配对普通幼儿相比，汉语自闭症幼儿会话轮流的具体使用是否存在差异？

3. 汉语自闭症幼儿语言形式的习得、提取、操作以及实际运用之间是否存在影响？它们之间的关系如何？

三、研究板块之三：自闭症幼儿语言运用交互平台研究

（一）研究的思路

由于环境交互之于自闭症儿童语言运用具有特殊的重要影响，因此，汉语自闭症幼儿语言交互的环境研究成为本研究不可缺少的部分。本研究将深入到语言交互的环节，对汉语自闭症幼儿语言运用的最直接层面——交互平台进行考量。研究思路为：首先以汉语自闭症幼儿四位个案中的一位，即个案 QQ 的幼儿园生活为切入点，采用量化研究与质化研究相结合的方法，探讨该个案语言交互平台的建构及状况，试图分析出该个案语言交互平台的一些特质。然后将视野扩大至每一位个案的整体语用交互环境，提出良性自闭症幼儿语言交互平台的理论假设。

这一部分的研究，是将研究的焦点由语言运用的细部再推进到运用的前沿。同样是一个量化研究与质化研究有机结合的部分。

（二）研究的具体问题

1. 围绕个案 QQ 展开的幼儿园语用交互的指向关系怎样？

2. 围绕个案 QQ 展开的幼儿园语用交互的指向关系对于 QQ 语言的积极影响与受限影响如何？

3. 影响个案 QQ 幼儿园语言交互平台的形成原因是什么？

4. 语言交互平台形成的内在特质是什么？

接下来，我们对以上三个研究板块的研究方法和过程进行详述。需要说明的是，在一个研究板块里介绍的研究方法，并非仅在此研究板块内使用。若其他研究板块使用同样的研究方法，我们便不再重复列出。

第二节　各研究板块研究设计详述

一、研究板块之一：自闭症幼儿语言成长模型研究

(一)研究对象的选取

这部分的研究旨在通过与 MLU 配对的普通幼儿的比较，对汉语自闭症幼儿语义、语法、语用三个范畴的线性成长趋势进行研究，试图发现在中国文化情境下，汉语自闭症幼儿语言发展模式。该部分的研究选取两类被试：

1. 自闭症幼儿

从幼儿园选取四位自闭症幼儿及其父母，对他们进行为时一年半的个案跟踪研究。其中三人已被医院确诊为轻中度自闭症。另外，为了确保被试为自闭症，我们使用了两类方法对他们进行确诊：一是使用会聚式评估，如 DSM-IV(美国精神疾病诊断与统计手册第四版)、ICD-10(国际疾病分类手册第十版)和 CARS(儿童孤独症评定量表)对他们进行了多次测量，测量结果一致：被判断为自闭症；二是请英国 De Montfort 大学言语和语言障碍评估与矫治系的金立贤教授对这四位幼儿进行评估，金教授根据亲子互动录像、家长访谈以及多项评估测试，确认他们均为自闭症儿童。为了能够进行配对研究，一方面，要求这些自闭症儿童能产生一定的 MLU(平均语句长度)，确保他们在进行研究之前已经有言语产生。之所以使用 MLU 进行匹配，基于两方面的考虑：一是自闭症儿童的语言和交流障碍是其核心症状，所以，研究他们的语言时应该使用语言能力与配对组进行匹配(Charman, 2004)；二是对自闭症儿童语言的研究表明，标准化测试和自发

言语测试相关性很高，都能够反映自闭症儿童的语言能力(Condouris et al.，2003)，而且，MLU很稳定，可以作为总体语言发展匹配的有效指标，合适的小组匹配变量时间为3—10岁(Rice et al.，2006)。另一方面，为了排除智力障碍对语言的影响，使用韦氏智力量表对自闭症儿童非言语操作部分进行测试，确保其操作性智商在70以上。

2. 普通幼儿

这部分的数据来源于周兢教授主持的国家社科课题“3—6岁汉语儿童语用研究”中四位普通儿童与其父母进行言语互动的追踪数据。我们曾参与了这些数据的转录与编码工作。将这四位普通幼儿与四位自闭症幼儿的语言年龄(MLU匹配)分别相配。对他们分别跟踪18个月，2个月一次，并确保语言互动情境基本类似。使用韦氏智力量表对其智商进行测量，结果见表2-1。

四位自闭症幼儿均为男孩，智商正常，普通幼儿为两位男孩、两位女孩。这两组幼儿的家庭经济状况与教育背景相似。

表2-1 第一次观察时被试的情况

	儿童类型	儿童姓名	性别	MLU	操作智商	生理年龄	跟踪月份	所在机构
第一对	自闭症幼儿	CC	男	2.35	99	4;1	18	普通幼儿园
	普通幼儿	DD	女	2.28	95	2;1	18	普通幼儿园
第二对	自闭症幼儿	QQ	男	1.41	115	4;3	18	融合幼儿园
	普通幼儿	XE	女	1.47	108	1;8	18	普通幼儿园
第三对	自闭症幼儿	TT	男	1.90	124	3;10	18	普通幼儿园
	普通幼儿	ZZ	男	1.95	110	2;4	18	普通幼儿园
第四对	自闭症幼儿	LL	男	3.24	112	4;7	18	普通幼儿园
	普通幼儿	WW	男	3.30	115	3;1	18	普通幼儿园

(二)研究资料的收集与转换

1. 语言资料的收集

本研究采用录像的方法收集语料，每次拍摄在儿童观察室里进行。考虑到研究的延续性，我们提供给幼儿与父母互动的玩具为系列玩具，亲子可依据自己的情况有所选择。前提是，“能够反映幼儿真实的语言情况的条件”“能够激发出幼儿语言的条件”等等。为了检验拍摄到的自闭症幼儿与普通幼儿的语言表现能否反映其真实的语言状况，每次拍摄完毕后我们询问其父母幼儿的语言表现，如果表现真实，作为有效数据；如果不是，考虑为其补拍。每次拍摄时间为30分钟，每2个月一次，并接受家长的咨询。

2. 语言资料的转换

我们用文字的方式将录像中父母和孩子的言语和身体语言记录下来，并按照“儿童语言资料转换系统”(Child Language Data Exchange System, CHILDES)(Mac-Whinney & Snow, 1990; Mac-Whinney, 1995; 2000)对文件格式的要求，转换为可在CLAN(Child Language Analysis)中运行的文本文件格式。分别对儿童和父母的每个话语(Utterance)进行标记。除了汉字外，所有的符号均在英文状态下显示。

(三)研究工具的说明

1. 研究工具

这部分的研究涉及每位幼儿，包括汉语自闭症幼儿及配对普通幼儿产生的语义、语法及语用三个部分。我们将采集来的语料用CHAT(国际儿童语言语料录写系统)格式录入到计算机后，运用CLAN程序(国际儿童语言计算机分析系统)进行自动分析(Mac-Whinney, 2000; 2010)。每位幼儿每次的观察结果都转成了计算机文件。对语言发展的三个部分采用的是国际儿童语言学界通用的非标准化研究工具。具体使用的研究工具和编码框架如下：

(1)语义衡量。统计反映语义多样性的每位幼儿产生的不同的单词类型。有研究表明，使用这种方法能有效地把语言障碍儿童从普通儿童中区分出来(Tager-Flusberg, 1994)。

(2)语法衡量。使用平均语句长度(MLU)和最长5句平均语句长度(MLU5)衡量儿童的语法状况。MLU可以用来衡量句法的复杂性。因为MLU不仅与句法发展阶段的形式衡量具有较高的相关性(Brown, 1973; Scarborough, 1990)，而且与普通儿童发展的生理年龄的衡量具有较高的相关性(Rondal et al., 1987; Miller & Chapman, 1981)。因此，它已经被广泛用于普通儿童组间、普通儿童与障碍儿童组间语言发展的比较，作为了解儿童语法状况和筛选诊断儿童语法发展问题的主要手段(Klee et al., 1989)。对于特殊儿童而言，有研究者认为，若将程序性话语、模仿性话语、自我重复话语从MLU分析中剔除，那么，MLU能够较好地反映特殊儿童的句法水平(Scarborough et al.，1991)。MLU可以反映儿童语法上量的变化，所以，本研究沿用这种方法对自闭症儿童的MLU进行分析。MLU5可以反映儿童每一阶段最长5句话句法的复杂性。相对来说，更能反映儿童语法的发展状况。Wells(1981)发现，儿童MLU5与MLU是平行发展的，至42个月时，两者的发展达到一定的平衡。

(3)语用衡量。为了理解语用功能，我们将从每位幼儿产生的语用交流行为、功能性言语比例两个方面进行衡量。使用的这两种测量方法及编码系统见下面的描述：

① 语用交流行为。使用INCA-A编码系统衡量汉语自闭症幼儿及配对普通幼儿的语用交流行为(每个类型的使用次数至少两次以上)。INCA-A编码系统是"交流行为目录简略本"——the Abridged Inventory of Communication Act的简称。这是一个分析儿童言语和成人言语行为交流的意图的系统。该系统是Ninio等人(1991)在Ninio和Wheeler于1984年的编码系统基础上简缩改写而成。沿用哈佛大学的语用研究框架，采用INCA-A编码系统对每个亲子对产生的言语行为进行编码。从言语变通类型上进行衡量。它是由言语倾向水平和言语行动水平组合而成的。前者考察互动双方共同指向的言语交流意图或言语交际情况，后者主要考察当前说话者使用一定的言语形式来表达交流意图的状态。对幼儿与父母的言语行为进行这两种水平的编码(详见附录一)，其中，言语倾向水平的编码共有22种类型，包括讨论、协商、指示、澄清等，例如：

DJF——讨论当前关注的焦点
NIA——商议即刻进行的活动
TXT——朗读或者是背诵书面文字/文章

言语行动水平共有65种编码类型，包括指令和回答、言语诱导和回答、承诺和回答、宣告和回答、陈述和回答、提问和回答等类别，例如：

QN——以特殊疑问方式提问
SA——对特殊疑问的回答
RT——重复或模仿别人说的话
ST——陈述或做出一个声明性质的陈述
CN——计数或打拍子

编码后的规范文件具体举例如下：

*MOT： 这是什么形状啊？
%spa： $DJF:QN
%act： M 指着积木问 C
*MOT： 这什么形状？
%spa： $DJF:QN
*CHI： 梯形.
%spa： $DJF:SA
*MOT： 哎对！
%spa： $DJF:AP
*MOT： 梯形.
%spa： $DJF:RT

②功能性言语比例。对自闭症儿童而言，一个有效的交流行为取决于自然情境中说者所使用的信息和交流的意图，是否能被听者做出适当的解释（梁秋月，1990）。在本书中，我们将亲子互动中四位汉语自闭症幼儿产生的具有真实交互意义的语言作为考察的一个指标，功能性言语比例为剔除自闭症幼儿非功能性话语后的话语量与该幼儿的话语总量之比。非功能性言语包括非惯例性口语行为和语音不清的口语行为等。

其中，非惯例性口语行为（unconventional verbal behavior）是自闭症儿童最常出现的一种口语行为（Prizant & Rydell，1993），由可区分的口语组成，这些口语形式（如回声性言语）已被证实具有交流功能，但是常常因不符合对话情境或者与社会能接受的语言交流惯例不符而令人难以理解其意义（Durand & Crimmins，1987）。常见的非惯例性口语行为包括模仿（回声性言语）、隐喻式语言和不停问问题等口语行为（Prizant et al.，1997）。

回声性言语：包括及时回声性言语和延时回声性言语。及时回声性言语指的是与谈话者结束一段谈话后，一分钟之内立即跟随的模仿话语，包括和之前的谈话内容一模一样，或只有部分相同的口语；延时回声性言语指的是个案在听到一些话后，经过明显的一段时间，即几小时、几天，甚至是几个星期之后才重复说出，包括完全一样或是结构稍微改变的模仿。

隐喻式语言：或称为怪异式语言，是由个案自己主动说出，内容以单字或语词组成，对个案本身有特定的意义，但其他人却无法理解的口语。

不停问问题：个案主动、不断地向他人提出问题，而这些问题出现的时机并不恰当，或者个案自己可以回答的问题。

2. 研究的信度

信度的内部一致性通过对言语倾向、言语行动和功能性言语的分别评估获得。本研究量化语言资料的编码工作是在导师周兢教授的指导下由多人合作完成的。他们都是学前儿童语言和特殊儿童语言教育方向的研究生，受过INCA-A编码、功能性话语编码的简短培训。所有语言资料均经过三次编码：第一次编码结束后，再由参与编码的人对编码资料进行二次交叉检验；最后再由我们对第二次编码的资料进行第三次编码，一致性达到90%—95%。

(四)量化分析的说明

语言资料被编码之后，我们采用CHILDES(Child Language Data Exchange System，儿童语言资料转换系统)中的CLAN(Computerized Language Analysis，计算机语言分析)软件对每个孩子和父母的言语交流文件进行分析，得到语义、语法、语用三个范畴的数据。例如，在CLAN系统中打开自闭症幼儿CC的文件CC01. cha，输入命令 freq+t * CHI-t * +t%spa +s$ *：%%+CC01. cha，CLAN就会在output中列出CC使用的所有言语倾向类型以及它们的数量；输入命令 freq+t * CHI-t * +t%spa +s$ %：* +CC01. cha，我们就会看到CC使用的所有言语行动类型以及它们的数量；输入命令 freq+t * CHI-t * +t%spa +CC01. cha，我们会得到CC使用的言语变通类型以及数量。之后，我们把每个孩子的统计结果做成数据库文件，使用SPSS(社会科学统计软件包)对所有资料进行最后的统计。

在该部分的研究中，对配对研究收集的语料，运用量化统计的方法，分别从以下三个方面进行统计、分析：

1. 采用同步研究方法，对每对匹配对在首次观察时的情况进行描述

这部分的分析是研究一中的横向部分。研究一的横向部分主要描述在首次观察时，每位自闭症幼儿以及与之MLU相匹配的普通幼儿的语言功能。在这里，我们采用了MLU、MLU5、词汇多样性和交流行为、功能性言语比例等数据，对每对配对组的语言概貌进行了描绘。由于对每个语言范畴测试时采用了各不相同的统计单位，所以，我们将原始成绩标准化成统一的计量单位，以便在一张图表中展现不同的测试项目。通过这种方

法，我们可以将每位自闭症幼儿与配对普通幼儿进行比较[①]。通过这种方法描绘出来的语言概貌，可以表征每位自闭症幼儿及其匹配对象语言功能存在的差异。

2. 分析每位幼儿在每个测试点的成长轨迹

这些分析构成了研究一的追踪部分。研究一的追踪部分是对每位幼儿测试值成长轨迹的描述。由于是对四对配对个案的跟踪发展研究，因此，对每对自闭症幼儿与配对普通幼儿跟踪数据的比较，拟采用线性成长模型(Liner Growth Modeling)(Willett，1989；周兢等，2008)的方法进行研究。运用此种方法，可以清楚地表明汉语自闭症幼儿语言发展的整个过程，探索个案随着时间的变化而成长的轨迹，分析个体内语言不同范畴间发展速率的差异以及不同个体间的发展差异。

为了描述这种成长，首先，我们把每位幼儿自首次观察开始的各个测试点得出的数据绘制成散点图。第二，我们检验了每位幼儿的成长轨迹，选择了线性成长模型概括每位幼儿在整个过程中的变化。即，我们拟合了最小二乘法模型，对每位幼儿在每个测试点的发展模型进行了概括[①]。例如，图 2-1 展示了 CC(自闭症幼儿)拟合过的语义词汇多样性成长轨迹。Y 轴表示词汇多样性得分(用来衡量语义)，X 轴表示观察的月份。零月份的值表示了研究起始时 CC 词汇多样性的估计值，这个时候他的 MLU 与其匹配对象 DD(普通幼儿)相同。

最小二乘法的线性斜率 $\hat{\beta}_1$ 值用来估计 CC(自闭症幼儿)词汇多样性每次变化的速率。另外，每个时间点的预计值估计了 CC 在该点的真实状态。通过这种方法，我们可以在观察时间的某个点，比较每位幼儿测试项目的估计真实状态，即使在该点没有对他进行测试。

3. 各语言范畴所选模型适宜性的描述

成长估计的精确性以及真实状态估计值的精确性取决于所选模型的适宜性以及数据的离散程度。我们可以使用线性模型概括每位幼儿每个测试项目的成长。已经有多项研究证明这种方法的可行性。一方面，有关语言和交流功能的横向和追踪研究表明，普通儿童的语言发展变化存在局

---

① 每名幼儿在每个测试点的线性模型，表征了其真实状态下个体的成长，而不是观察到的状态的成长(Willett，1989，P387)。因为误差变量(如测试错误)影响观察到的数据，因此，观察到的数据存在缺陷。通过观察到的成长记录，研究者可以就个体真实的成长状态进行研究(Willett，1989，P387)。该模型代表了每名幼儿在每个测试值上的真实状态，可以估计每名幼儿在每个测试值上的真实成长，这比仅仅采用观察到的真实数据来描绘成长具有更大的效度(Willett，1989)。

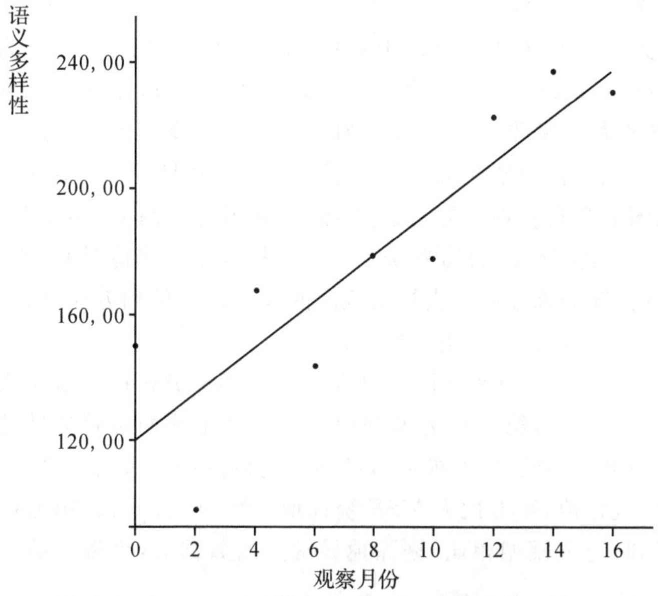

图 2-1 CC 语义范畴词汇多样性的观测成长轨迹

部线性模型(有关句法发展的研究:Pan et al.,1993;有关语义发展的研究:Klee,1992; Pan et al.,1993;有关交流意图发展的研究:Rollins & Snow,1998)。但是,与普通儿童相比,语言障碍儿童也许具有不同的成长轨迹(Rollins,1994)。另一方面,通过眼睛观测样本所有幼儿成长记录数据的散点图,我们可以判断是否能采用线性模型方法。在本研究中,所有幼儿在所有的测试项目中都具有局部线性。也就是说,直的线性模型可以概括整个研究过程中所观察的每位幼儿测试项目的发展模型。而且,幼儿间的均方误差(MSE)统计可以用来描述每位幼儿每个测查项目的估计拟合质量。下面着重讨论每位幼儿与各范畴有关的线性成长模型是如何进行较好的拟合的。

语法范畴 MLU 成长速率的估计次数为九次。估计自闭症幼儿成长速率的均方误差统计范围为 0.053—0.41,均数为 0.15;普通幼儿成长速率的均方误差统计范围为 0.039—0.244,均数为 0.15。这表明,在 MLU 这个指标上,选用这个线性成长模型对所有的幼儿都是合适的。通过对拟合的成长轨迹的观察,我们也发现 MLU 成长速率的估计相当好。

MLU5 成长速率的估计次数为九次。估计自闭症幼儿成长速率的均方误差统计范围为 0.199—0.798,均数为 0.423;普通幼儿成长速率的均方误差统计范围为 0.241—1.793,均数为 0.989。很明显,普通幼儿数据拟合不好,主要表现在 DD 和 XE 上(他们两人的均方误差分别为 MSE=1.123,MSE=1.793)。我们凭经验去观测这两个幼儿的拟合成长轨迹,发现,每个模型都只是受其中一次观测点数据的不良影响。因此,我们对这两位普通幼儿成长模型异常点的数据进行了敏感性分析。例如,对 XE 拟合线散点图的观察发现,第八次观察值具有相对较高的 MLU5,它可以解释 XE 为什么具有较高的均方误差统计。把这个点剔除计算,重新拟合线性时,发现情况的确如此。去掉第八次的数据,XE 的均方误差为 0.531,表明使用这个拟合进行估计更为精确。

关于普通幼儿 DD 和 XE MLU5 模型敏感性分析的结果见表 2-2。第一栏为儿童的姓名,第二栏为模型的种类。对于这两位普通幼儿来说,模型 1 是全模型(完整数据的模型),模型 2 是剔除掉某些异常值的模型。第四栏为 R^2 统计值,第五栏为 MSE 统计值,第六栏为 F 值,第七栏为 P 值。我们注意到,与全模型相比,剔除掉异常点的数据后,模型 2 的 MSE 统计值下降明显。而且,参数估计 $\hat{\beta}_1$ 也比较稳定。敏感性分析的结果证明,剔除异常点数据后,直线线性模型可以对每位幼儿的观察值进行拟合。

表 2-2 DD 和 XE MLU5 模型的敏感性分析

儿童	模型	$\hat{\beta}_1$	R^2	MSE	F	P
DD(普通幼儿)	模型 1	0.573	0.60	1.123	17.566	0.005**
	0.004**	模型 2	0.690	0.71	0.915	19.452
XE(普通幼儿)	模型 1	0.560	0.72	1.793	10.493	0.014*
	0.01**	模型 2	0.382	0.76	0.531	13.713

语义范畴成长速率的估计次数为九次。自闭症幼儿成长速率的均方误差统计范围为 424.66—1524.59,均数为 803.64;普通幼儿成长速率的均方误差统计范围为 1116.11—3361.12,均数为 1900.34。很明显,普通幼儿 DD、XE、ZZ、WW 都具有较高的均方误差,分别为 MSE=1116.11,MSE=1949.94,MSE=1174.18,MSE=3361.12,拟合不好;自闭症幼儿 LL 也具有较高的 MSE,为 1524.59。我们凭经验去观测这五位幼儿的拟合成长轨迹,发现,XE(普通幼儿)和 LL(自闭症)的直线线性模型是合适的,因为回归线能够代表散点的走势。但是普通幼儿 DD、ZZ、WW 三人的拟合成长轨迹表明,线的拟合优度受到一个数据值的影响。对这三人模型的异常点进行的敏感性分析表明,当去除异常点后,DD(普通幼儿)的 MSE 统计值

由 1116.11 下降至 459.70；而且，全模型（$\hat{\beta}_1=15.767$）的参数估计基本保持稳定（$\hat{\beta}_1=13.153$）；ZZ（普通幼儿）的 MSE 统计值由 1174.18 下降至 847.65；全模型（$\hat{\beta}_1=8.83$）的参数估计基本保持稳定（$\hat{\beta}_1=7.83$），WW（普通幼儿）的 MSE 统计值由 3361.12 下降至 1159.96；全模型（$\hat{\beta}_1=12.43$）的参数估计比较稳定（$\hat{\beta}_1=16.59$）。敏感性分析的结果证明，去除异常点后，直线线性模型的数据拟合适合于语义多样性的估计。

语用范畴交流行为成长速率的估计次数为九次。自闭症幼儿成长速率的均方误差统计范围为 10.10—37.31，均数为 23.81；普通幼儿成长速率的均方误差统计范围为 34.94—130.33，均数为 65.76。显然，普通幼儿具有较高的均方误差，尤其是 ZZ 和 WW，他们 MSE 统计值分别为 63.32 和 130.33。对这两个普通幼儿拟合成长轨迹的经验观察得知，WW 的直线线性模型合适，因为回归线能够代表散点的走势；而 ZZ 则是由于第二次观察值的影响，当去除该异常点后，ZZ 的 MSE 统计值由 63.32 下降至 35.42；而且，全模型（$\hat{\beta}_1=1.50$）的参数估计保持稳定（$\hat{\beta}_1=2.38$）。敏感性分析的结果证明，剔除掉异常数据，直线线性模型可以对每位幼儿交流行为的观察值进行拟合。

总之，成长估计的精确性和预计的真实状态值的精确性依赖于所选模型的合适性以及拟合的准确性。这种准确性也是后来的分析具有意义的重要前提。通过分析，我们认为，使用线性模型判断每位幼儿所有测查项目的成长轨迹是合适的。

二、研究板块之二：自闭症幼儿语言运用质量研究

这一部分，首先对概貌研究当中与语言运用环节直接相关的数据进行深入细化再处理，主要从基本语用交流行为具体类型的使用、会话轮流具体类型的使用入手，研究汉语自闭症幼儿语言运用的偏好特征。然后，深入探讨每一位个案的语言运用现场，对之前研究中得出的语言运用特征在实际的汉语自闭症幼儿个人语言当中是如何体现的，以及如何具体地影响到汉语自闭症幼儿语言运用质量进行分析。在研究方法上，前者是一个量化研究，后者是一个质化研究。以下分别述之。

（一）相关语言运用环节量化的深入处理部分

在这一部分的研究里，与研究一中数据采集、分析等重合的部分，此处不再重复说明。例如，“研究对象的选取；研究资料的收集与转换”。对于

新增的研究工具，以及量化数据的分析方法部分，我们做以下详述：

新增的研究工具为，会话中的发起、拓展和回应分析。我们采用哈佛大学的会话编码框架（见附录二）考察汉语自闭症幼儿的会话动机（Conversational Move）。

作为一个有效的交流者，他必须具备多种会话技能，但 INCA—A（交流行为）编码不能捕捉语用的这些方面。比如话题选择和保持、轮流、对他人的发起与回应等等。这些技能随着儿童的发展而发展。本书的范围不允许对儿童的会话技能做一个全面的分析，我们试图对一般会话手段（即发起和回应）的模式进行描绘。发起是衡量社会性的一个标志（Fey, 1986；Lord, 1984；Rice et al.，1991），缺乏回应则表明在社会情境中相当消极、被动（Fey, 1986；Lord, 1984）。会话的这两个方面对于自闭症儿童语言的分析来说很重要，因为这两个指标对于自闭症儿童是否介入言语和社会活动比较敏感（Lord, 1984；Rice et al.，1991）。

儿童开启或拓展话题可用来衡量儿童的主动性交流。需要儿童回答，但儿童没有回答母亲的交流动机可用来衡量儿童的应答性交流。开启话题和拓展已开启的话题对听者施加了某种程度的义务和要求。例如，开启话题对听者有较高水平的要求时，体现在回答特殊问句的问题时（如，你在干什么？）必须要求得到听者正确的答案。其次，对于一个开放性问题来说（如，你要做游戏吗？），由于可以从一系列可能的答案中挑选出一个答案，所以，对听者来说，如果开启这样一个话题，那么只是一个中等水平程度的要求。再次，当开启的话题只是一个陈述性话语时（如，那是玩具），需要听者用言语回答问题的责任就很小。最后，如果只是一个指令性话语（如，你不要玩了），那么，听者可以不需要使用任何言语回答。

根据对听者施加的要完成的回答要求和回答责任，我们将前两者，即对特殊问句的回答和开放性问题的回答定义为应答性话语。所以，测量会话动机包括两个方面，幼儿开启或拓展的话题可以用来评估幼儿在会话中是否积极参与。必须指出，这种方法可以测量幼儿在会话中是否积极参与，但与开启会话情境无关。例如，在自闭症幼儿 CC 的妈妈指着一棵树，问 CC“什么颜色”的情境中，他没有给妈妈一个相关的回答（这个回答可能被编码为应答性话语），而是开启了一个新的话题“我要小羊弟弟”。在该例中，CC 开启了新的话题，尽管这个话题与当前正在讨论的话题完全不适合。应答性交流可以用来衡量当幼儿对父母的问题必须做出应答性回应时表现出来的应答性水平。一般来说，父母开启的话题都不同程度地要求儿童做出反应（如，父母提出对幼儿有较高或中等水平回答要求的问题）。

研究信度：信度的内部一致性通过会话编码评估获得。所有语言资料均经过二次编码：第一次由参与过会话编码简短培训的两位师妹完成。编码结束后，再由我们对第一次编码的资料重新进行编码检测，一致性达到90%—95%。

本研究部分的量化数据分析方法也发生了变化：使用了 SPSS 统计中的协方差统计分析技术（控制被试的年龄与性别），对汉语自闭症幼儿组与配对普通幼儿组使用的交流行为具体类型与会话具体类型是否存在差异进行了探讨。

（二）深入现场的自闭症幼儿语言现象研究

本部分的质化数据，来自四个方面：一是 18 个月追踪语料录像观察，二是自闭症幼儿与陌生人互动情境观察，三是 MLU（平均语句长度）匹配的汉语自闭症幼儿、配对普通幼儿语料比对观察，四是对自闭症幼儿父母以及其他主要家庭成员的访谈。在研究方法上，可分为追踪录像观察法、实验观察法与访谈法三类，这些方法因操作的不同可以细分为五种。我们深入汉语自闭症幼儿语言习得、提取、操作、运用的过程，收集这一系列过程当中显示的个案语言现象，对之进行总结与整理，辅以大量的追踪观察和访谈，以求精确与细致地理解这些语言现象，从中寻找影响汉语自闭症幼儿会话中语言运用质量的因素。

(1)采用观察法，对四位汉语自闭症幼儿的追踪语料进行分析。对四位汉语自闭症幼儿个案的所有追踪语料进行逐行、逐段的分析，归纳在亲子言语互动中，每位个案与父母以什么方式开启言语互动，如何回应父母、如何维持言语互动的拓展；发起、回应、拓展话语时的语义、语法、语用情况如何。

(2)采用对比观察法，对追踪部分中 MLU（平均语句长度）匹配的汉语自闭症幼儿的语料和普通幼儿的语料进行对比分析。在 MLU 相同的情况下，观察他们在亲子互动当中开启言语互动时的表现有何不同，回应父母、维持言语互动的拓展有何不同；发起、回应、拓展话语时的语义、语法、语用情况如何；等等，借此对汉语自闭症幼儿个案在语义、语法、语用方面的发展变化进行探讨。

(3)采用实验观察法，对汉语自闭症幼儿的实际语言运用做进一步的了解。我们设计了 60 分钟的实验，委托一位师妹 L（对于四位个案来说，是陌生人）以及个案的父母配合进行。实验现场为幼儿非常熟悉的场所（每月一次的语料收取即在此地），地毯上已备好幼儿感兴趣的小火车玩具、交通线以及高架桥拼插玩具。师妹L系学前教育专业研究生，对于与幼儿交互有一定的经验。第一个15分钟，L与幼儿展开较为积极的交流，比如，请求加入幼儿的游戏，并积极发起与幼儿的会话等。第二个15分钟，L转变为仅有应答性回应。第三个15分钟，由个案的父母进入现场，L离开，父母像平时一样和孩子互动（个案的父母平时和孩子互动均为积极主动型）。第四个15分钟，父母转变为应答性回应，不再积极发起语言。

(4) 我们对四位汉语自闭症幼儿的父母或主要家庭成员做了访谈，以进一步了解这些个案的语言能力及语言特质。在对汉语自闭症幼儿进行跟踪摄像的同时，我们曾就每位个案的语言情况，对每位个案家庭中的主要交往对象进行了2—3次访谈。访谈包括三个方面的内容：一是与个案交流行为有关的访谈，参考的是Owens交流行为访谈框架（Owens，1998）[①]。二是对个案语言教育状况历史、现状的了解，包括家庭教育方法、机构教育方法、幼儿园教育、家庭教育与机构教育之间的联结等等。三是验证性访谈，对于本研究中通过访谈和观察得出的一些研究结论，我们再次与家长进行面对面的交流与访谈，以验证本研究结论的可靠性。然后我们对这些访谈资料进行逐条整理，对照录像与研究数据。如此得出的结果，既可以对量化和观察研究得出的结论加以佐证，又可以对录像中可能观察不到的一些语言现象进行有益的补充。

(5) 家长小型座谈会，进一步了解个案的语言能力及语言特质。我们组织了四位个案的父母参加的小型座谈会，请大家就自己孩子的语言情况进行相互切磋与交流。他们深入、详细地介绍了自己孩子的情况，存在的问题，寻求其他家长帮助解决的信息，等等。我们以此得到了一些细致而深入的信息。

三、研究板块之三：自闭症幼儿语言运用交互平台研究

这一部分是深入语言交互的环节，对汉语自闭症幼儿语用交互平台进行研究。在研究板块一对语言概貌的了解以及研究板块二对语言运用质量的了解之后，我们将焦点深入至汉语自闭症幼儿语言运用的最直接层

---

① Owens的交流行为访谈框架主要包括以下方面：1. 寻求协助时，是如何表达的；2. 什么时候希望你注意他；3. 什么时候会想要什么东西；4. 什么时候会引导你注意其他事物；5. 如何要求得到信息；6. 如何表达其情绪；7. 会不会描述周遭环境，如何描述；8. 会不会讨论过去、未来等脱离现况情境等问题；等等。

面：交互平台进行考察。在这一部分，首先，以汉语自闭症幼儿四位个案中的一位（个案 QQ）的融合幼儿园生活（非正式课程时间）为切入点，采用量化研究与质化研究相结合的方法，探讨该个案语言交互平台的建构及状况，试图分析出该个案语言交互平台的一些特质，然后将视野扩大至每一位个案的整体语用交互环境，提出良性自闭症幼儿语言交互平台的理论假设。

这一部分的研究，是将研究的焦点由语言运用的细部再推进到运用的前沿。同样是一个量化研究与质化研究有机结合的部分。

因此，本板块的研究主要为，一是对一位个案 QQ 幼儿园语言交互的点式分析，二是对四位个案日常语言交互的点面结合分析。对于四位个案日常语言交互的点面结合分析，我们较多地使用了研究板块之二中所述的质化研究方法，此处不再重复说明。个案 QQ 幼儿园语言交互的点式分析里所使用的质化研究方法以及量化研究方法与之前的介绍均有不同，我们在此进行详述。

（一）幼儿园观察研究对象的选取

这部分的研究意在通过对幼儿园环境中汉语自闭症幼儿语言交互环境的描述，试图发现有助于汉语自闭症幼儿语言交往、语言运用的教育支持性平台的特征。由于本人精力有限，我们拟选取亲子互动研究中的一位自闭症幼儿进行跟踪观察。个案 QQ 来自于融合幼儿园启智班，既有与特殊儿童互动的机会，又有与普通儿童互动的机会，因此，这部分的研究拟选取 QQ 作为研究对象。由于研究目的在于分析幼儿园环境中 QQ 的语用交互平台，定位于非正式课程的时间，故研究亦包括 QQ 在幼儿园时语言交往的所有对象。

QQ 所在的幼儿园为上海市某区一所融合幼儿园①，QQ 所在的班级为启智班，由九位特殊儿童组成。根据上海融合教育体制的规定，该启智班只能接收操作性智商低于 70 的智障幼儿或者身体残疾幼儿。QQ 的操作性智商为 115。他之所以能进入这个班，是由于他在进入该班之前的测试中，其语言正处于单词阶段，对于要求的多项测试内容不理解，不能执行操作造成的。该班两位执教教师的背景均为学前教育专业，从事特殊儿童教育十年左右。一位生活教师，是从外专业招聘而来，在该班已工作七年。该启智班的这种状况在上海融合教育体制中具备一定的普遍性。我们将该启智班的三位教师均命名为 T1，普通班教师命名为 T2。

我们在该幼儿园，围绕个案 QQ 展开的所有交流活动进行蹲点观察 40 天。由于之前我们已经和该园园长、带班教师非常熟悉，因此到该班进行观察并未引起接受与否的问题，带班教师也未把我们作为客人教师加以特别的关照。为了避免研究者效应，让该班幼儿对我们有一个熟悉并接纳的过程，我们进入幼儿园一周后，于 5 月 21 日才正式开始记录。

该启智班的有关情况见表 2-3、表 2-4、表 2-5，图 2-2。

表 2-3 启智班小朋友的基本信息

姓名	性别	出生日期	障碍类型	PPVT 测试	语障之口语	语障之理解	韦氏语言量表分	韦氏操作量表分
自闭症 QQ	男	2002.06	高功能自闭症	105	7	13	55	105
智障 Y	男	2002.03	发育迟缓	62	11	19	51	53
语障 J	男	2001.10	语音障碍	105	20	28	95	79
自闭症 Yao	男	2001.02	高功能自闭症	61	7	12	44	84

① 关于融合幼儿园及启智班的背景说明：首先，上海融合教育体制规定，每个区配备一所融合幼儿园，幼儿阶段的融合主要分为两种情况，一种是和普通儿童的全天融合，特殊儿童在普通儿童班级，与普通儿童一起生活、学习，这类特殊儿童主要为聋哑儿童、轻度智障儿童等；另一种是独立出一个启智班，不按不同的病症分类，而是包括智障儿童、身体残疾儿童以及智力落后的自闭症儿童等等。每天，这些不同病症的儿童在一起生活、学习，与普通儿童的互动主要体现在三个方面：一是在操场做操或游戏，或者共同使用游戏室，启智班的儿童有与普通儿童自由结伴互动的机会；二是每日入园时间，障碍程度较轻的特殊儿童，去普通儿童班级半个小时，参与普通儿童班级的游戏；三是每周一节融合课，启智班儿童与普通儿童在一起上一节课，普通班的教师会要求普通儿童与启智班儿童一起互动，教师也会想办法让启智班儿童融入这节课的游戏中。

其次，融合幼儿园师资的问题。无论是普通班的教师还是启智班的教师，均为学前教育专业出身，没有特殊教育专业的理论背景。启智班的教师由普通班幼儿教育转来以后，在实践中自己摸索经验，指导自己的教学；另外，上海市教委特殊教育教研所会定期提供每个区特殊教育老师观摩教学、参观研讨的机会。

续 表

姓名	性别	出生日期	障碍类型	PPVT测试	语障之口语	语障之理解	韦氏语言量表分	韦氏操作量表分
自闭症 K	男	2001.04	高功能自闭症	54	11	18	54	78
智障 W	男	2003.02	脑瘫智障	无法测	无法测	无法测	无法测	无法测
自闭症 X	男	2001.12	无言语低功能自闭症	无法测	无法测	无法测	无法测	无法测
自闭症 H	男	2002.02	无言语低功能自闭症	无法测	无法测	无法测	无法测	无法测
智障 Ly	女	2001.03	唐氏综合征	64	5	13	无法测	无法测

表 2-4 启智班每日非课程时间活动表

入园	40 分钟	感统活动	40 分钟
室内常规(或校外活动)	20 分钟	自由游戏	40 分钟
点心时间	10 分钟	午餐	45 分钟
海洋球活动、体育活动	20 分钟	区角游戏	15 分钟

表 2-5 个案 QQ 可以与普通幼儿(Pu)共处的时间

1	融合课	每周一次	30 分钟	专门安排	必须接触
2	在操场做操或游戏	每日一次	30 分钟	非专门安排	幼儿自由结伴
3	共同在感统游戏室玩	每周一次	15 分钟	非专门安排	幼儿自由结伴

图 2-2 启智班全体小朋友自然形成的座次安排

(二)研究过程记述

1. 语料记录

在正式记录之前,我们已熟悉整个环境,并绘制出启智班小朋友活动的主要场景图，目的有二，一是确保我们能知道每一个可能的角落，每一个活动场地可以容纳多少小朋友；二是确定当小朋友在某地活动时我们处于何种位置观察时，我们既可以看到他们，又不会受到他们太多的关注。

教师T1将我们引入现场后，直接示意随意。刚开始，小朋友对我们表现出兴趣，但教师只是礼貌上交互一下，很少关注我们在干什么。我们在整个现场中不以任何主动姿态与小朋友及教师来往，并请教师尽可能不与我们有任何行为及言语上的来往，只有礼貌上的必要示意。我们尽量在比较不受人注意的角落里观察与记录。当小朋友到户外活动的时候，也保持一定的距离，尽可能置身于小群体之外。

我们将启智班小朋友日常生活的主要场景全部列出之后，开始以场景、时间为主轴，记录个案QQ所在班级以及其他班级幼儿所有围绕个案QQ发生的言语和非言语交互，力求发现个案QQ互动平台背后的事实。记录内容包括：在某一场景、某一时间内围绕个案QQ发生的任何言语和非言语行为事件。为了确保准确记录互动事件的空间和时间特征，我们制作了场景图和记录内容混合图表，作为本研究的原始记录表。比如，感统游戏室里的场景记录纸见图2-3。

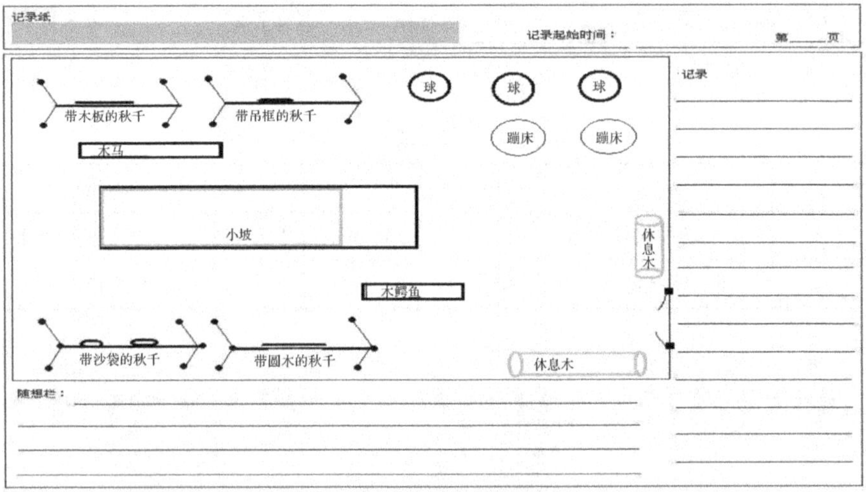

图2-3 感统游戏室场景记录图

2. 记录的整理与编码

(1)记录的言语事件单位整理。每日从幼儿园回来后，我们当即将原始记录以言语交互事件切分，录入电脑，进行整理、补遗，写上随想。每一个言语事件都有其开始和终结。一个言语事件结束后，可向另一个言语事件转移，或导致交际的中止。言语事件的界限有时可用或辅以脸部表情、音调的高低、一个言语事件和另一个言语事件之间的身体移动或者一小段沉默来表示。最明显的界限是语码的转换，或刚好碰上话题或交谈者的改变，记录如表 2-6。

表 2-6　言语事件记录表

观察日期	观察时间	观察地点	发起人	参与人	言语事件
2007-5-21	10:15 AM	操场铁制金鱼模型旁	QQ（个案）	Pu（普通幼儿）	铁制金鱼模型里坐满了普通儿童，QQ 从最中间的一个位置挤进去（无空位）。一个普通儿童见状后，立即起身走开。QQ 坐好后，两旁的普通儿童各自朝两边移动，与 QQ 拉开距离。QQ 坐在那儿，朝两边看。
2007-5-21	10:19 AM	同上	K（自闭症）	QQ（个案）	K 从滑梯处走过来，对 QQ 说“QQ 出来”。QQ 跟着 K 来到滑梯旁边分开，两人各自玩起不同的滑梯。

(2)记录的言语交互作用模式整理。言语交互作用模式整理是想要了解在一个特定的言语交互平台上，有哪些组成部分起决定作用。它运用的是人类语言学当中的交互作用分析法。

人类语言学中的交互作用分析法的出发点是“社会中的交际活动不是一些毫无区别的话语字符串，而是各种各样的语言事件，它们有不同的范围，表示不同的行为规范”。因此，这些交际活动的描写必须列举一个环境里对其语言事件的分类，列举作为这些事件的开始和结束的标记的性质，列举区分不同事件的特征。言语交互作用模式通常包括场景、基调、参加者、言语交互的形式、言语交互的模式（桂诗春等，1997），列举如表 2-7。

(3)记录的语言指向及语用编码。将所有记录的言语重新以话语（utterance）为单位，按“发起、回应、拓展、模仿、自言自语”五种类型一一编码；QQ 的所有言语指向及类型，按“对谁发起，回应谁，模仿谁”进行编码。QQ 发起的所有言语，按“有无被回应，被谁回应”进行编码。QQ 的所有语用情况以及言语平台互动者的语用情况，都按“言语倾向、言语行动”进行编码。力求可以记录 QQ 言语互动平台的可能属性，包括：言语互动的语言特征、言语互动的关系特征、言语互动的行为特征，以及各特征对言语互动本身的影响，列举如表 2-8。

表 2-7　个案 QQ 幼儿园座位言语交互作用模式

座位显示的言语距离模型
功能/目的:启智班儿童之间座位的表现
背景:幼儿园启智班
基调:亲善和冷漠
参加者:启智班全体小朋友
变量条件:
A. 在语障同伴 J、智障同伴 Y 都在的时间
B. 在智障同伴 Y 不在的时间,语障同伴 J 在的时间
C. 在同伴 J、Y 都不在,自闭症同伴 Yao 在的时间
D. 在同伴 J、Y、Yao 都不在,自闭症同伴 K 在的时间
E. 当同伴 J、Y、Yao、K 都不在,老师未做任何要求的时间
F. 当同伴 J、Y、Yao、K 都不在,老师要求 QQ 和其他小朋友一起坐的时间
变量次序:
A. 在语障同伴 J、智障同伴 Y 都在的时间
——QQ 坐在挨着 Y 的位置,是否和 J 隔开没关系。和其他人隔开。
B. 在智障同伴 Y 不在的时间,语障同伴 J 在的时间
——QQ 挨着 J。和其他人隔开。
C. 在同伴 J、Y 都不在,自闭症同伴 Yao 在的时间
——QQ 挨着 Yao,是否和 K 隔开没关系。和其他人隔开。
D. 在同伴 J、Y、Yao 都不在,自闭症同伴 K 在的时间
——QQ 挨着 K。和其他人隔开。
E. 当同伴 J、Y、Yao、K 都不在,老师未做任何要求的时间
——QQ 一人独坐。与其他人隔开。
F. 当同伴 J、Y、Yao、K 都不在,老师要求 QQ 和其他小朋友一起坐的时间
——QQ 强烈抵制,无果则消极抵抗,如向邻位做出开枪动作,过一会,又悄悄隔开。

表 2-8 言语记录中语言指向及语用编码表

	第 1 条	第 2 条	……	第 5005 条
所记录的语言				
场景				
言语者				
言语行为或非言语行为				
言语倾向编码				
言语行动编码				
言语者是否发起				
言语者在何场景				
言语者主动否				
言语者受谁影响				
言语者对谁发起				
言语者有无被回应				
言语者被谁回应				
言语者对谁回应				
言语者模仿何人				

3. 研究的信度

所有语言资料均经过二次编码：第一次编码由我们完成后，再由我们逐一对照原始材料，进行第二次编码。经统计，编码的内部信度检验一致率基本上达到了 98%。

4. 量化语料的分析

语言资料被编码之后，我们采用 Excel 中的协同统计方法，或者国际儿童语言分析通用的计算机语言分析软件(Computerized Language Analysis, CLAN)，对个案 QQ 以及围绕 QQ 展开的幼儿园言语交互行为进行分析。量化统计分别从以下三个方面进行统计、分析：

(1)个案 QQ 的语用交互指向关系：采用 Excel 中协同统计方法，计算出每日 QQ 以及启智班所有障碍儿童、教师、所接触的普通儿童的言语指向、言语模仿频次，再把每个对象的统计结果做成数据库文件，使用 SPSS(社会科学统计软件包)对所有资料进行协方差统计分析、描述性统计分析。

(2)个案 QQ 模仿言语的语用功能分析:使用 CLAN 程序中的 KWAL(key word and line)(Mac-Whinney, 2000)命令搜索出 QQ 模仿言语的言语倾向类型、言语行动类型以及它们的数量,进行描述性统计分析。

(3)个案 QQ 模仿各对象时的模仿言语 MLU(平均语句长度)、MLU5(最长 5 句平均语句长度)情况整理:使用 CLAN 程序中的 MLU、MAXWD(MacWhinney, 2000)命令,得出 QQ 模仿各对象时模仿言语的 MLU、MLU5 数值,进行描述性统计分析。

5. 质化语料分析

在幼儿园的质化研究部分,我们试图通过 QQ 语用交互的需求关系分析、QQ 模仿言语的特征分析以及语言交互平台中 QQ 受到的影响分析,揭示幼儿园情境下,个案 QQ 语用交互平台的特征。研究方法除了前面提到的言语交互作用模式整理外,还采用了质的研究方法中的观察法。即以特定的角度仔细观察语料,进行分析、解释。我们主要从以下角度进行观察分析:

(1)在幼儿园环境中,观察 QQ 如何与环境中的交互对象开启言语互动,又怎样将言语互动展开下去。在观察分析中深入探讨 QQ 语言发起、拓展和回应的同伴影响因素和特征。

(2)观察 QQ 模仿言语的特征。在幼儿园环境中,QQ 存在大量的自发模仿现象,因此,我们专门对 QQ 的模仿言语的特征进行了研究。首先运用 CLAN 程序中的 KWAL(key word and line)(Mac-Whinney, 2000)命令搜索出 QQ 自发模仿的言语,然后将这些模仿言语放回到原始资料中进行对比分析:QQ 模仿的意图是什么?以什么样的词汇、语法形式模仿?语言操作情况又是怎样的?在上述观察分析中,我们对 QQ 模仿言语的类型和意图进行了探讨。

第三节 本研究的意义

汉语自闭症儿童语言发展和交流的研究几乎还是一个无人问津的研究领域。本研究从汉语自闭症幼儿语言成长模型、汉语自闭症幼儿语言运用质量、汉语自闭症幼儿语言运用交互平台等方面,对汉语自闭症幼儿语言发展和交流的特征进行了研究,具有重要的理论和实践价值。

从理论意义而论,首先,本研究中的语言成长模型研究将会充实自闭症儿童语言研究中该领域的研究不足,对自闭症幼儿高功能亚类型语言和交流及其年龄特征的研究，对我国汉语自闭症幼儿语言发展和交流的特征研究亦更具理论价值；第二，本研究对汉语自闭症幼儿语言习得、提取与操作、运用等全过程当中的语言障碍模式进行了探讨，其研究成果将丰富汉语自闭症幼儿教育和干预的应用理论研究；第三，对本研究中语言运用交互平台理论假设的探讨，将更进一步丰富汉语自闭症幼儿教育和干预的应用理论研究。

本研究的实践意义在于：(1)提供我国汉语自闭症幼儿语言发展和交流的整体概貌状况，提醒教育工作者在对汉语自闭症幼儿进行语言干预时，避免简单地参照普通幼儿语言发展的过程对汉语自闭症幼儿的语言进行干预，或是任意地借鉴不适合汉语自闭症幼儿语言发展理论的国外干预项目，而要确保临床干预有切实、强有力的基础和证据。(2)自闭症幼儿语言质量研究显示出的语言各现象间的多重影响，揭示自闭症幼儿语言教育需要"整合式"的教育；需要对影响语言运用的核心影响，即语言操作加以重视与教育；注重应用型语言形式的习得。(3)语言运用交互平台理论假设为幼儿教师和家长提供了影响自闭症幼儿语言发展和交流的环境因素，提示为关系平台是发挥语言鹰架的重要前提。为幼儿教师和家长针对自闭症幼儿的情况，提供了语言教育干预的方向性原则。(4)为自闭症幼儿语言领域的课程和教学、个别化的教育，理解和建立新型的语言交互关系等带来新的视角。(5)丰富自闭症幼儿语言教育个别化方案重点人群的资料。

第二部分　分析和发现

第三章　自闭症幼儿语言成长模型研究

在本章，我们将使用成长模型分析方法，对以语言年龄（MLU：平均语句长度）匹配的四对汉语自闭症幼儿和普通幼儿的语言概貌进行研究。与以往语言研究不同的是，我们将"功能性言语比例"指标作为衡量汉语自闭症幼儿语言概貌的四个指标之一。这是由自闭症儿童语言的特殊性决定的：自闭症幼儿在会话语言环境当中，存在大量没有会话意识的语言。这些语言无法作为一般语言研究的对象，但事实上它却形成了他们的基本语言概貌之一。即使我们不能够揭示这些"声音"的功能，但至少要显示出它的数量。

在本章的研究当中，我们主要解决两个问题：

1. 汉语自闭症幼儿显示了怎样的语言成长模型？
2. 汉语自闭症幼儿的语言成长模型与配对普通幼儿是否一致？

本部分的成长模型研究包括两个分阶段的研究。首先是一个起始点的图景研究，然后以 18 个月的发展速率考虑发展的因素。两阶段的组合，使得我们可以得到个案的成长模型。本研究的假设是：如果汉语自闭症幼儿主要语言范畴的功能阶段与匹配对象相似，那么，他们的整体语言图景应该相似。但是，如果汉语自闭症幼儿与匹配对象相比，某个特定的范畴存在相对强项（如，测试的表现高于配对普通幼儿 0.5 个标准差）或相对弱项（测试的表现低于配对普通幼儿 0.5 个标准差），即他们的整体语言图景就会出现背离的情况，则表明汉语自闭症幼儿语言产生的技能与普通幼儿存在质的差异。如果这种图景在发展的过程依然显示出这种差异，则更进一步验证二者在成长模型上存在质的差异。

第一节　起始点研究：语言与交流的图景

在整体语言图景研究中，我们采用标准化后的数据，对每对配对幼儿首次测试产生的自发性言语的语法、语义、语用范畴一些指标和一般功能性言语比例所处的功能情况进行描述。每个语言图景仅表示每位自闭症幼儿与配对普通幼儿各功能阶段的相对差异。我们以 MLU(平均语句长度)匹配,将自闭症幼儿与普通幼儿一一配对进行了图景研究。

研究的指标包括:衡量句法功能的 MLU5(最长 5 句平均语句长度);衡量语义功能的词汇多样性;衡量语用功能的交流行为和衡量一般功能语言比例的功能性言语比例。我们使用标准化成绩的方法,将各项指标绘制在一张图上,以达到可以直观了解图景模式的目的。

研究结果如图 3-1(横轴表示各范畴测查指标,纵轴表示每位幼儿的标准化成绩)所示。

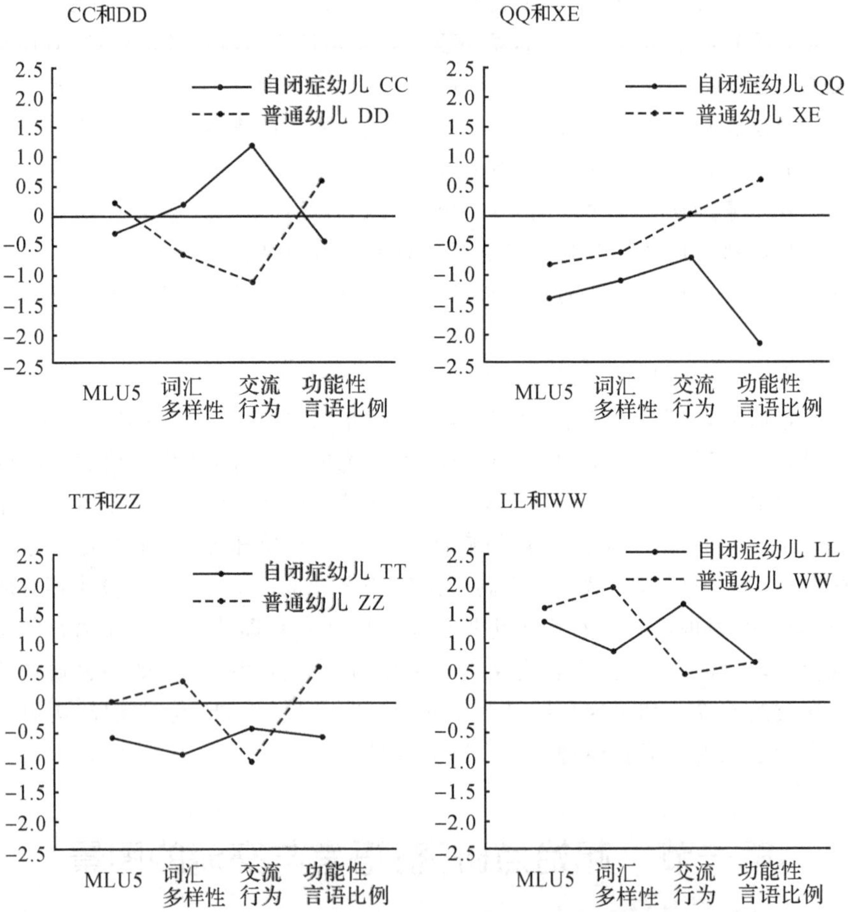

图 3-1　自闭症幼儿和配对普通幼儿整体语言图景

由图 3-1 可知：在 MLU 匹配的情况下，汉语自闭症幼儿与其配对对象的整体语言图景呈现出不同的模式，且异质性较高。即汉语自闭症幼儿的整体语言图景与相似语言能力的普通幼儿的语言功能表现有质的不同。具体情况如下：

1. CC（自闭症幼儿）和 DD（普通幼儿）配对时显示：CC 表现出 MLU5 的中度弱势；功能性言语比例的明显弱势；交流行为的明显强势；词汇多样性是相对强项，成绩高于配对对象 1 个标准差。

2. TT（自闭症幼儿）和 ZZ（普通幼儿）配对时显示：TT 表现出 MLU5 的中度弱势，成绩低于配对对象 0.58 个标准差；词汇多样性和功能性言语比例的明显弱势，成绩均低于配对对象 1 个标准差；交流行为的相对强势。

3. LL（自闭症幼儿）和 WW（普通幼儿）配对时显示：该配对幼儿在词汇多样性和交流行为两个指标上具有明显的差异：LL（自闭症幼儿）的词汇多样性成绩低于 WW（普通幼儿）1 个标准差以上，而交流行为成绩高于 WW 1 个标准差以上；与此同时，两人的功能性言语比例相同，MLU5 值也比较接近，只相差 0.28 个标准差。

4. QQ（自闭症幼儿）和 XE（普通幼儿）配对时显示：在 MLU5、语义多样性以及交流行为三个指标方面，QQ（自闭症幼儿）的成绩均低于 XE（普通幼儿）的成绩 0.5 个标准差左右，表明 QQ（自闭症幼儿）这三个指标只存在发展的滞后性；与此同时，功能性言语比例是他的绝对弱项，低于普通幼儿 XE 近 3 个标准差。

我们将四位汉语自闭症幼儿与配对普通幼儿的数据结果对比表述为表 3-1。

表 3-1 自闭症幼儿与配对普通幼儿语言主要范畴配对比较结果

幼儿姓名	MLU5	词汇多样性	交流行为	功能性言语比例
TT	−	−	＋	−
CC	−	＋	＋＋	−
QQ	−	−	−	−
LL		−	＋＋	

注：与配对对象相比，高于 0.5 个标准差用一个“＋”表示，低于 0.5 个标准差用“−”表示，依此类推累计。

对语言概貌各指标的同时性检验结果表明，如表 3-1 所示，与具有相似语言能力的普通幼儿相比，汉语自闭症幼儿呈现出不同的图景。四位自闭症幼儿中的三位在 MLU5（最长 5 句平均语句长度）、功能性言语比例

(TT、CC、QQ)和词汇多样性(TT、QQ、LL)上为相对弱项,其中MLU5的障碍程度最轻,功能性言语比例障碍程度最重,词汇多样性障碍程度居中;与此同时,四位自闭症幼儿中的三位在交流行为上为相对强项。这些整体语言图景清楚地表明了:

第一,四位汉语自闭症幼儿中三位(TT、CC、LL)的语言形式(例如,MLU5和词汇多样性)与语言功能(交流行为)相互背离,即语法、语义的相对弱项,交流行为的相对强项,表明自闭症幼儿语法、语义、语用各范畴均与普通幼儿不同,显示出图景上的不同。

第二,两位汉语自闭症幼儿(TT、CC)交流行为与功能性言语比例背离,即交流行为为相对强项,功能性言语比例为相对弱项,这是一种奇怪的现象。因为功能性言语比例衡量的是一般功能语言占整个语言的比例,交流行为水平应该是一般功能语言的具体表现之一,二者均为衡量语言运用的指标,应该有一致性。图景研究当中的这些背离,表现出汉语自闭症幼儿语用范畴内部的不同步。

那么,横向检验发现的语言图景在以后的发展中会发生怎样的变化?异常的图景模型是否会随着发展而发生变化?在接下来的部分,我们将从发展的角度,对这些问题进行探讨。

第二节 速率研究:语言与交流的发展研究

上一部分,我们对汉语自闭症幼儿研究起始点的语言图景进行了描述。那么,在发展研究部分,他们的发展速率将呈现何种结果呢?发展会改变语言的图景吗?以下按各个指标分别述之。

一、自闭症幼儿语法范畴发展速率

MLU(平均语句长度)和MLU5(最长5句话语长度)是本文用来衡量幼儿语法发展的两项工具。为了了解四位汉语自闭症幼儿与配对普通幼儿的发展轨迹,我们将对研究期间获得的每对幼儿语法范畴MLU、MLU5指标的成长速率估计进行描述。汉语自闭症幼儿与配对普通幼儿语法的成长轨迹分别见图3-2、图3-3、图3-4、图3-5。0月代表了汉语自闭症幼儿以及MLU相配的普通幼儿研究起始时的状态。因此,零月是对每位幼儿研究起始时真实语法状态的估计。我们将采用最小二乘法回归线对每位幼儿 MLU、MLU5 变化速率的估计进行描述。

每幅图上每位幼儿名字后的数据为该幼儿研究起始时的 MLU，数据后的 *、* * 分别表示速率的发展呈显著、极其显著态势。

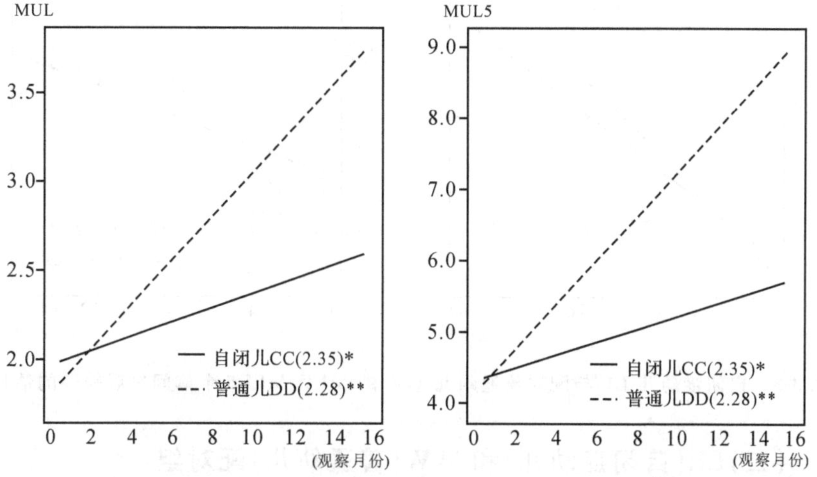

图 3-2 自闭症幼儿 CC 与配对普通幼儿 DD 的 MLU、MLU5 个体间发展轨迹的估计

(一)CC(自闭症幼儿)和 DD(普通幼儿)配对组

图 3-2 显示，研究开始时，CC(自)和 DD(普)的 MLU 估计值相当，但是，他们的语法技能发展不一样。就 MLU 而言，CC(自)的成长速率很低，只达到 DD(普)的 1/3[CC(自)$\hat{\beta}_1=0.075$；DD(普)$\hat{\beta}_1=0.235$]。研究结束时，二者 MLU 估计值差异很大[CC(自)$\hat{Y}=2.59$；DD(普)$\hat{Y}=3.75$]。对于另一相仿的评价指标 MLU5 而言，这一配对幼儿呈现了同样的图景。CC(自)和 DD(普)研究起始时 MLU5 的估计值基本相当[CC(自)$\hat{Y}=4.406$；DD(普)$\hat{Y}=4.310$]，但是，在后来的发展中，两人成长速率不同，CC(自)MLU5 成长速率亦仅为 DD(普)的 1/3[CC(自)$\hat{\beta}_1=0.203$；DD(普)$\hat{\beta}_1=0.690$]。由此可以看出，尽管 CC(自)和 DD(普)的语法衡量指标 MLU 与 MLU5 均随年龄变化显著发展，但是，在这一年半的研究时间内，CC(自)语法范畴这两项指标的发展明显不同于其匹配对象 DD(普)，表明两人习得语法的速率存在重要的发展差异。

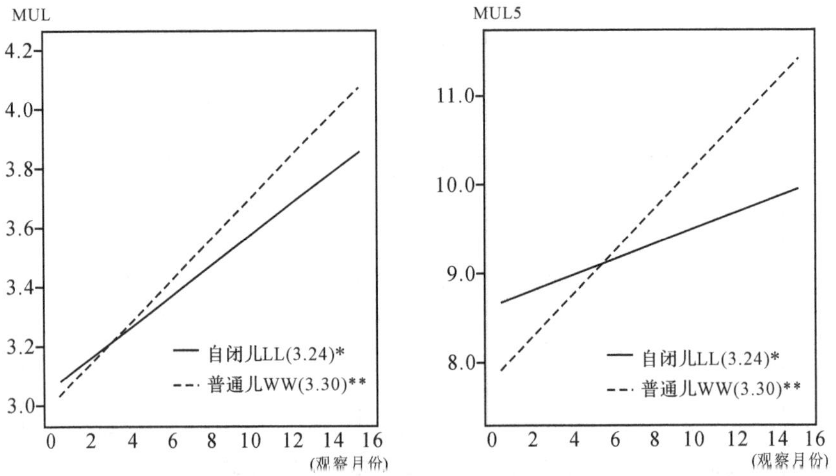

图 3-3　自闭症幼儿 LL 与配对普通幼儿 WW 的 MLU、MLU5 个体间发展轨迹的估计

(二)LL(自闭症幼儿)和 WW(普通幼儿)配对组

从图 3-3 可以看出,与前一对幼儿一样,在研究开始时,这两位配对幼儿的 MLU 估计值相当[LL(自)$\hat{Y}$=3.079;WW(普)$\hat{Y}$=3.035],但是,LL(自)MLU 的成长速率低于其匹配对象 WW(普),因此,在整个研究过程中,自闭症幼儿 LL MLU 估计值逐渐落后于配对对象 WW(普)。MLU5 的发展轨迹也与前一对幼儿相似,研究开始时,LL(自)MLU5 估计值高于 WW(普)[LL(自)$\hat{Y}$=8.667;WW(普)$\hat{Y}$=7.920],但是,两人 MLU5 的成长速率不同,前者只有后者的 1/3 强[LL(自)$\hat{\beta}_1$=0.16;WW(普)$\hat{\beta}_1$=0.437],前者发展不显著,后者发展极其显著,因此,前者起始 MLU5 估计值的优势逐渐为后者取代,至研究结束,二者 MLU5 估计值差距甚大。显而易见,在整个研究过程中,与 WW(普)相比,LL(自)不仅 MLU 发展速率慢,而且,MLU5 发展速率更慢。这些结果表明,在 18 个月的观察中,两人语法技能发展的速率存在重大差异。

(三)QQ(自闭症幼儿)和 XE(普通幼儿)配对组

如图 3-4 所示,研究起始时,这一对幼儿的 MLU 估计值差异较大[QQ(自)$\hat{Y}$=0.974;XE(普)$\hat{Y}$=1.640]。在研究期间内,这两个幼儿 MLU 发展的速率大致相同[QQ(自)$\hat{\beta}_1$=0.214;DD(普)$\hat{\beta}_1$=0.219]。由于两人起始 MLU 估计值差异较大,我们无法对他们 MLU 发展速率的相似性做出

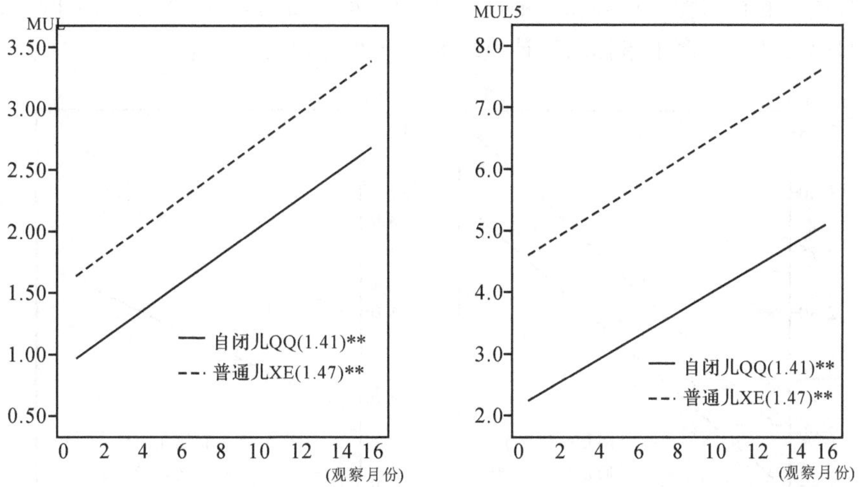

图 3-4　自闭症幼儿 QQ 与配对普通幼儿 XE 的 MLU、MLU5 个体间发展轨迹的估计

解释。在 MLU5 指标上，XE(普)起始估计值是 QQ(自)的 2 倍[XE(普) $\hat{Y}=4.583$；QQ(自) $\hat{Y}=2.217$]。由于研究起始估计值的不匹配，我们很难对 QQ(自)和 XE(普)习得 MLU5 成长速率的相似性做出明确的解释[QQ(自) $\hat{\beta}_1=0.357$；XE(普) $\hat{\beta}_1=0.382$]。这些结果表明，尽管由于研究起始时 MLU、MLU5 估计值不同，我们很难将他们的发展速率进行直接的比较。但是，这一对幼儿语法技能都获得了显著的发展进步。而且，可以肯定的一点是，在 18 个月的观察中，QQ(自)与匹配对象 XE(普)相比，前者 MLU、MLU5 的估计值远远低于后者。

(四)TT(自闭症幼儿)和 ZZ(普通幼儿)配对组

由图 3-5 可知，这一对幼儿 MLU 18 月的发展均呈显著态势。研究起始时，TT(自)MLU 估计值略低于 ZZ(普)[TT(自) $\hat{Y}=1.819$；ZZ(普) $\hat{Y}=2.046$]，但两者的 MLU 以大致相当的成长速率发展[TT(自) $\hat{\beta}_1=0.135$；ZZ(普) $\hat{\beta}_1=0.148$]。在 MLU5 这一指标上，尽管两人 MLU5 起始估计值差异很大[TT(自) $\hat{Y}=3.856$，ZZ(普) $\hat{Y}=5.994$]，但是，在整个研究过程中，这一对幼儿的 MLU5 与 MLU 一样，以大致相当的估计成长速率发展[TT(自) $\hat{\beta}_1=0.38$；ZZ(普) $\hat{\beta}_1=0.41$]。由于他们在研究起始时 MLU5 的技能阶段存在差异，因此，很难对他们在习得 MLU5 时表现出来的估计成长速率的相似性进行解释。不过，从图 3-5 可以看出，至研究结束，TT(自)MLU、MLU5 两个指标的估计值均低于其匹配对象 ZZ(普)。

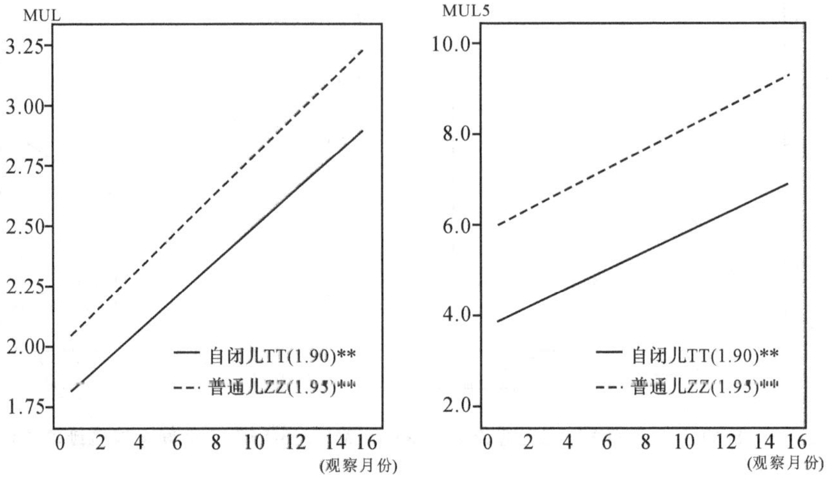

图 3-5　自闭症幼儿 TT 与配对普通幼儿 ZZ 的 MLU、MLU5 个体间发展轨迹的估计

对自闭症幼儿语法发展速率进行研究的目的在于对四位自闭症幼儿语法习得(包括 MLU：平均语句长度与 MLU5：最长 5 句平均语句长度)的速率进行量化分析，以探讨各匹配对象语法习得的发展速率是否相似。研究结果主要表现为两种情况。

一种情况是研究起始时 MLU 估计值很匹配，且 MLU 真实值大于 2 的两对幼儿(CC 与 DD，LL 与 WW)，他们的 MLU 估计成长速率不同，均为自闭症幼儿低于配对普通幼儿。至研究结束，CC(自)和 LL(自)的 MLU 估计值远远低于各自的配对对象。这两对幼儿 MLU5 的发展也呈现出类似的结果。

一种情况是研究起始时 MLU、MLU5 估计值差异很大，而且研究起始时 MLU 真实值少于 2 的两对幼儿(TT 与 ZZ，QQ 与 XE)，他们的 MLU、MLU5 估计成长速率比较相似。由于研究起始时这两对幼儿 MLU、MLU5 估计值差异较大，所以很难对这两对幼儿的 MLU、MLU5 发展速率的相似性做出解释。但是，可以肯定，在 18 个月的观察中，与配对普通幼儿相比，TT(自)、QQ(自)的成长估计值较低，所达到的语法阶段也较低。也就是说，在整个研究过程中，与配对对象相比，TT(自)、QQ(自)的估计语法技能较低。

值得一提的是，无论属于哪一种情况，四位汉语自闭症幼儿在 MLU 与

MLU5 这两项指标上，至研究结束汉语自闭症幼儿的成长估计值均滞后于配对普通幼儿。而且，除了自闭症幼儿中语言年龄最大的一个 LL，在 18 个月的发展中，MLU5 的发展不显著，其他均呈现显著的发展进步。

二、自闭症幼儿语义范畴发展速率

词汇多样性是本书用来衡量语义范畴的工具。汉语自闭症幼儿和普通幼儿语义范畴词汇多样性的成长轨迹见图 3-6。0 月份表示每位幼儿研究起始时的估计值。我们将使用最小二乘法回归线对每位幼儿语义范畴词汇多样性的成长速率变化进行描述。

（一）CC（自闭症幼儿）和 DD（普通幼儿）配对组

从图 3-6 中的 CC 和 DD 对中看出，研究起始时，这两位幼儿词汇多样性估计值基本相同，CC（自）估计值为 104.778，DD（普）估计值为 104.946，在后来的研究过程中，两人词汇多样性都取得了显著的发展进步，但是，CC（自）词汇多样性的成长速率高于 DD（普）[CC（自）$\hat{\beta}_1=14.8$；DD（普）$\hat{\beta}_1=13.153$]。因此，研究结束时，CC（自）的词汇产生技能水平高于 DD（普）。

（二）TT（自闭症幼儿）和 ZZ（普通幼儿）配对组

图 3-6 中的 TT 和 ZZ 对显示，研究起始时二人词汇多样性估计值相差很大。TT（自）词汇多样性估计值为 102.303，而 ZZ（普）词汇多样性估计值达到 191.06，但是在研究的 18 个月中，前者词汇多样性发展显著，后者不显著，前者词汇多样性的估计成长速率是后者的 2 倍[CC（自）$\hat{\beta}_1=15.083$；DD（普）$\hat{\beta}_1=7.83$]。研究结束时，TT（自）词汇多样性的明显弱势正日趋缩小[TT（自）$\hat{Y}=222.803$，ZZ（普）$\hat{Y}=253.70$]。也就是说，与控制对象 ZZ（普）相比，研究开始时 TT（自）语义范畴中词汇多样性为相对弱项，但是在研究过程中，由于其词汇多样性的发展具有较高的估计成长速率，至观察的第 18 个月，TT（自）和 ZZ（普）词汇多样性技能水平的差距正逐渐缩小。

（三）QQ（自闭症幼儿）和 XE（普通幼儿）配对组

图 3-6 中的 QQ 和 XE 对显示，尽管 QQ（自）和 XE（普）词汇多样性均获得了显著的发展进步，但是，由于 QQ（自）研究起始时的语义多样性估计

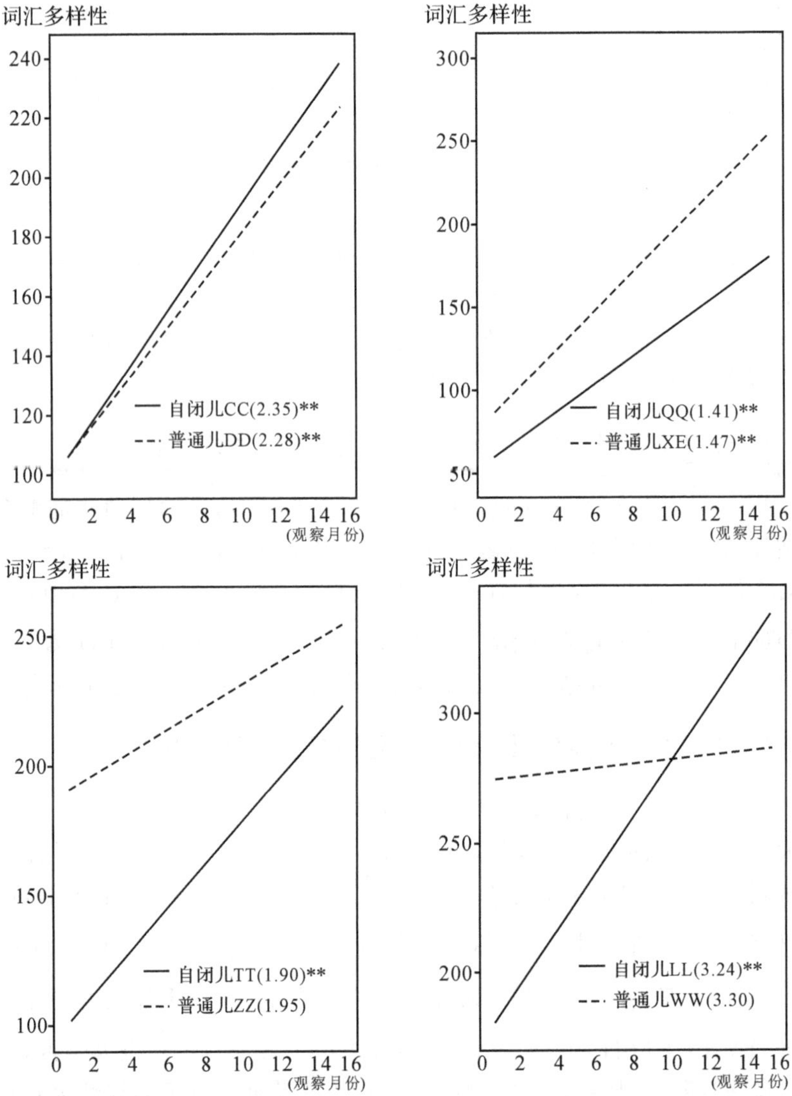

图 3-6 四位自闭症幼儿与配对普通幼儿语义范畴词汇多样性发展轨迹的估计

值不仅明显低于后者[QQ(自) $\hat{Y}$ =59.222,XE(T) $\hat{Y}$ =86.083],而且估计成长速率也低于后者[QQ(自) $\hat{\beta}_1$ =14.933;XE(普) $\hat{\beta}_1$ =20.917]。所以,在观察 18 个月后,QQ 词汇多样性估计值与配对普通幼儿 XE 的差距在扩大。值得指出的是,在四位自闭症幼儿中,只有 QQ 的词汇多样性估计成长速率低于配对普通幼儿。

(四)LL(自闭症幼儿)和WW(普通幼儿)配对组

由图3-6中的LL和WW对可知,研究起始时,LL(自)和WW(普)与TT(自)和ZZ(普)这一对一样,TT(自)词汇多样性估计值远低于其控制对象WW(普)[LL(自) $\hat{Y}$ =180.722,WW(普) $\hat{Y}$ =274.588],而且在研究过程中,前者发展显著,后者发展不显著,前者词汇多样性估计成长速率是后者的11.45倍之多[LL(自) $\hat{\beta}_1$ =19.298;WW(普) $\hat{\beta}_1$ =1.550]。因此,研究结束时,LL(自)词汇多样性的相对弱势已转变为相对优势[LL(自) $\hat{Y}$ =332.17,WW(普) $\hat{Y}$ =286.98]。

对汉语自闭症幼儿语义范畴发展速率进行研究的目的在于将四位汉语自闭症幼儿语义范畴词汇多样性习得的速率与各匹配普通幼儿进行比较,以探讨他们的成长速率是否相似。研究起始时,与各配对普通幼儿相比,除了CC(自闭症幼儿)以外,其他三位自闭症幼儿词汇多样性估计值均处于逆势。研究开始时的不同差异使我们很难对研究结果进行直接的比较。但是,研究发现,四对匹配幼儿词汇多样性发展的速率均不相同。

其中两对[TT(自)和ZZ(普)、LL(自)和WW(普)]的不同速率表明:尽管汉语自闭症幼儿研究起始时的词汇多样性技能水平是相对弱项,但是由于他们的估计成长速率远远高于其匹配对象,所以进步比匹配对象大;另外一对CC(自)和DD(普)也与前两对的情况大致相似,即估计成长速率高于配对对象,不同在于这一对的起始估计值大致相当。最后一对QQ(自)和XE(普)的情况表明,普通幼儿的表现更好,QQ(自)词汇多样性的缺陷越来越严重。

汉语自闭症幼儿词汇多样性的研究结果表明,所有四位自闭症幼儿词汇多样性均呈显著发展的态势,四位自闭症幼儿中的三位(CC、TT、LL)语义范畴词汇多样性的发展速率较快,至研究结束,这三位自闭症幼儿词汇多样性估计值已经高于普通配对幼儿或者差距在缩小。这些结果表明,较语法范畴而言,汉语自闭症幼儿语义范畴受到的障碍较小。在结束了语法和语义范畴的分析后,我们再来看看语用范畴的发展情况。

三、自闭症幼儿交流行为及功能性言语比例发展速率

本部分将对汉语自闭症幼儿以及匹配对象的交流行为及功能性言语比例的发展速率进行描述。研究结果见图3-7、图3-8、图3-9、图3-10。每

个图均展示了每对配对幼儿间交流行为种类和功能性言语比例的估计成长轨迹。每个图中的0月表示每位幼儿研究起始时的估计值。我们将使用最小二乘法回归线对每位幼儿的估计成长速率进行描述。

每幅图上每位幼儿名字后的数据为该幼儿研究起始时的MLU,数据后的*、**分别表示发展显著或极其显著。

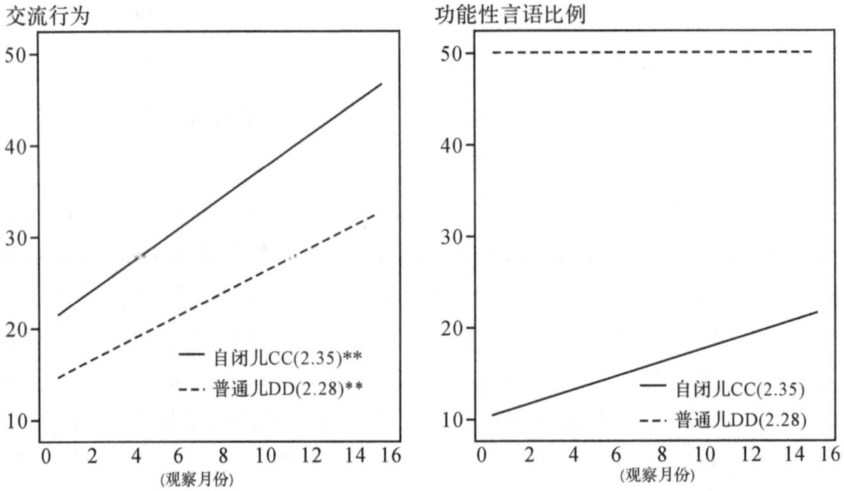

图 3-7 CC与配对普通幼儿DD交流行为及功能性言语比例发展轨迹

(一)CC(自闭症幼儿)和DD(普通幼儿)匹配组

由图3-7可知,在交流行为类型指标上,CC不仅在研究起始时的成长估计值高于DD(普)[CC(自) $\hat{Y}=26.528$,DD(普) $\hat{Y}=14.687$];而且,其估计成长速率也高于DD(普)[CC(自) $\hat{\beta}_1=3.14$;DD(普) $\hat{\beta}_1=2.26$]。所以,尽管该对幼儿交流行为类型的发展均显著,但随年龄的发展,CC(自)交流行为的优势较DD(普)更为明显。18个月的观察发现表明,在亲子言语交流互动中,CC(自)的话语虽然未必都是切合情境的,但是,话语背后的交流行为种类较为丰富。值得注意的是,尽管CC(自)的交流行为种类以较快的速率显著发展,但其功能性言语比例未随年龄发展呈显著变化。

(二)LL(自闭症幼儿)和WW(普通幼儿)匹配组

如图3-8所示,在18个月的观察中,与WW(普)相比,LL(自)交流行为成长速率略低于WW(普)[LL(自) $\hat{\beta}_1=1.27$;WW(普) $\hat{\beta}_1=1.43$],但由

于研究起始时 LL(自)交流行为估计值远高于 WW(普),因此,研究结束时,前者交流行为估计值仍然远远高于后者[LL(自)$\hat{Y}$ =52.72,WW(普)$\hat{Y}$ =39.50]。

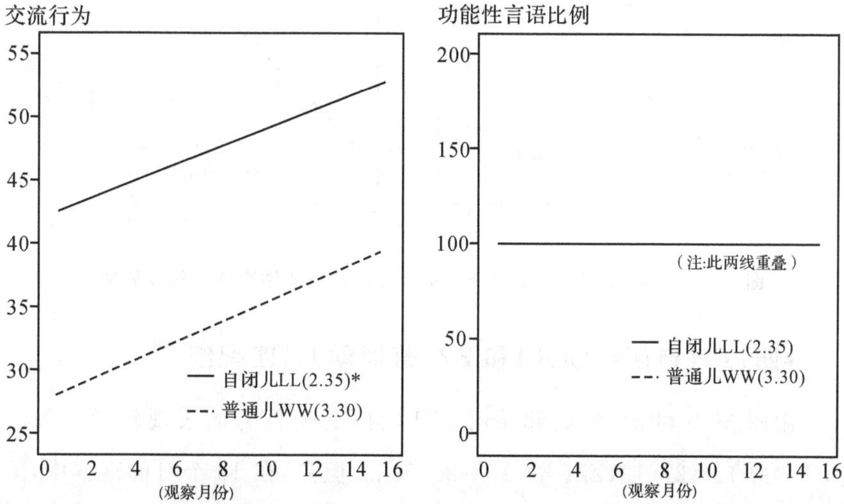

图 3-8 LL 与配对普通幼儿 WW 交流行为及功能性言语比例发展轨迹

比照图 3-7、图 3-8、图 3-9、图 3-10,我们还可以看出,与其他三位自闭症幼儿(CC、TT、QQ)相比,自闭症幼儿 LL(自)的功能性言语比例与普通幼儿一样,均为 100%。总之,18 个月的跟踪观察表明。在亲子互动中,LL 使用的交流行为类型很丰富,所说的话语亦符合情境交流的需要。

(三)QQ(自闭症幼儿)和 XE(普通幼儿)匹配组

图 3-9 显示,研究起始时,QQ 用于和爸爸交流的交流行为范围极为狭窄[QQ(自)$\hat{Y}$ =9.472,XE(T)$\hat{Y}$ =25.07]。但是,在 18 个月的观察中,QQ(自)交流行为范围以较高的速率在上升[QQ(自)$\hat{\beta}_1$=3.22;XE(普)$\hat{\beta}_1$=1.39]。因此,在整个研究过程中,QQ(自)与爸爸交流使用的交流意图范围正日益扩大,至研究结束,QQ(自)的交流行为类型已基本赶上配对对象。QQ 的功能性言语比例也呈显著发展,研究结束时,已基本接近于普通幼儿 XE 的表现。总体而言,在与爸爸的会话交流中,QQ(自)话语背后的交流行为不仅越来越切合情境,而且越来越丰富。

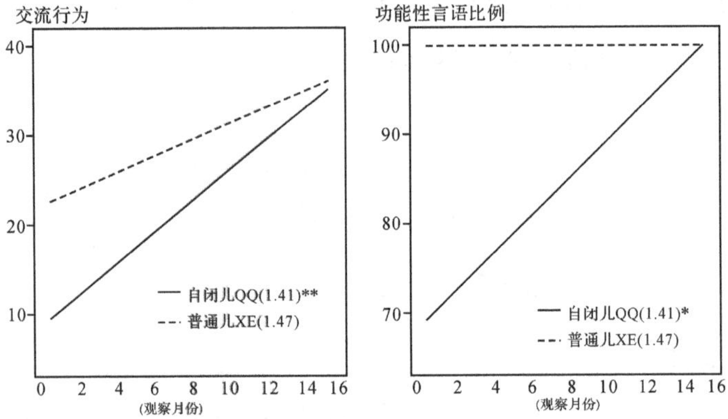

图 3-9 QQ 与配对普通幼儿 XE 交流行为及功能性言语比例发展轨迹

（四）TT（自闭症幼儿）和 ZZ（普通幼儿）匹配组

由图 3-10 可知，研究起始时，TT（自）交流行为的表现较 ZZ（普）好［TT（自）$\hat{Y}=27.19$，ZZ（普）$\hat{Y}=20.56$］。但是，在 18 个月的观察中，TT（自）交流行为类型与 ZZ（普）的差距在缩小，但由于前者的估计成长速率较后者慢［TT（自）$\hat{\beta}_1=1.92$；ZZ（普）$\hat{\beta}_1=2.38$］，故研究结束时，两者估计值的差异在缩小。但前者仍具有相对的优势，即 TT（自）使用的交流行为范围更广。18 个月的观察表明，尽管 TT（自）合情境的话语随年龄的发展无显著变化，但是，其话语交流的意图却较为丰富。但他与自闭症幼儿 CC 一样，其功能性言语比例未随年龄发展得到显著改善。

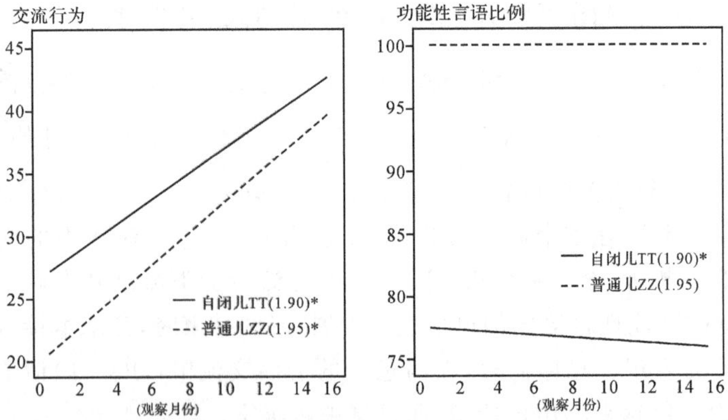

图 3-10 TT 与配对普通幼儿 ZZ 交流行为及功能性言语比例发展轨迹

第三节 语言与交流的成长发展模型的描述

将语言图景部分的研究与发展速率研究的结论相结合，我们可以了解，与匹配对象相比，四位个案分别呈现出如下语言概貌：

一、自闭症幼儿 CC

研究起始时，与配对幼儿 DD 相比，CC 语法水平相对较低，以 MLU5 尤甚，且在 18 个月发展过程中逆势日益扩大，即差距增大。

研究起始时，与配对幼儿 DD 相比，CC 语义水平相对较高，且在 18 个月发展过程中保持了这种优势。

研究起始时，与配对幼儿 DD 相比，CC 交流行为水平明显很高，且 18 个月发展过程中优势日益增大。

研究起始时，与配对幼儿 DD 相比，CC 功能性言语比例功能相对较低，且 18 个月发展过程当中未能缩小这种差距。

二、自闭症幼儿 QQ

研究起始时，与配对幼儿 XE 相比，QQ 语法水平相对较低，以 MLU5 尤甚，且 18 个月发展过程中未能缩小这种差距，即差距保持。

研究起始时，与配对幼儿 XE 相比，QQ 语义水平相对较低，且 18 个月发展过程中逆势日益扩大，即差距增大。

研究起始时，与配对幼儿 XE 相比，QQ 交流行为水平相对较低，但在 18 个月发展过程中这种差距日益消失。

研究起始时，与配对幼儿 XE 相比，QQ 功能性言语比例功能相对很低，但在 18 个月发展过程中这种差距日益消失。

三、自闭症幼儿 TT

研究起始时，与配对幼儿 ZZ 相比，TT 语法水平相对较低，以 MLU5 尤甚，且 18 个月发展过程中差距保持，未能缩小这种逆势。

研究起始时，与配对幼儿 ZZ 相比，TT 语义水平相对很低，但在 18 个月发展过程中这种差距有轻微缩小的趋势。

研究起始时，与配对幼儿 ZZ 相比，TT 交流行为水平相对较高，但在18个月发展过程中这种差距有轻微缩小的趋势。

研究起始时，与配对幼儿 ZZ 相比，TT 功能性言语比例功能相对很低，且18个月发展过程中这种差距无显著变化。

四、自闭症幼儿 LL

研究起始时，与配对幼儿 WW 相比，LL 语法水平相对平齐，但18个月发展过程中差距增大，表现出逆势。

研究起始时，与配对幼儿 WW 相比，LL 语义水平相对很低，但在18个月发展过程中出现了大幅反超。

研究起始时，与配对幼儿 WW 相比，LL 交流行为水平相对很高，且在18个月发展过程中保持了这种优势差距。

研究起始时，与配对幼儿 WW 相比，LL 功能性言语比例功能始终保持百分之百，与普通儿童一致。

在图景研究部分，我们已知，与配对普通幼儿相比，汉语自闭症幼儿语言图景显示出质的异常；而且汉语自闭症幼儿语用范畴内部也存在不同步的现象。结合速率研究结果可知：在18个月的发展追踪当中，汉语自闭症幼儿语言仍然呈现出异常的图景，这从研究结果当中占绝对多数的“差距加大、差距保持、差距反超”现象中可以了解到。

从整体来看，图景研究结合速率研究显示出：与配对普通幼儿相比，汉语自闭症幼儿语言发展与交流呈现出不同的成长模型，表现为：语言图景部分显示出各语言范畴的不平衡、语言发展部分显示出各语言范畴的不同步、汉语自闭症幼儿的语言发展与交流成长模型的个体差异大。具体体现在：

(1)语法存在相对的弱势，四位自闭症幼儿均表现出这样的状况。

(2)言语行为存在相对的优势，四位自闭症幼儿均表现出这样的状况。

(3)语义水平的研究显示，四位自闭症幼儿当中有三位起点低，经过发展之后有较大的改善。这显示汉语自闭症幼儿的语义有可能是受到发展或环境影响较大的范畴。

(4)功能性言语比例的图景与发展状况表明，汉语自闭症幼儿的功能性言语比例指标既不与语法、语义指标一致，也不与交流行为指标一致，显示出他们语言运用质量与语言形式及运用上的脱节。

(5)四位汉语自闭症幼儿具有极大的个体差异性。比如，自闭症幼儿CC的语法落后且差距渐大，自闭症幼儿QQ的语义落后且差距渐大。但是，随着年龄的增长，自闭症幼儿QQ的功能性言语比例越来越高，而自闭症幼儿TT、CC的功能性言语比例无显著变化，等等。汉语自闭症幼儿个案的个体差异，更表现出他们语言主要范畴之间不平衡的复杂性。

那么，这种整体以及个体上显示出的发展不平衡的症结在哪里？是什么因素决定了语言主要范畴之间的变化关系，并形成了个案之间的语言发展和交流的差异？如果普通儿童语言各范畴整体协调发展的语言运用质量由各范畴共同决定，那么，在汉语自闭症幼儿语言发展与交流存在不平衡的状况下，什么因素决定他们语言运用的质量？汉语自闭症幼儿的语言形式、交流行为和功能性语言运用到底是什么关系？语言形式及运用到底怎样才能产生功能？这些都需要从会话情境当中，具体地去看他们的运用质量。

另外一个需要我们考虑的问题是：国际研究结论显示，自闭症儿童语用障碍程度最重，且影响语法的发展(Rollins，1994)，该研究也使用了交流行为类型作为语用衡量指标。而本研究当中显示的汉语自闭症幼儿交流行为类型的相对优势，是否说明汉语自闭症幼儿的语用不存在问题？还是说，对于自闭症儿童来说，交流行为这一个指标还不足以表现出他们语言运用的实质？这也是有待于进一步研究的问题。

本章小结

在本章，我们使用了成长模型分析方法，对以语言年龄(MLU：平均语句长度)匹配的四对汉语自闭症幼儿和普通幼儿的语言概貌进行了研究。我们使用MLU、MLU5、词汇种类、交流行为类型均数、功能性言语比例这五项指标，分别衡量这些配对幼儿的语法范畴、语义范畴、语用范畴和功能语言。成长模型研究包括两个分阶段的研究。首先是一个起始点的图景研究，然后以18个月的发展速率研究考虑发展的因素。两个阶段的组合，使得我们可以得到汉语自闭症幼儿个案的成长模型。重点解决两个问题：(1) 汉语自闭症幼儿显示了怎样的语言成长模型？(2)汉语自闭症幼儿的成长模型与配对普通幼儿是否一致？

研究表明：与匹配的普通幼儿相比，汉语自闭症幼儿的语言发展与交流呈现出完全不同的成长模型。其中，图景研究部分发现，汉语自闭症幼儿的语言图景与配对普通幼儿相比有质的异常。而且汉语自闭症幼儿语用范畴内部也存在不同步的现象。结合速率研究结果，我们可以了解到：在18个月的发展追踪当中，汉语自闭症幼儿的语言发展仍然呈现出异常的图景。从整体上看，汉语自闭症幼儿的成长模型显示出这样的特点：图景显示出各语言范畴的不平衡、发展显示出各语言范畴的不同步、汉语自闭症幼儿的语言发展与交流的个体差异大。

具体表现为：语法存在相对的弱势；语用交流行为存在相对的优势；语义水平变化较大，显示语义有可能是受到发展或环境影响较大的范畴。而功能性言语比例与语法、语义、交流行为均不存在一致的结果，显示汉语自闭症幼儿的语言形式、语言运用与运用质量之间存在脱节现象；四位个案的语言发展和交流差异较大，更表现出他们语言各范畴之间的不平衡的复杂性。

那么，本研究显示的汉语自闭症幼儿语言主要范畴之间的不平衡发展，以及一般功能语言和实际语言概貌之间的不同到底说明了什么？汉语自闭症幼儿语言主要范畴之间的不平衡是否说明这些范畴之间不存在相互的影响？一般功能语言与非功能语言之间是否有联系？还是说，汉语自闭症幼儿这些范畴之间仍然是相互平衡的，只不过我们的研究指标当中漏掉了其中起决定作用的因素，正是这个漏掉的因素，决定了语言主要范畴之间的变化关系，并形成了个案之间的语言发展和交流的差异？汉语自闭症幼儿的语言形式、交流行为和功能性语言运用到底是什么关系？语言形式及语言运用到底怎样才能产生功能？这些都需要从会话情境当中，具体地去看他们的运用质量。我们将在下一章对这些问题进行探讨。

第四章　自闭症幼儿语言运用质量研究

成长模型部分的研究表明：从整体来看，汉语自闭症幼儿个案的成长模型与配对普通幼儿相比是异常的，各范畴呈现出不平衡的发展。比如，与配对普通幼儿相比表现出来的语法的相对弱势，语用交流行为能力的相对优势等。这些范畴所表现出的相对优势或者劣势是何原因？它们之间不平衡的关系，是由于其本身相互之间不存在影响，还是由于我们未能找到当中隐性的决定因素？汉语自闭症幼儿的语言形式、交流行为和功能性语言运用到底是什么关系？语言形式及运用到底怎样才能产生功能？这实际是一个语言真实概貌的研究，是一个语言运用的质量问题。

为了寻找这些问题的答案，本章将深入汉语自闭症幼儿语言运用的主要环节——会话情境，对汉语自闭症幼儿语言运用的质量进行研究，主要回答两个问题：

1. 汉语自闭症幼儿在会话当中的语言运用质量如何？

2. 汉语自闭症幼儿语言成长模型如何具体地影响了汉语自闭症儿童的语言运用质量？

本章的语言运用质量研究，是语言成长模型研究的延续，力图从现场的真实的会话情境当中寻找切实的证据，以回答语言成长模型研究当中提出的问题。语言运用质量研究包括三个部分：首先，对语用交流行为具体类型的使用进行分析；其次，对会话轮流具体类型的使用进行具体分析；最后，使用追踪数据以及追踪录像观察与访谈的资料，深入分析每一位个案的语言运用现场，紧扣语言整体运用的程序进行探讨。我们试图通过这三个方面的研究，寻找决定汉语自闭症幼儿语言概貌的因素，以及该因素如何具体地影响了汉语自闭症幼儿的语言运用质量。

研究的具体问题可细化为：

1. 与 MLU（平均语句长度）配对普通幼儿相比，汉语自闭症幼儿语用交流行为类型的具体使用是否存在差异？与语言运用质量的相互关系怎样？

2. 与 MLU(平均语句长度)配对普通幼儿相比，汉语自闭症幼儿会话轮流的具体使用情况是否存在差异？与语言运用质量的相互关系怎样？

3. 汉语自闭症幼儿语言形式的习得、提取、操作以及实际运用之间是否存在影响？它们之间的关系如何？与语言运用质量的相互关系怎样？

第一节　基本语用类型的深入研究

在第三章的语言成长模型研究中，有关汉语自闭症幼儿使用的语用交流行为类型的研究表明，汉语自闭症幼儿交流行为(以言语变通为指标)的使用类型并不低于配对普通幼儿，但是功能性言语比例却低于配对普通幼儿。为什么会出现这样的现象？为了进一步探讨汉语自闭症幼儿语用范畴交流行为类型丰富性背后的使用特征，我们认为有必要深入分析言语变通的内部组合部分：言语倾向和言语行动，以考察他们具体使用交流行为的情况。

由于交流行为是对所有话语总量的逐句分析，为了排除汉语自闭症幼儿使用交流行为类型的丰富性可能源自话语总量大的原因，我们首先对自闭症组和配对组两组幼儿的话语总量进行了协方差的分析检验(控制了年龄和性别)，结果显示：自闭症组和配对组的话语总量不存在显著差异($F(1, 70)=3.494, P>0.05$)。该结果表明，在亲子互动中，一方面，汉语自闭症幼儿交流行为的丰富性与其话语总量无关；另一方面，汉语自闭症幼儿与配对组幼儿的言语参与度相似。

一、言语倾向水平特征

言语倾向水平主要考察互动双方共同指向的言语交流意图或言语交际情况。汉语自闭症幼儿和配对普通幼儿言语倾向水平类型的使用频次是否存在差异？我们将自闭症幼儿和配对普通幼儿作为对比组，控制年龄和性别，对这两组幼儿的言语倾向类型的使用频次进行了协方差分析，研究结果见表 4-1。

表 4-1 显示，在主要言语倾向类型的使用上，汉语自闭症幼儿使用频次最多的五种类型为 DJF(讨论当前关注的焦点)、DFW(讨论想象情境中的活动)、NIA(商议即刻进行的活动)、DHA(引导听者对于物和人的注意)、

DNP(讨论过去或将来发生的事情);配对普通幼儿使用频次最多的五种类型为 DJF、DNP、NIA、DFW、TXT(朗读、讲述或背诵某个内容)。在这两组幼儿使用最多的五种类型中,有四种类型是一致的,分别为 DJF、DNP、NIA、DFW,这个结果表明,在本研究的亲子互动中,汉语自闭症幼儿和普通幼儿都主要进入 DJF、DNP、NIA、DFW 四种言语情境与母亲交流。然而,仔细观察表 4-1 发现,除了 NIA,汉语自闭症幼儿与配对普通幼儿前五种言语倾向的其他类型的使用均存在显著差异。有关 NIA(商议即刻进行的活动)的频次是一个值得关注的点,因为这种言语倾向类型往往指向儿童主动提议或者发起交流,汉语自闭症幼儿和普通幼儿的使用频次不存在显著差异,表明汉语自闭症幼儿与配对普通幼儿一样,主动发起交流。而且,汉语自闭症幼儿 DHA(引导听者对于物和人的注意)的使用频次显著高于配对普通幼儿。DHA 类型常常是讨论或协商行为开始的先导,这个类型的显著使用,更进一步证实了汉语自闭症幼儿有很强的交流欲望。

表 4-1　自闭症幼儿组与普通幼儿组言语倾向类型描述性统计与差异的协方差分析

项　目	自闭症组(N=36)		普通组(N=36)		ANCOVA[a]		
	M	SD	M	SD	df	F	P
DJF:讨论当前关注的焦点	64.86	34.35	132.44	73.93	1	24.74	0.000**
DFW:讨论想象情境中的活动	54.85	39.88	28.88	48.91	1	3.989	0.051*
NIA:商议即刻进行的活动	33.12	24.73	31.66	27.49	1	0.054	0.817
DHA:引导听者对于物和人的注意	20.44	13.94	8.75	7.38	1	16.152	0.000**
DNP:讨论过去或将来发生的事情	11.51	7.63	37.00	38.91	1	13.583	0.000**
TXT:朗读、讲述或背诵某个内容	8.79	7.04	14.91	10.50	1	4.760	0.035*
DRE:讨论刚才发生的事件	4.33	3.58	7.00	4.64	1	4.191	0.047*

续 表

项　目	自闭症组（$N=36$）		普通组（$N=36$）		ANCOVA[a]		
	M	SD	M	SD	df	F	P
DRP：讨论与目前有关的事情	3.08	1.51	12.23	11.07	1	8.032	0.009**
MRK：表达社会化情绪或标记一些事件	3.70	2.43	5.89	2.93	1	4.434	0.045*
NFA：商议将来的行为和活动	6.12	3.48	3.44	1.33	1	4.606	0.049*
DHS：讨论听者的想法和情绪	4.00	2.83	3.85	2.86	1	0.004	0.952
DCC：讨论某个词语的表述	6.44	3.61	7.69	4.66	1	0.745	0.411

注：①控制变量为儿童的年龄与性别。　②平均频次大于 3 次入此表。

汉语自闭症幼儿引导听者注意、主动发起交流后的后续讨论类的言语倾向类型情况如何？由表 4-1 和图 4-1 可知，在同属于讨论类的言语倾向类型上，只有在 DFW（讨论想象情境中的活动）的使用频次上，汉语自闭症幼儿显著高于普通幼儿，表明汉语自闭症幼儿更愿意进行想象假装的讨论；而对于与此时此景有关的、已经发生的、现实具体的讨论，或者是与将来有关的、比较抽象的讨论类型的使用，如 DRE（讨论刚才发生的事件）、DRP（讨论与目前有关的事情）、DNP（讨论过去或将来发生的事情）、DJF（讨论当前关注的焦点），汉语自闭症幼儿显著少于配对普通幼儿。

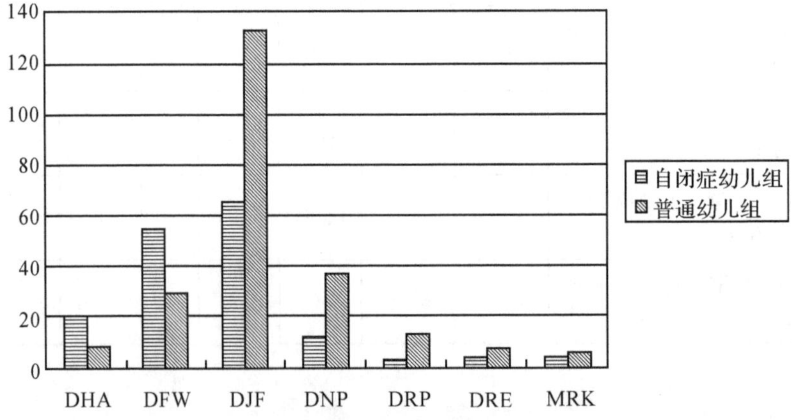

图 4-1　自闭症幼儿组与普通幼儿组使用的言语倾向类型均数比较

表4-1和图4-1还告诉我们,汉语自闭症幼儿使用的MRK显著低于配对普通幼儿。MRK表示社会化情绪或标记一些事件,汉语自闭症幼儿显著少用,表明他们很少表现社会情绪情感。

上述结果表明:尽管汉语自闭症幼儿和配对普通幼儿使用的言语倾向类型种类相似,但对他们具体使用类型频次的考察显示:在类型均数相似的表面现象下,汉语自闭症幼儿以一种异常的方式使用言语倾向类型。相比较匹配普通幼儿而言,在亲子言语互动中,他们引发注意型的类型显著较多、在想象情境当中讨论事物也显著较多,但是对于正在发生的事件、发生过的事件、未发生的事件讨论显著较少,有关社会情绪情感方面的表达也显著较少。

二、言语行动水平特征

言语行动水平又叫单话语水平,是评定个体语用交际言语行为发展的第二水平,主要考察当前说话者使用的一定的言语形式来表达交流意图的状态。比如,说话者在跟对方交流时,采用了提问的言语方式,还是陈述事实的言语方式?回应对方的时候,是用肯定的言语形式,还是否定的言语形式?儿童言语行动的水平,往往与他们的言语习得水平有关。换言之,儿童的言语行动也反映出他们的语义、语法发展状况(Snow, 1996)。汉语自闭症幼儿和配对普通幼儿言语行动水平类型的使用频次是否存在差异?我们将汉语自闭症幼儿和配对普通幼儿作为对比组,控制年龄和性别,对这两组幼儿的言语行动类型使用频次进行了协方差分析,研究结果见表4-2。

表4-2　自闭症幼儿组与普通幼儿组言语行动描述性统计与差异的协方差分析

项　目	自闭症组(N=36)		普通组(N=36)		ANCOVA[a]		
	M	SD	M	SD	df	F	P
ST:陈诉自己的观点	33.39	21.03	64.42	34.79	1	20.646	0.000**
SA:对特殊疑问的回答	43.06	20.35	40.00	25.22	1	0.313	0.578
DC:通过宣布建立事情的一种新情况	29.94	20.35	7.39	5.57	1	24.568	0.000**
QN:以特殊疑问方式提问	13.90	11.78	23.21	17.47	1	5.030	0.029*
AA:对是非疑问的肯定回答	11.65	6.08	17.67	14.58	1	7.933	0.006*

续 表

项　目	自闭症组（N=36）		普通组（N=36）		ANCOVA[a]		
	M	SD	M	SD	df	F	P
AP：同意先前说者表达的提议	3.39	0.98	6.40	4.62	1	8.296	0.006**
SC：在别人诱发下完成陈述或者话语	3.37	1.54	5.38	3.26	1	5.708	0.023*
YQ：以是非疑问方式提问	4.73	4.50	12.23	6.95	1	13.835	0.001**
RP：向听者要求、提议、建议某种行动	14.06	8.03	14.17	9.02	1	0.003	0.957
RT：重复或模仿别人的话	11.97	7.42	14.34	12.63	1	0.896	0.347
AD：同意执行他人要求或建议的行为	5.43	2.74	5.52	4.03	1	0.010	0.264
AN：对是非疑问的否定回答	8.68	5.89	6.42	4.88	1	2.228	0.142
CL：叫名字或替代性喊叫引起听者的注意	7.23	7.73	5.38	2.93	1	0.683	0.414
CS：相反的建议，间接地拒绝	5.26	3.25	5.23	2.91	1	0.002	0.963
DW：不同意先前说者表达的提议	8.60	5.78	8.71	8.71	1	0.003	0.955
GR：说明原因的陈述	5.07	4.28	4.30	2.41	1	0.262	0.613
MK：标记事件出现的言语	6.69	5.01	4.30	2.46	1	2.574	0.118
PR：在游戏中执行言语行为	7.72	7.13	4.27	3.20	1	3.119	0.085
RD：执行他人要求或建议的行为	6.18	3.47	4.29	2.98	1	1.586	0.221
QA：回答特殊疑问句的问题	7.00	8.66	8.38	7.37	1	0.070	0.797
SI：陈述自己做什么事的意向	7.07	5.28	7.42	6.00	1	0.047	0.829

续 表

项 目	自闭症组(N=36)		普通组(N=36)		ANCOVA[a]		
	M	SD	M	SD	df	F	P
FP:说话者申请允许执行行动	8.70	5.79	6.06	3.83	1	2.447	0.127
TX:大声读或朗诵书面文字	8.42	6.29	10.84	8.00	1	0.874	0.357

注:①控制变量为儿童的年龄与性别。 ②平均频次大于3次入此表。

由表4-2可知,汉语自闭症幼儿和配对普通幼儿在一些言语行动类型的使用频次上存在显著差异。它们分别是:ST(陈诉自己的观点)、DC(通过宣布建立事情的一种新情况)、QN(以特殊疑问方式提问)、AA(对是非疑问的肯定回答)、YQ(以是非疑问方式提问)、AP(同意先前说者表达的提议)、SC(在别人诱发下完成陈述或者话语)。

表4-2和图4-2告诉我们,在这七种存在显著差异的言语行动类型中,只有在DC的使用频次上,汉语自闭症幼儿显著高于配对普通幼儿,而在其他六种类型ST、QN、YQ、AP、SC、AA的使用频次上,汉语自闭症幼儿均显著低于普通幼儿。DC是通过宣布建立事情的一种新情况的言语行动类型,是交互行为的先导。汉语自闭症幼儿显著使用此种类型,表明他们对于交流的愿望。这个结果与言语倾向部分的研究结果一致。那么,在显著使用DC类型后,汉语自闭症幼儿使用何种言语行动类型与父母进行信息交互?

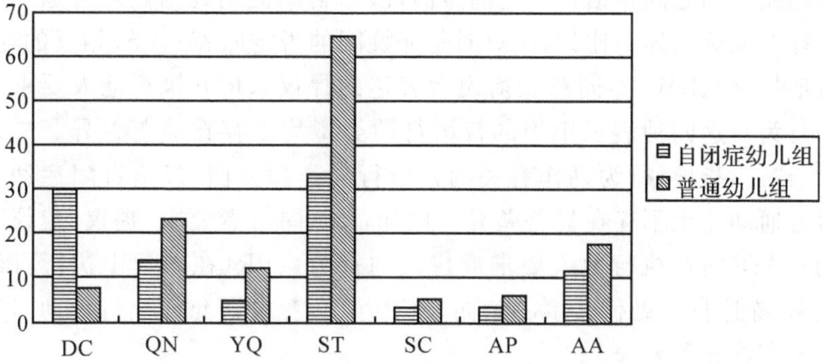

图4-2 自闭症幼儿组与普通幼儿组使用的言语行动类型均数比较

我们先分析QN(以特殊疑问方式提问)、YQ(以是非疑问方式提问)的使用。由上述结果可知,汉语自闭症幼儿使用QN、YQ的频次显著低于配对普通幼儿。QN 和 YQ 是重要的提问类型，也是会话交流中最主要的主动获取信息的言语行动类型。若儿童使用它们，表明儿童与交互对方进行信息交互的主动性。汉语自闭症幼儿使用的提问类型频次显著低于配对普通幼儿，这表明，与后者相比，前者在亲子交流中表现出缺乏主动获取信息的倾向。

在 ST(陈述自己的观点)、SC(在别人诱发下完成陈述或者话语)、AP(同意先前说者表达的提议)的使用方面，汉语自闭症幼儿亦显著低于配对普通幼儿。ST 和 SC 是属于向交互对方提供信息的言语行动类型，汉语自闭症幼儿使用的 ST、SC 频次显著较少，这表明，与配对普通幼儿相比，他们在交流中提供较少的信息；汉语自闭症幼儿使用的 AP 频次显著少于配对普通幼儿，则表明他们对于交互对象的观点跟从意愿不强，较少同意对方的建议。

另外，再来看看 AA(对是非疑问的肯定回答)的使用。AA 的使用频次，也表现为汉语自闭症幼儿显著低于配对普通幼儿。AA 言语行动类型是对 YQ 言语行动类型的回答，AA 使用频次的多少有可能依赖于言语互动对方对 YQ(以是非疑问方式提问)的使用。汉语自闭症幼儿使用 AA 频次显著较少，是否由于其父母与配对普通幼儿父母使用的 YQ 频次存在差异造成的呢？经协方差分析显示，这两组父母 YQ 的使用频次无显著差异($F(1,69)=1.685, P>0.05$)。该研究结果表明，汉语自闭症幼儿显著较少使用 AA 类型，可能是由于他们对父母的很多 YQ 类型无回应造成的。

其他不存在显著差异的言语行动类型主要体现在两个方面：一是在表示拒绝或不同意的言语行动类型方面，汉语自闭症幼儿与配对普通幼儿相比不存在显著差异。比如，AN(对是非疑问的否定回答)、CS(相反的建议，间接地拒绝)、DW(不同意先前说者表达的提议)、RD(执行他人要求或建议的行为)，这四种表示拒绝的言语行动类型均不存在显著差异。二是在表示与行为指导、行为动作有关的言语行动类型方面，汉语自闭症幼儿与配对普通幼儿也不存在显著差异。比如，RP(向听者要求、提议、建议某种行动)、AD(同意执行他人要求或建议的行为)、PR(在游戏中执行言语行为)、SI(陈述自己做什么事的意向)、FP(说话者申请允许执行行动)，这四种也不存在显著差异。

上述结果表明：尽管汉语自闭症幼儿和配对普通幼儿使用的言语行动类型均数相似，但对类型具体使用频次的考察显示，在类型均数相似的表面现象下，汉语自闭症幼儿以一种异常的方式使用言语行动类型。即与配对普通幼儿相比，汉语自闭症幼儿显著依赖于宣告建立新的情况进行交流，但获取信息和提供信息的交流较少。

三、言语变通水平特征

言语变通水平是语用评量INCA-A系统对个体语用发展的第三水平层次的评定。言语变通水平是言语倾向与言语行动的组合，主要考察当前说话者的语用变通能力，如用什么样的言语行动来表达某种言语倾向，或者同样一个言语行动会使用哪些不同的言语倾向类型来传递信息。可以说，在儿童语用发展的过程中，儿童获得的言语倾向和言语行动组合越多，他们的言语变通程度越大，而他们运用语言进行交往的灵活性也就越高。汉语自闭症幼儿和配对普通幼儿言语变通水平类型的具体使用频次是否存在差异？我们将自闭症幼儿和配对普通幼儿作为对比组，控制年龄和性别，对这两组幼儿的言语变通类型使用频次进行了协方差分析，研究结果见表4-3。

表4-3展示了汉语自闭症幼儿组和配对普通幼儿组使用的言语变通类型出现显著差异的类型，不存在显著差异的类型没有列入此表。由表4-3可知，汉语自闭症幼儿组只有两种言语变通类型的使用显著高于配对普通幼儿组，分别为DHA：DC（通过宣布建立事情的一种新情况吸引交流对方的注意）、DHA：ST（以陈述自己观点的方式吸引交流对方的注意）。这两种言语变通类型都处于DHA（引导听者对于物和人的注意）情境，且包含的言语行动类型DC（通过宣布建立事情的一种新情况）、ST（陈述自己的观点），均为单方面发布信息类型，是否引起进一步的信息交互主要取决于互动对象。这些结果表明，与配对普通幼儿相比，汉语自闭症幼儿具有较强的发起言语互动的愿望，但是这种愿望是他们通过单方面宣告或陈述信息达成的。

表4-3　自闭症幼儿组与普通幼儿组言语变通描述性统计与差异的协方差分析

项　目	自闭症组（N=36）		普通组（N=36）		ANCOVA[a]		
	M	SD	M	SD	df	F	P
DFW：AA	4.80	3.05	12.50	9.18	1	10.107	0.004**
DHA：DC	6.76	4.15	2.25	6.04	1	4.540	0.044*
DHA：ST	5.34	3.51	3.07	4.60	1	5.445	0.025*
DJF：AA	4.78	2.91	8.68	5.36	1	11.458	0.001**

续　表

项　目	自闭症组(N=36)		普通组(N=36)		ANCOVA[a]		
	M	SD	M	SD	df	F	P
DJF：QN	7.92	6.05	15.55	11.37	1	5.149	0.029*
DJF：RP	3.18	1.72	8.33	6.18	1	7.103	0.014*
DJF：RT	6.00	3.50	11.25	9.85	1	6.504	0.014*
DJF：SA	16.69	11.31	26.89	21.79	1	6.168	0.015*
DJF：ST	13.678	10.10	36.17	24.62	1	24.471	0.000**
DJF：YQ	2.50	1.00	7.33	4.45	1	4.565	0.041*
DNP：SA	4.88	3.01	10.40	7.51	1	10.915	0.002**
MRK：MK	2.57	1.16	5.44	3.28	1	9.161	0.006**
NIA：DW	4.00	3.25	11.38	11.16	1	6.197	0.021*
NIA：ST	2.67	1.72	7.22	4.69	1	10.26	0.003**

注：控制变量为儿童的年龄与性别。

其他言语变通类型均表现为汉语自闭症幼儿显著少于配对普通幼儿。表4-3显示，这些类型主要集中在讨论系统[如DJF(讨论当前关注的焦点)、DFW(讨论想象情况中的活动)、DNP(讨论过去或将来发生的事情)]、协商系统[如NIA(商议即刻进行的活动)]以及标志系统[MRK(表达社会化情绪或标记一些事件)]中。特别是言语倾向类型DJF，包含了七种言语行动类型，表明与配对普通幼儿相比，汉语自闭症幼儿在讨论当前关注的焦点时，无论是回答是否问句(AA)、提出特殊问句的问题(QN)、提出是否问句的问题(YQ)、对特殊问句的回答(SA)、模仿(RT)，还是建议他人(RP)、陈述自己的观点(ST)时均存在显著差异；而且，在协商将要进行的活动时，表达不同的建议(NIA：DW)，以及陈述自己的观点时(NIA：ST)也存在显著的差异。这些差异值得我们进一步关注，因为这些讨论类或协商类或标志类言语倾向类型，以及包含的所有言语行动类型，是重要的言语信息交互类型，是会话能够维持以及深入拓展的重要类型。在亲子交流中，汉语自闭症幼儿显著较少使用这些重要的言语信息交互类型，表明他们的信息交互存在困难与障碍，尤其是与DJF(讨论当前关注的焦点)言语倾向类型联结在一起的信息交互类型，存在严重的困难。

上述结果表明：尽管汉语自闭症幼儿和配对普通幼儿使用的言语变通类型均数相似，但对具体使用类型频次的考察显示，在类型均数相似的表面现象下，汉语自闭症幼儿以一种异常的方式使用言语变通类型。虽然汉语自闭症幼儿通过高频使用宣告与陈述吸引对方，但是其用于信息交互的言语意图以及言语行动比较贫乏，尤其体现在对当前共同关注焦点的讨论意图上。

通过对汉语自闭症幼儿交流行为类型的深入分析，我们得出了一些比较奇异的结论：第一，汉语自闭症幼儿对于“引发注意型”类型的高频使用。第二，汉语自闭症幼儿对于“讨论想象”类型的高频使用。第三，汉语自闭症幼儿用于信息交互的言语意图以及言语行动比较贫乏。

这些结论的奇异之处在于：其一，在交流中，普通幼儿高频引发他人注意时通常伴随着繁密的信息交互，然而，汉语自闭症幼儿高频引发父母注意，但其用于信息交互的言语意图以及言语行动类型却非常贫乏，那么，他们高频引发父母注意之后将发生什么？其二，“讨论想象”类型是一种难度较大的类型，它的出现及习得的时间一般晚于“对于当前情境的讨论”以及“与目前有关事件的讨论”等讨论类型（周兢等，2008），但汉语自闭症幼儿却显示出对于这一类型的高频使用，相对较易的“对于当前情境的讨论”等却显著较少使用。这种难度上的倒挂是何原因？

交流行为是基本的语用现象，研究的是逐个话语的意图和言语形式运用情况，它不能够反映语言交互过程当中语言的实际运用质量。我们接下来对两组幼儿会话进程当中的轮流特征进行深入的分析。

第二节　会话“轮流”特征的深入研究

我们将汉语自闭症幼儿和配对普通幼儿作为对比组，控制年龄和性别，对这两组幼儿的会话能力进行协方差分析，以考察两组幼儿在会话“轮流”方面的具体使用情况，即：汉语自闭症幼儿和配对普通幼儿的语言在具体的会话交互中将出现怎样的情况。

一、会话“轮流”的总体特征

衡量语境能力的会话方法之一为检验能够产生互动的会话“轮流”（Bloom，Rocissano & Hood，1976）。将幼儿所有的话语按语境功能进行一行一行的编码，并按互动类型和语篇中断类型进行分类编码。互动类型有：发起新的话题；直接回应互动对象，包括非言语回应，如点头；拓展自己

(先前的)话语。语篇中断类型包括：在五个话语之内自我重复回声或对他人回声(以同一韵调为准)；不能回应(忽略)互动对象的询问；不能解释的(尽管是语音清晰的)评论；以及我们不能分类的部分。研究结果见表 4-4。

表 4-4　自闭症幼儿组与普通幼儿组会话“轮流”描述性统计与差异的协方差分析

项目		自闭症组(N=36)		普通组(N=36)		ANCOVA[a]		
		M	SD	M	SD	df	F	P
互动类型	发　起	59.30	5.06	56.25	36.38	1	0.132	0.718
	拓　展	117.42	62.23	113.00	85.64	1	0.063	0.803
	直接回应	79.17	34.06	72.25	38.86	1	0.645	0.425
语篇中断类型	未回应(忽略)	124.25	57.01	64.78	29.56	1	30.875	0.000**
	自我重复或回声	26.97	12.19	12.92	12.58	1	26.969	0.000**
	不能解释	34.67	37.82	0	0	1	30.247	0.000**
	不能分类	4.80	6.06	0	0	1	22.598	0.000**

注：控制变量为儿童的年龄与性别。

表 4-4 显示，汉语自闭症幼儿组与普通幼儿组在互动类型的三个子分类上，不存在显著差异。但是，汉语自闭症幼儿组在语篇中断类型的所有会话子分类上，如不回应或忽略母亲的询问、自我重复或回声、不能解释和不能分类的频次显著高于配对普通幼儿。研究表明，在亲子互动中，尽管汉语自闭症幼儿与配对普通幼儿一样，能够以很多正常的方式，如发起、拓展、直接回应等互动类型参与亲子会话，但是更易于产生不能让会话流畅地进行下去的异常的话语。

二、互动类型中发起子分类的深入分析

由上面研究可知，汉语自闭症幼儿的会话发起频次与配对普通幼儿的会话发起频次不存在显著差异，那么这两者会话发起的类型是否存在显著的差异？为了进一步探讨这个问题，我们将汉语自闭症幼儿和配对普通幼儿作为两个组，控制年龄和性别，对这两组幼儿会话发起具体类型的使用频次进行了协方差分析。

研究结果见表 4-5。结果表明，与配对普通幼儿一样，汉语自闭症幼儿主要以 IL(以陈述的方式)发起与父母的会话；而以其他四种类型与父母发起会话的总和，两类幼儿都表现出不及 IL 类型的一半。自闭症幼儿尤其

依赖 IL 的方式发起与父母的会话，自闭症幼儿使用的其他四种类型之和，不及 IL 类型的 1/4。这些结果表明，汉语自闭症幼儿和配对普通幼儿都主要以 IL 的方式发起与父母的交流，而且，汉语自闭症幼儿表现得尤为明显。

表 4-5 自闭症幼儿组与普通幼儿组发起描述性统计与差异的协方差分析

项目	自闭症组（N=36）		普通组（N=36）		ANCOVA[a]		
	M	SD	M	SD	df	F	P
IQ：以特殊疑问句发起	4.72	6.33	6.19	6.73	1	0.914	0.342
IH：以只能回答是或否的句式发起	0.69	1.51	3.22	4.64	1	9.665	0.003**
IM：以开放性问句发起	1.42	2.50	2.72	3.99	1	2.768	0.101
IL：以陈述的方式发起	47.53	27.28	38.63	28.45	1	1.830	0.180
ID：以不需言语回应的行为指导发起	4.94	5.79	5.47	4.89	1	0.175	0.677

注：控制变量为儿童的年龄与性别。

进一步观察表 4-5 发现，会话发起的五种类型，与配对普通幼儿相比，汉语自闭症幼儿 IH（以只能回答是或否的句式发起）显著较少，而其他四种类型均不存在显著差异。同属问句系统，为什么 IQ（以特殊疑问句发起）、IM（以开放性问句发起）不存在显著差异，但 IH 却存在显著差异？构成 IH、IM 提问的言语行动类型均为 YQ（以是否问句提问）。有研究表明，YQ（以是否问句提问）是汉语儿童出现比较迟的一种言语行动类型（Zhou，2002），而且表 4-2 也表明，汉语自闭症幼儿显著较少使用 YQ 言语行动类型，故 IH 的使用显著少于配对普通幼儿；IM 的使用与配对普通幼儿不存在显著差异，主要在于汉语自闭症幼儿以重复信息提问的方式使用了 IM，重复信息率超过了 80%，见图 4-3。图 4-3 还表明，不仅 IM 的使用存在重复信息的现象，另外四种发起类型都存在重复信息的使用现象，IQ 的重复信息率达到了近 60%；IL（以陈述的方式发起）的重复信息率达到 25%。

由此可见，汉语自闭症幼儿主要依赖 IL（以陈述的方式发起）与父母的交流，若他们以提问的方式发起言语互动时，或者表现为使用的类型显著少于配对普通幼儿（如 IH），或者表现为以重复信息的方式提问，且重复率

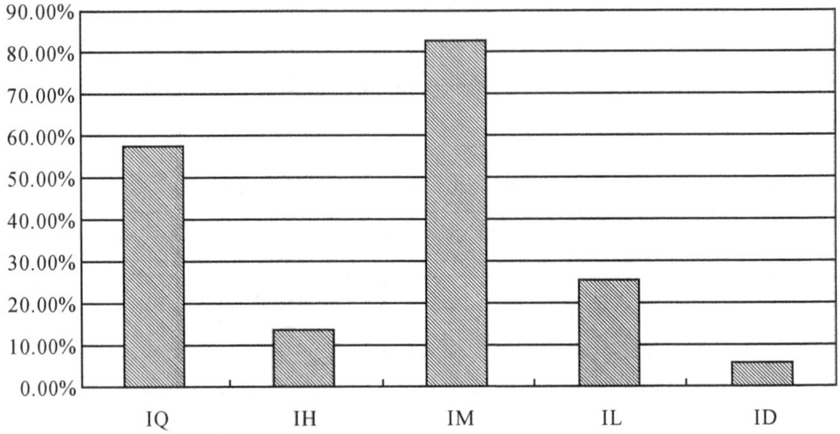

图 4-3 自闭症组会话发起各类型的重复信息与各类型之比

很高;对信息的重复运用还体现在以陈述或行为指导的方式发起的交流上。这些研究结果表明,与配对普通幼儿相比,尽管汉语自闭症幼儿发起频次不存在障碍,但他们是以大量重复信息的方式发起交流的。

三、互动类型中拓展子分类的深入分析

汉语自闭症幼儿会话拓展是否与会话发起一样,表现出类似的特征?为了进一步探讨这个问题,我们将自闭症幼儿和配对普通幼儿作为两个组,控制年龄和性别,对这两组幼儿会话拓展具体类型的使用频次进行了协方差分析。研究结果见表 4-6。

结果表明,与配对普通幼儿一样,汉语自闭症幼儿主要依赖 CL(以陈述的方式拓展)与父母交流;而以其他四种类型拓展与父母会话的总和,两类幼儿都表现出不及 CL 类型的 1/4,这表明,汉语自闭症幼儿和配对普通幼儿都主要以 CL 的方式拓展与父母的交流。而且,协方差比较发现,这两类幼儿使用的 CL 不存在显著差异。

由表 4-6 可知,在会话拓展的其他四种类型中,一方面,与配对普通幼儿相比,汉语自闭症幼儿使用的 CD(以不需言语回应的行为指导拓展)类型显著较高,但是 CQ(以特殊疑问句拓展)、CM(以开放性问句拓展)显著较低,表明在会话交流中,汉语自闭症幼儿较多使用不需要对方言语回应的行为指导言语维持会话,却较少使用特殊疑问提问句式、开放性提问句式保持互动主题的深入进行;另一方面,汉语自闭症幼儿使用的 CH(以只

能回答是或否的句式拓展）与配对普通幼儿的使用不存在显著差异，但是观察图 4-4，我们发现，汉语自闭症幼儿以大量重复信息的方式使用 CH 这一类型，信息重复率达到近 60%，表明他们在 CH 类型使用上的障碍。图 4-4 还表明，除了 CH 类型的信息重复率达到 60%，其他四种类型的信息重复率也均在 20%左右。这表明，汉语自闭症幼儿部分以重复信息的方式达成维持话题，拓展交流信息的意图。

表 4-6　自闭症幼儿组与普通幼儿组拓展描述性统计与差异的协方差分析

项　目	自闭症组（N=36）		普通组（N=36）		ANCOVA[a]		
	M	SD	M	SD	df	F	P
CQ：以特殊疑问句拓展	6.33	7.90	13.08	15.92	1	5.192	0.026*
CH：以只能回答是或否的句式拓展	1.00	2.22	1.67	2.38	1	1.514	0.223
CM：以开放性问句拓展	1.06	3.24	5.39	8.24	1	8.627	0.004**
CL：以陈述的方式拓展	100.83	51.85	89.36	66.99	1	0.660	0.419
CD：以不需言语回应的行为指导拓展	8.19	10.40	3.41	4.96	1	6.185	0.015*

注：控制变量为儿童的年龄与性别。

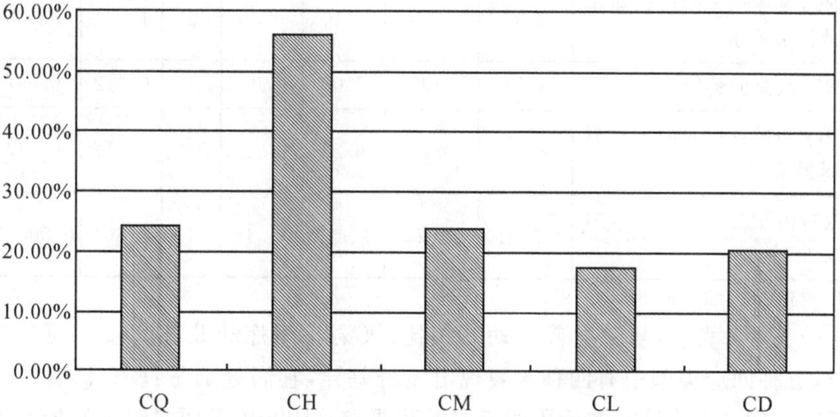

图 4-4　自闭症组会话拓展各类型的重复信息与各类型之比

由此可知，与会话发起相似，汉语自闭症幼儿的会话拓展也是以 CL（以陈述的方式拓展）交流，与配对普通幼儿相似。但是，与配对普通幼儿的不同在于，在维持话题时，汉语自闭症幼儿显著依赖于不需要言语回应的 CD（以不需言语回应的行为指导拓展）类型，对于获取深入信息的类型，如 CQ(以特殊疑问句拓展)、CM(以开放性问句拓展),汉语自闭症幼儿的使用显著较少,而且,所有的会话拓展类型都存在重复信息的现象。这表明,尽管与配对普通幼儿相比,汉语自闭症幼儿会话拓展频次不存在障碍,但汉语自闭症幼儿却是以大量重复信息的方式拓展交流的,而且,用以拓展交流的具体类型表现出一定的异常。

四、互动类型中直接回应子分类的深入分析

由前可知,总体而言,汉语自闭症幼儿的直接回应频次与配对普通幼儿相似,但是汉语自闭症幼儿使用的直接回应的具体类型是否也与配对普通幼儿相似?为了进一步探讨这个问题,我们将汉语自闭症幼儿和配对普通幼儿作为两个组,控制年龄和性别,对这两组幼儿直接回应具体类型的使用频次进行了协方差分析。研究结果见表 4-7。

表 4-7　自闭症幼儿组与普通幼儿组直接回应描述性统计与差异的协方差分析

项　目	自闭症组($N=36$)		普通组($N=36$)		ANCOVA[a]		
	M	SD	M	SD	df	F	P
RA:回答完全正确	52.38	23.71	55.55	29.74	1	0.249	0.619
RC:重述母亲的话语纠正或澄清要求	2.33	0.58	5.40	5.08	1	1.024	0.333
RD:故意回答错误	3.71	2.87	2.00	1.05	1	0.312	0.597
RQ:以特殊问句的形式要求澄清	8.00	8.13	6.23	11.45	1	0.217	0.647
RS:因不知答案,回答不完全对	20.91	11.28	12.47	11.44	1	9.664	0.003**

注:控制变量为儿童的年龄与性别。

表 4-7 表明,与配对普通幼儿相比,汉语自闭症幼儿在直接回应父母时,五种回应类型中有四种未表现出显著差异,它们分别是:RA(回答完全正确)、RC(重述母亲的话语纠正或澄清要求)、RD(故意回答错误)、RQ(以特殊问句的形式要求澄清)。但是,在 RS(因不知答案,回答不完全对)类型的使用上,两组幼儿表现出显著差异,汉语自闭症幼儿组显著高于普通幼儿组。这表明,汉语自闭症幼儿在直接回应父母的提问时,回应错误率显著高于配对普通幼儿。

会话类型的研究表明,汉语自闭症幼儿在中断类型的使用上异常,易

于显著产生不能让会话流畅地进行下去的异常话语，不回应、错误回应、自我重复或回声、不能解释与分类的语言显著较多。而交互类型的使用同样存在异常的现象：发起与拓展的信息重复较多。

汉语自闭症幼儿会话类型特征的研究结果，是对基本语用交流行为类型使用特征研究结果的进一步补充。比如，基本语用交流行为类型使用特征显示出："引发注意型"类型的高频使用、"讨论想象"类型的高频使用以及用于交互的言语意图和言语行动类型比较贫乏等等，不能反映语言运用中具体的质量内容；而会话类型特征研究则可以揭示出，汉语自闭症幼儿发起和拓展会话时大量重复信息，出现大量"不回应、错误回应"现象，而且交互中断现象很严重。

对交流行为类型和会话类型的深入分析，较之语言成长模型研究，更进一步揭示了汉语自闭症幼儿语言概貌特征。语言成长模型研究当中显示出：汉语自闭症幼儿基本语用交流行为具相对优势。本部分对此种现象做深入细致的研究后发现：这种优势，有可能显示的仅仅是一种形式习得上的优势。因为在具体的语言运用当中，汉语自闭症幼儿呈现出对某些类型的狭窄使用，对某些类型的回避使用；而会话研究也进一步显示，汉语自闭症幼儿发起和拓展会话时大量重复信息，在交互当中不回应、错误回应等现象显著较高，语言交互中断现象严重。这些结果表明，尽管汉语自闭症幼儿的语言成长模型研究呈现出水平高低不平的总体态势，语言的某些范畴甚至表现出相对的优势，比如高频发起、偏好想象类型的讨论，但其语言运用质量低下。

那么，语言运用质量到底由什么因素决定？它如何决定了会话的面貌？如何使语法语义语用各范畴之间呈现出异样的图景及发展？我们将深入汉语自闭症幼儿语言习得、提取、操作、运用的过程，收集这一系列过程当中显示出的个案语言现象，对之进行总结与整理，并辅以大量的追踪观察和访谈，以求精确与细致地理解这些语言现象，从中寻找影响汉语自闭症幼儿会话中语言运用质量的因素。

第三节　个案语言运用现象的总结与分析

这部分的研究思路是：对汉语自闭症幼儿四位个案的语言现象进行较为完整的了解后，将他们的语言现象分类呈现，并按不同的类别现象进行分析。最后，再对不同类别之间相关联的现象进行分析。

对语言现象的总结来自下面几个方面的观察和记录：

第一，18个月追踪语料的录像观察。录像观察中总结出来的语言现象，是我们在长达18个月，每月一次，每次半个小时获取语料，摄像过程中观察到的普遍现象。整理完每位个案的语言现象后，我们将结果展示给家长，以确保整理的语言现象并非偶然，而是普遍存在的：不管在语料现场，还是在家庭日常生活当中均会出现。

第二，我们设计了游戏情境中陌生成人、个案的父母分别与个案主动与被动两种情况下的言语互动实验各30分钟，以观察个案在这些情况下的言语交互状况。在这一实验过程中，我们发现了一些追踪语料录像中未能发现的语言现象，事后我们就这些新出现的语言现象与个案家长分别交流，以证明个案语言表现的一贯性。

第三，对四位汉语自闭症幼儿的父母以及其他主要家庭成员的多次访谈录音，以及由这些家长参加的小型座谈会的一次会议录音。座谈会的主题主要是，家长就自己孩子的语言情况相互交流，提出存在的问题，分享成功的经验等。

总之，从这三种任一途径得到的语言现象，均得到了其他信息渠道的确认。比如，在实验设计当中发现的新的语言现象，在之后的访谈当中会加以确认。而访谈当中提到的一些新的语言现象，我们也着意在18个月的追踪语料当中进行确认。最后，我们还将这些观察到的语言现象，与18个月的量化数据进行了比照。

一、语言现象的初步整理

在对这些个案的语言现象进行不断观察的过程中，我们发现，他们的语言现象大体可以分为四类：语言形式的习得、语言的提取与操作、语言的信息运用、语言的交际运用。其中语言的信息运用和交际运用同属运用环节，见表4-8。

表4-8 个案语言现象分类及表现形式

语言现象分类	各类表现形式
语言形式的习得	词法语法形式的习得、词汇句义形式的习得、基本语用类型形式的习得
语言的提取和操作	语言形式运用时的提取、语言操作的指向

续 表

语言现象分类	各 类 表 现 形 式
语言的信息运用	使用语言要求信息、使用语言分享信息、在信息交互中调整语言
语言的交际运用	使用语言发起关系互动、使用语言维持关系互动、在关系变化中调整语言

由表 4-8 可知，语言现象的四个方面各有其多种表现形式。那么，每位个案的语言现象在这四个方面的表现分别呈现出何种状况？现分别归纳介绍如下：

(一)CC 的语言现象整理

对 CC 语言现象的整理表明，CC 主要包括以下语言信息，实例说明详见附录三之例 1、例 2、例 3、例 4：

1. 语言形式：CC 不能理解较为复杂的句法形式，用于表达的语言形式有限，经常重复使用相同的句子。MLU(平均语句长度)短小，绝大多数为 1—3 个词汇，而且以一系列不完整句居多，致使其虽然有一定的词汇量，但词汇表达的语义不明，语言运用存在许多歧义和中断现象。因此，CC 与妈妈协商自己的意图或者妈妈澄清 CC 的模糊意图时，CC 使用了较多种类的交流行为，表明 CC 存在较多语言形式上的困难，尤以语法范畴的表现最为困难，这与 CC 的 MLU 及 MLU5 的跟踪测试结果一致。

2. 语言操作：在提取语言信息时显示出困难，常出现找词困难，讲话也出现较多的一词为一句的现象。操作一方面指向于自己已知的信息内容，提问多为设问句，以自己知道并回答的方式发布，而非索取新的信息。但这种操作是建立在交互平台上的操作；另一方面，对于不熟悉或不理解的内容，操作指向自我，这种操作未建立在交互平台上。

3. 信息运用：CC 与妈妈的信息交流十分不畅，指代不清，需要妈妈反复澄清，才能勉强维持信息交互。虽然 CC 较少要求信息，但在分享自己已知信息时，发起和回应均较为积极，表现出一定程度的信息交互意识，但信息重复较多。对于自己未知的信息无信息交互意识，CC 既不回应，也不试图获取新的信息，而出现非功能性言语，即与情境不相干的信息。根据内容及场景调整信息的能力也较差。

4. 交际运用：对于自己熟知的交际内容，CC 能够紧扣情境，使用语言发起和维持交互；在交互过程中，由于不能使用语言清楚表达交流意图，常造成交际不畅，需要妈妈极大的耐心才能维持交际。而且，CC 不能够随着游戏情境的发展,根据语言交际的场景调整语言的进一步运用。对于自己未知的交际内容,CC以拒绝交际的态势应对。即不进入交互平台交际,或者时常以发起新的话题作为对母亲再三提问的回应。因为CC仅能与母亲互动,所以不能够观察到是否能够在关系变化当中调整语言。

(二)QQ的语言现象整理

对QQ语言现象的整理表明,QQ主要包括以下语言信息,实例说明详见附录三之例5、例6、例7:

1. 语言形式:QQ语法语义形式贫乏。至研究结束,他几乎未能习得问句系统。能够产生的语句较为完整,很少出现不合会话规则的不完整句。但MLU(平均语句长度)较短,常为2—3个词汇。句法单一以及词汇贫乏,导致QQ会话中经常出现以相近的语言形式替代正确语言形式的现象,常造成语义错误,引起交流歧义。尽管QQ与CC引起歧义的原因不同:CC多表现为不完整句或指代不清或找词困难,而QQ表现为用于表达的语法语义形式贫乏。但是,他们具有因此而引发的共同点:交互对象为了澄清交流歧义,反而增加了他们练习和使用多种交流行为类型的机会。

2. 语言操作:语言提取显示,QQ可以用于提取的语言形式贫乏,他有时提取相近的语言形式替代未习得的正确的语言形式。对于已经习得的语言形式的提取较为顺利。操作指向显示,QQ在会话当中操作的语言,通常是QQ与交互者之间共同关心的内容,且在交互平台上展示这些内容,表明QQ操作指向是分享型的。

3. 信息运用:首先,信息交互意识强,能够分享已知信息,回应时也尽可能向爸爸提供与交流主题有关的针对性信息。因此,尽管QQ词汇、句法形式有限,常引起交流歧义,但爸爸可以在二到三个话轮的转换中得到线索,获得有效信息,在一定程度上促进了QQ有效的信息交互。其次,由于QQ还未习得提问形式,故获取新的信息能力有限,只能依赖于爸爸的主动察觉与语言示范。最后,QQ具有在信息交互中调整提供信息的敏感性,但由于语言形式单一,故调整信息的能力较差。

4. 交际运用:QQ能够紧扣游戏情境进行语言交际,在语言交互中有吸引爸爸对自己关注的意识,并发起语言交互关系,对于感兴趣的事情回应积极,对于不感兴趣的事物回应不积极。由于QQ语言形式单一,未能使用丰富的语言推动游戏情节的发展,交际语言较为单调。但在交际中能够意识到交互对象的一些心理状态与需求,并进行相应的调整。

(三)TT 的语言现象整理

对 TT 语言现象的整理表明,TT 主要包括以下语言信息,实例说明详见附录三之例 8、例 9、例 10:

1. 语言形式:语言形式较好。但他使用的语言具有非日常用语的特征,似脚本式语言,为 TT 阅读过的书本原句或者拷贝电脑、电视、他人说话而来的句子。这些句子,在语法语义上都是正确的,而且词汇丰富,句法丰富,变化较大,MLU(平均语句长度)较长。非背诵语言的语法、词汇形式也较好,交流行为种类丰富。

2. 语言操作:语言提取非常顺畅,但提取的目的不是为了情境的运用。操作指向显示,TT 指向自我:在很多情况下是在背诵与情境有关或无关的书面语,交互对象的问题或者话轮仅仅给了他一个背诵的线索,或是背诵的停顿点。这表明,TT 展示的语言内容,并非他与交互对象共同关心的内容,而且,他没有将语言放置于交互平台交互的意识。这是因为,TT 的语言背诵操作不是一个分析型认识过程,而是一个将完形模仿的内容拷贝式展示的过程。除了指向自我的操作,TT 也有部分分享式的操作指向。

3. 信息运用:TT 无向交互对象提供对方需要信息的意识,表现在较少回应对方的提问。有时在妈妈的引导下,能进入信息交互状态,但除了他必须应该回应的内容外,他还使用流利的语言添加许多句子,使得信息冗余,信息不切题;TT 亦无向交互对象获取信息的意识,比如,他虽已习得一些句法系统,但几乎不使用提问获得新的信息。他乐于不断地向交互对象输送自己掌握的相关信息。因此,TT 在许多情况下说的话语,并非"提供对方所需的信息",而是不断背诵与当前情境有关或无关的信息,这些信息无交互功能。而且背诵的信息内容有较多的重复。

4. 交际运用:部分正常。但有时 TT 会从最初始的正确交互中滑入回忆式背诵状况。在背诵状况下,TT 的语言不再进入情境交互平台,不能意识到他在与另一个人进行交互,甚至不能意识到交互对象的关系变化,将陌生人当作妈妈进行交流。表明,他的情境交互意识相当模糊。语言交际时的话轮转换,对 TT 来说,很多时候或是一个提示背诵内容的线索,或是背诵内容的中断,或是自言自语。尽管他有使用语言发起关系互动的意识,但不能使用语言维持关系互动。

(四)LL 的语言现象整理

对 LL 语言现象的整理表明,LL 主要包括以下语言信息,实例说明详见附录三之例 11：

1. 语言形式：LL 的语言形式，不管是语法形式、语义形式，还是言语行为类型，单从语言形式来看，都是正确的、丰富的。就具体的使用来说，也是流畅的、正确的。

2. 语言操作：语言提取非常流畅。而操作的指向显示出 LL 能意识到与交互者之间共同关注的内容，而且他是在交互的平台上展示这一内容的。

3. 信息运用：较为有效。由于具有较好的语言形式和操作指向的支持，LL 可以在日常生活中进行有效的信息交互。LL 既可以通过提问获取自己想要获得的信息，又可以通过正确的回应给予交互对象所需的信息。即可以和交互对象共享双方的信息。

4. 交际运用：LL 能使用语言发起、维持与父母的语言交互，谈论的主题、场景均切合情境的需要，表明 LL 可以与父母进行有效的情境交互，交际自如。

以上，我们从每位个案的语言分类特征出发，对他们的语言现象进行了探讨分析，最终发现，四位个案虽然均为自闭症幼儿，但语言现象的表现各不相同。他们的情况可以描述如表 4-9：

表 4-9　四位汉语自闭症幼儿语言现象在四个方面分别表现出的特征

个案	语言形式习得	语言操作	信息运用	交际运用
CC	较差， 最突出的为语法差	找词困难 操作指向自我	信息交互困难，已知信息在交互平台上进行；未知信息不交互	交际运用困难， 在交互平台上进行
QQ	较差， 最突出的为语义差	提取较顺利 操作指向分享	信息交互相对较好，在交互平台上进行	交际运用相对较好， 在交互平台上进行
TT	较好， 但会话中以书面语为主	提取顺利 部分操作指向背诵	部分正常，指向背诵型信息交互极差，不在交互平台上进行	部分正常，指向背诵型交际运用极差，不在交互平台上进行
LL	好，能流利使用口语	提取顺利 操作指向分享	信息交互正常， 在交互平台上进行	交际运用正常， 在交互平台上进行

表 4-9 中对于四位个案语言现象特征的整理结果表明，这些个案具有极大的个体差异性。在语言形式习得、语言操作、信息运用、交际运用四个方面，均体现出有的自闭症幼儿表现较好，有的自闭症幼儿表现较差。而

在某一方面表现较好的自闭症幼儿，在其他方面可能有不同的表现。这种状况与语言成长模型研究当中发现的各语言指标个体差异相类似。我们可以约略从中推断一些它们的关系，比如，操作指向与信息运用及交际运用有一定的关系，而语言形式习得与其他三个方面没有关系。但这只是感性的判断，并无依据。

因此，我们对此现象将做更进一步地深入研究，即我们不仅要对这些个案在语言现象各个方面的独立表现特征做探讨，而且还要将这些语言现象置身于现象之间的联系当中进行分析，希望能够借此发现这些现象的深层来源和相互之间的影响力。

二、语言现象相互之间关系的探讨

(一)语言形式习得对语言现象其他方面的影响

语言形式习得对语言现象的其他方面均直接产生了明显的巨大影响。这在四位个案中均有体现。

CC 的语言形式习得较差，由于他语法形式贫乏，语义概念不清，所以，常常出现不完整的语句，这一情况明显制约了语言现象的其他方面。从操作方面来说，CC 具有较高的发起比例，显示他提取语言积极，但是没有丰富的语言形式做支撑，使他存在操作上的困难——找词困难。在信息运用方面，在分享自己已知信息时，CC 有强烈的信息交流意图，但他不能够以完整的语言形式表述自己想要表达的意图。妈妈对此澄清时，他也不能以语义确切的句子回应。在 CC 和妈妈的共同努力下，他们间的话轮转换得以维持，但是信息交互的效果很差。在交际运用方面，即便是 CC 的妈妈，对于这种语义不明的困难的会话进程也表现出了一定程度的急躁情绪，她时常指责他的语言表现。可以想象，如果 CC 与其他交互对象进行言语交互，CC 会话成功的可能性将会更低(案例请见附录三之例 1、例 2、例 3、例 4)。正如 CC 妈妈指出的：“他跟别人讲话，我都要稍微翻译一下的，他的那一套语法别人不太明白。”

与 CC 相似，QQ 也呈现出语言形式对其他方面的严重影响。由于 QQ 的语法语义基础较差，在语言操作时，他表现出较多的困难。由于受语言形式，特别是语义部分极度贫乏的限制，在许多时候，QQ 仅能提取出与当前情境有些许关联的信息。致使在信息交互的应用场景中，引起交流歧义。然而，澄清歧义又再次遇到语言形式习得的制约：由于 QQ 用以表达的语言形式较少,而且长期内均未习得获取信息的问句系统,因此,他只能以相关语言形式替代运用,有可能造成更多的歧义。这种歧义得不到调节,一直到对话者通过对实际情境,以及对 QQ 真实意图的揣摩,猜到他的意图,给他正确语言形式的范例,他才能够模仿运用正确的语言形式,表达他想要表达的信息(案例见附录三之例 5、例 6、例 7)。QQ 较差的语言形式对于交际的影响也是显而易见的,因为交互对象是他的爸爸,对于这种困难的会话进程,他会反复不断地要求和澄清,但如果换作其他情境与其他交互对象,QQ 会话成功的可能性将会降低。

TT 和 LL 语言形式的习得较好。他们产生的话语语法长度较长,词汇也比较丰富,意思也较完整。我们在观察这两位个案的亲子言语互动时,未发现其语言形式对语言现象其他方面构成制约,而是起到了良好的支撑作用。

总之,CC 和 QQ 的语言形式较差,在案例中我们可以明确地观察到 CC 和 QQ 的语言形式对于语言现象其他方面的强力制约。而 TT 和 LL 语言形式较好,在案例中我们可以明确地观察到他们较好的语言形式对于语言现象其他方面的良好支撑。因此,语言形式习得对语言现象的其他方面,均存在影响(见图 4-5)。

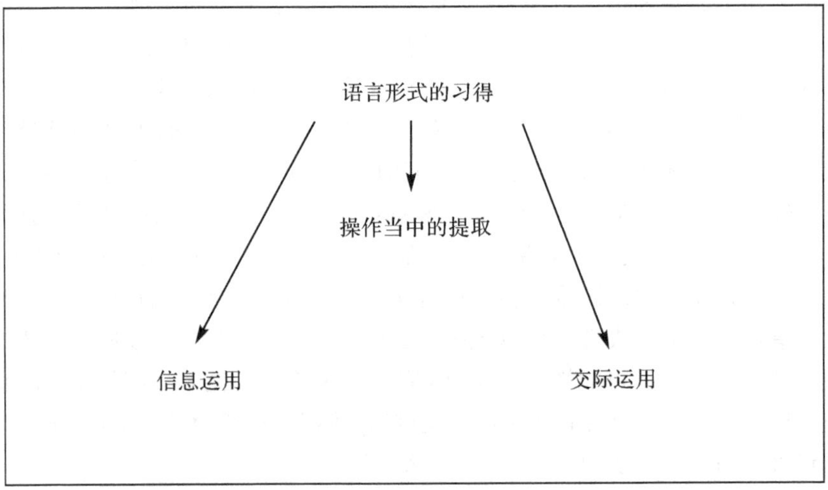

图 4-5 语言形式的习得对语言现象其他方面的影响

(二)语言操作对语言现象其他方面的影响

从四位个案情况看,语言操作对语言现象其他方面产生了极其重要的影响。其中，语言操作对于信息运用和交际运用的影响为直接影响，对于语言形式习得的影响为间接影响（如图 4-6 所示，直线表示直接影响，虚线表示间接影响）。

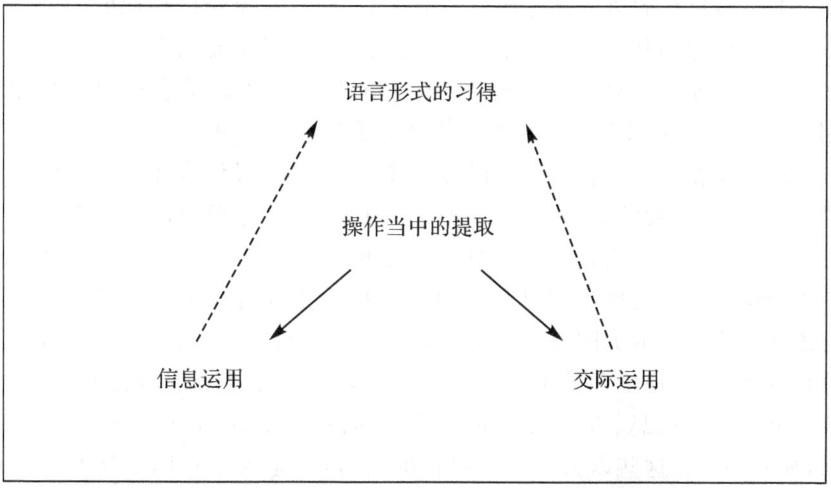

图 4-6　语言操作对语言现象其他方面的影响

CC 的语言操作常出现这样的现象：大量重复自己提出的信息，或者以设问的方式向对方提问，然后自己做出回答。而对于对方提出的信息，如果不在自己的已知范围内，则不回应或者少回应，或者发起自己已知信息为主的话题，操作表现出一种自我指向。

TT 的语言操作存在大量的背诵指向，属于完形背诵式的操作，这种操作与 CC 指向自我的操作不同。CC 只希望分享自己知道的信息，即希望妈妈就自己知道的信息进行交互，而 TT 则经常进入背诵式语言操作，妈妈的再三提醒都很难让其从背诵式的语言操作中脱离出来，导致他的信息应用和交际应用呈现下列情况：虽然他有较好的语言形式，但他常常沉浸在自己的世界里，不能进入“交互”平台交互。两人的区别在于，CC 在交互当中展示自己已知的信息，不能够分享别人的信息，他的语言是指向交互者的，但不考虑对方的任何信息需求。而 TT 的背诵式语言操作有时不指向交互者。二人均表现出：语言操作不指向交互，不对信息交互和交际交互做出支撑，只是 TT 的程度较 CC 更甚。与 CC、TT 不同的是，QQ 和 LL 语言操作以分享式指向为主。

语言操作的指向对于信息运用和交际运用的表现产生了巨大的直接影响。我们可以明确地观察到这种影响。由于 CC、TT 语言操作的自我指向,使得其信息运用和交际运用交互对象处于十分疲劳的状态:发起缺乏相关回应,因为CC和TT不跟从主题;CC和TT的发起主题还未清楚,他们的意图就已经转移,因为他们不会根据交互对象的需求调整语言;在CC和TT不对自己的语言进行调整的情况下,交互对象难以将他们的会话放置于一个稳定的基本会话框架当中,因此出现大量重复信息、交际中断、歧义等语言现象。而分享式指向的QQ具有进步较大的信息运用和交际运用,分享式指向的LL具有较好的信息运用和交际运用。

语言操作对于语言形式习得的间接影响,是通过语言操作对于信息运用、交际运用巨大的直接影响实现的。因为,在信息当中运用语言和在交际当中运用语言是语言运用的两大主要表现形式,是语言形式应用性习得的主要渠道。语言操作的自我指向导致赖以通过信息运用和交际运用习得语言形式的渠道关闭或者不畅,即语言操作的自我指向失去了语言形式习得的"应用型环境",只留下一些不与实际应用相结合的习得方式,比如背诵电视上的信息、背诵书上的文字、背诵自己听到的,但不能理解的语言,如此等等。这些以孤立方式习得的语言,正是汉语自闭症幼儿语言概貌当中"非功能性言语"现象当中的组成部分。因此,语言操作的自我指向,使得语言与环境的交互存在更大的问题,从而影响了语言形式的应用型习得,同时也意味着直接影响了语言概貌。

(三)信息运用对语言现象其他方面的影响

信息运用对于语言形式习得的影响,前文已阐述是由于:信息运用是语言的实际应用平台的基本形式之一,是语言形式习得的最重要渠道之一。这是因为,真实的交互平台才是结合情境的、最真实的,对幼儿的语言产生实际示范作用的应用平台。其他单向的背诵或者认知,都不能使幼儿完成切实可用的应用型语言形式的习得。此处我们再将之细细解释一下。

由前文已知,CC呈现的是"分享自己式" 的语言操作,QQ呈现的是"共同分享式"的语言操作,TT呈现的是"封闭自我式"的语言操作,这些不同的语言操作使得三人的信息交互都存在困难,但困难的形式不尽相同。相同的方面为,他们与互动对象的整个信息交互过程都呈现出困难的、易于中断的、低效的特点。不同的方面表现为:CC、QQ、TT三人对信息平台给予的信息量不同,TT最多,但多是非交互型的;其次为CC,他与妈妈交互的多为自己已知的信息;最后是QQ,他与爸爸交互的多为双方共同感兴趣的信息。这三人从这一信息平台得到的信息量也不同,得到最多的为QQ,其次为CC,最后为TT。总的来说,就有效的交互信息而言,表现最好的为 QQ,其次为 CC,TT 表现最差。他们之间有效交互信息的不同,显示了在亲子言语互动中,他们为自身语言形式的习得提供了有极大差异的实际应用环境,而实际应用环境的差异对于他们语言形式的习得产生了不同的影响,使他们的语言形式在运用中呈现出不同程度的调整。这种变化并不是直接可以观察到的,而是一个较长时间的归纳过程。

信息运用对交际运用的影响在于:信息运用均是在一定的场景与交互关系中进行的。CC、QQ、TT 表述的信息呈现出零碎的、频繁中断的、冗余无效的、大量错误的特征,信息交互处于交互无着或者歧义的境地,这种交互使交互的另一方在情绪和心态上受到极大的影响。若希望保持与这些个案的交流,或者澄清他们在交流中出现的大量歧义,需要他们的父母极大的宽容、耐心和爱心,才能将交际交互勉强维持下去。所以,若与这些个案进行信息交互,则需要交互对象的宽容、耐心和爱心。自闭症儿童之所以难以得到同龄同伴的原因之一正在于此:同龄普通儿童同伴在与自闭症儿童的语言交往中,既然得不到有效的信息交互,那么,必将影响他们进一步交际运用的兴趣,因此自闭症儿童与同龄普通儿童几乎难以建立有效的交际运用。而与父母之间的信息运用,由于父母情感的参与,才能勉强维持交互。这就是信息运用对交际运用产生的极大影响:顺利的信息运用,会节约交际运用的成本,降低其难度。

LL 的信息交互表达正常,这对于他语言现象的其他方面起到了良好的支撑作用。它们之间的影响见图 4-7。

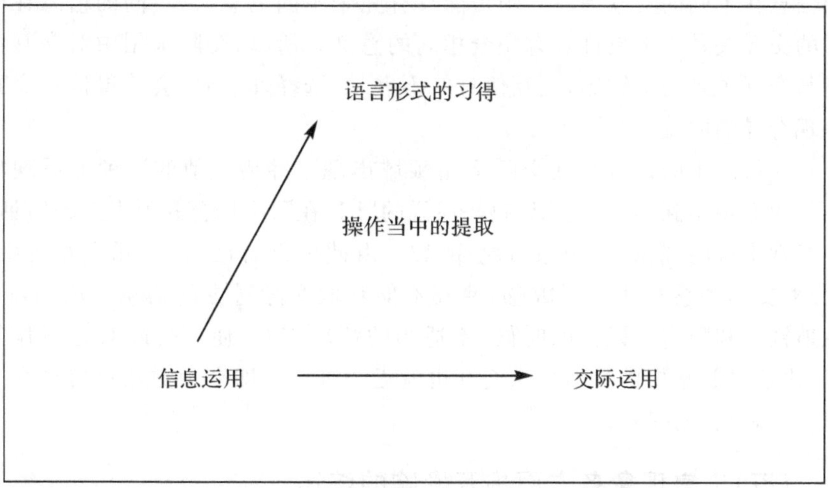

图 4-7　语言的信息运用对语言现象其他方面的影响

(四)交际运用对语言现象其他方面的影响

交际运用是实际语言运用的另一个方面。它对于语言现象其他方面的作用,与信息运用类似,均在于它是语言的实际应用平台对于语言形式"应用型"习得所产生的影响。个案在情境交互当中的不同表现,为语言形式习得提供了存在区别的实际应用环境,这些有区别的实际应用环境又对他们语言形式的习得产生了不同的影响。鉴于"应用型"语言交互环境的提供对于语言形式"应用型"习得的影响在信息运用部分已详述,在此就不再赘述。

而交际运用对于信息运用的影响,在前文已经约略提到:若希冀与信息运用困难的个案的交流得以保持,或者澄清个案在交流中造成的大量歧义,需要他们的父母极大的宽容、耐心和爱心。如果缺乏宽容、耐心和爱心的话,那么汉语自闭症幼儿的交际运用就会陷入难以为继的状态。这一方面说明了信息运用的困难对于交际运用的影响,同时也表明了,交际运用对于信息运用的影响。因为交际交互需要情感的参与,并极大地影响到交互者的情绪和心态。如果汉语自闭症幼儿缺乏交际运用当中对于交互关系的敏感性和处理能力,致使交互对象得不到适当的回馈,那么,交互对象交流的意愿就会受到影响。影响到一定程度,交互对象在交互中对来自对方的信息不登录。众所周知,所有信息均是在一定的交互关系当中进行的。许多信息之所以有意义,是因为它承载了交互双方情感的因素,同样的信息在不同的交互关系当中可能具有完全不同的意义,不同的信息在同样的交互关系当中也许具有完全相同的意义。所以,交际运用中对交互情境与交互关系的不敏感,交互信息的不登录、选择性登录,会使得信息交互呈现奇异的面貌。

值得指出的是,LL 在交际运用领域出现了障碍。他的这种障碍现象不是我们观察到的,而是 LL 妈妈述说的"LL 在陌生场合和陌生人的对话"中经常出现的现象,见附录 3 之例 12。由此可以看出,在交际交互当中,LL 对交际关系和情境不敏感,使其不能获取交际对方的信息。比如,LL 在地铁上和陌生人说话的时候,不适当的情境交互,使得交际对方不肯与 LL 讲话,LL 想要的任何信息交互也就无法进行。即交际交互对信息交互产生了影响(见图 4-8)。

(五)语言现象各方面相互影响的综述

经过上述分析,我们得知,语言形式习得对于语言操作当中的提取、信

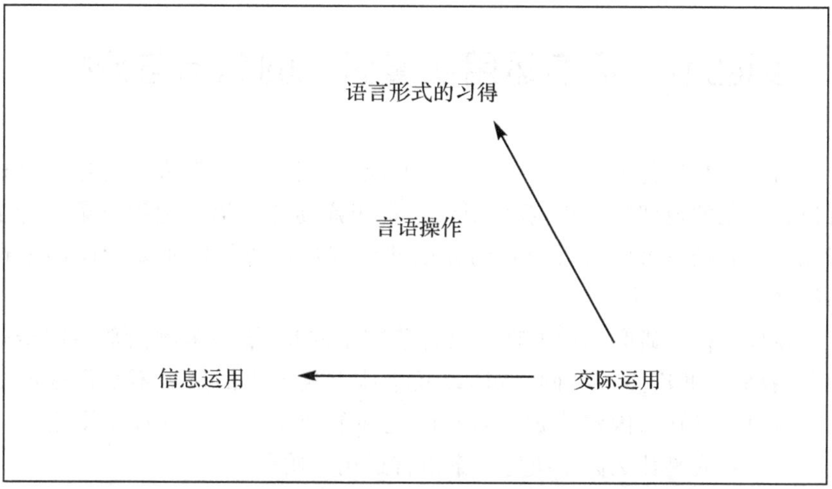

图 4-8　语言的交际运用对语言现象其他方面的影响

息运用和交际运用均有直接的重要影响，而语言操作当中的指向对信息运用及交际运用有关键的影响，信息运用与交际运用有双向的直接影响。而信息运用和交际运用对语言形式的习得有一个长期的影响，这种影响在于：以交互平台的形式，提供语言形式应用型、情境型习得的平台（见图4-9）。

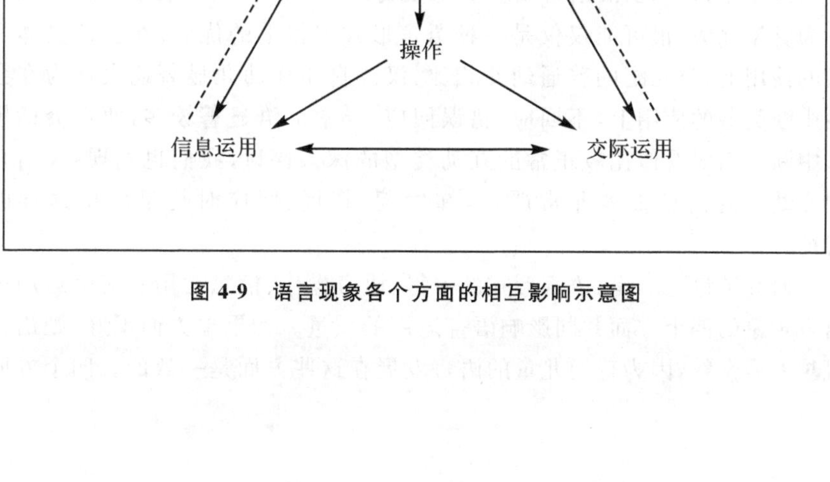

图 4-9　语言现象各个方面的相互影响示意图

第四节　语言运用质量研究的总结与分析

通过对交流行为类型及会话类型的深入分析，以及深入语言运用过程对语言现象的梳理与分析，我们对汉语自闭症幼儿的语言运用质量进行了研究。研究结论可以就汉语自闭症幼儿语言运用质量的重要影响因素做出解释。

在成长模型研究当中发现的语言范畴不同步、语用类型内部不同步的现象，我们对此产生了疑问：整体以及个体上显示出的发展不平衡性的症结在哪里？是什么因素决定了各范畴之间的变化关系并形成了个案之间的差异？到底是什么因素决定个案语言运用的质量？

我们从交流行为类型、会话类型、语言运用各个环节三个方面入手进行了相关研究。

研究结论之一是：对于交流行为类型和会话类型的研究表明，尽管汉语自闭症幼儿的成长模型研究呈现出水平高低不平的总体态势，有些语言方面的表现甚至为相对优势，比如高频发起、想象类型的讨论，但其语言运用质量不一定好。具体表现为：在交流行为具体类型的使用上，与匹配的普通幼儿相比，汉语自闭症幼儿言语倾向（言语意图）的各类型具体使用显示，他们具有较强的发起交流愿望，但对于正在发生的、发生过的、未发生的事件之类的讨论困难，对于社会情绪、社会情感等话题讨论困难。言语行动（言语形式）的各类型具体使用显示，与匹配的普通幼儿相比，汉语自闭症幼儿显著依赖“宣告，建立新的情况”发起交流，在获得信息、提供信息、澄清信息，即信息交互上存在极大困难。这种交流行为类型上的狭窄或回避使用，显示出汉语自闭症幼儿在成长模型研究当中表现出来的交流行为类型优势，很可能仅仅是一种语言形式习得上的优势；在会话具体类型的使用上，与匹配的普通幼儿相比，汉语自闭症幼儿显著地表现为在会话中断类型的使用上，不回应、错误回应、异常话语显著较多，使得会话极易中断。而对看似比较正常的互动类型的深入探讨，我们也发现：汉语自闭症幼儿的信息重复非常严重，在发起、拓展、回应时均呈现出这样的特征。

研究结论之二是：语言形式的习得、语言操作、信息运用和交际运用等语言现象的四个方面共同影响语言运用的质量。如果单方面不好，则语言概貌发展奇特，因为普通儿童的语言发展在这些方面是一致的。四个方面之间相互影响，相互制约。比如，假若语言形式不好，就不能支撑运用；假若仅仅语言形式好，也不能够支撑运用。在具有形式与运用能力时，若缺少良好操作的支持，也不能够建立起功能，这就回答了第一部分研究当中的疑问：即便形式已有，运用也有，却未必能够建立起交流的功能，原因正是由于语言操作这一环节适切性的缺失。

研究结论之三是：语言形式是最显性的语言因素，事实上也是最表层的语言因素，它的习得存在两类途径。一类是应用型习得，一类是非应用型习得。前者通过信息运用和交际运用而习得，后者则通过孤立的学习通道进行，比如脱离情境应用的单纯性背诵。因此，语言形式可以被孤立地加以训练和教育，但它的运用质量实际上由信息运用和交际运用决定，因为真实有效的语言是应用型习得语言。因此，要提高语言运用的质量，应用型习得是非常重要的环节。

研究结论之四是：语言操作当中的指向对于语言运用有极其重要的影响，该影响是由于操作指向直接影响到了语言的信息运用和交际运用的实效。在语言现象梳理的个体差异中可以看到，TT 的语言形式习得较好，但信息运用和交际运用有时却很差；QQ 的语言形式较差，但信息运用和交际运用却相对有效。而成长模型研究的数据整理也显示，随着发展的历程，QQ 的功能性言语比例在稳步增加，而 TT 无显著变化。就信息运用和交际运用当中的实效以及成长模型研究数据显示出四位个案的功能性言语比例来看，QQ 和 LL 均较高，而 TT 和 CC 均较差。在前文当中关于四人操作指向特性对于信息运用和交际运用的阐述，可以解释这一现象。

由此可知，语言的操作指向是否是分享指向型以及语言形式的习得类型是否是应用型习得，是影响汉语自闭症幼儿语言运用质量的主要因素。那么，这是否是由于家庭教育不当所致？不是。汉语自闭症幼儿在习得类型与操作指向方面，存在先天的不足。但这种先天的不足，可以通过后天的努力得到部分的改善。在四位个案当中，唯一不存在操作指向问题的是 LL，但 LL 的妈妈也提出："儿子并非不存在这些问题。"

第一，在操作指向方面，LL 的妈妈，花了大量的时间，强制 LL 学习语言操作的分享性指向。当 LL 还处于单词语阶段时（三岁半左右），母子对话常处于妈妈跟从困难的境地。即妈妈讲话，"LL 通常不理，只是一个人自言自语"，不论是母子"共同玩玩具，还是 LL 一个人玩，你喊他时，LL 表现就这样"，极端时，"LL 会用头撞墙"。为此，"LL 挨了不少打"。"当诊断出是自闭症时，我和他爸爸觉得以前打他挺对不起他的，很内疚，就把全部精力都用来陪伴他"。主要包括下面几个方面：

首先，在单词语阶段，妈妈说话，LL 通常不应。妈妈没有办法，拿掉所有的玩具，将空手的 LL 放到床上，然后她与他面对面地躺着，让他的眼睛对着她，妈妈开始不停地和 LL 说话。“也许是没有玩具的原因，他就听了，慢慢地有了反应，他就听进去了。”

其次，在 LL 的语言能力有了进步后，妈妈如果对他提出问题，那么他必须提供答案。妈妈不断地要求得到答案，是希望 LL 明白，对于别人的问话需要回应，慢慢地，LL 形成了交互的意识。例如，当 LL 不回答时，妈妈不断吸引他的注意；若 LL 已经发起了新的话题，妈妈还是绕回到刚才的提问，直到他给出答案为止；若 LL 给出的答案是错的，妈妈则给予及时地调整。在 LL 的发展追踪语料中，可以清晰地观察到这些现象。

最后，当 LL 对妈妈的呼叫没反应时，妈妈用夸张的表达吸引他的共同注意。“我喊他他不睬时，我就想出一系列的办法对付他。有时我会假装哭，他看我哭了，就来了。我就告诉他，你不理妈妈，妈妈会很伤心。有时我会说，你是消防员，来迟了火都烧起来了，来不及救火了。他一听，就赶紧过来。”

第二，在应用类型方面，妈妈尽可能地在一定的场景和关系当中教 LL 认知和语言。妈妈采用这样的方式教 LL，源于她的一次教育经历：“有次我教他青砖红瓦，跟他说了半天，他还是不懂什么叫青砖红瓦，所以我就觉得要从感知中学，要带他去看真正的青砖红瓦是什么样子的。学书上的东西没有用。我以前学的书本现在一点也用不上。一到周末，我就带他出去，看到什么说什么。比如，他爸爸开车去加油站加油，就让他学着跟人家打招呼，让他去加油。加油时让他看加油的机器是怎么加油的，要加什么号的油，加完油怎么给钱，怎么打招呼。”妈妈让 LL 在语言的操作中直接体会语言的运用效果。在采集追踪语料时，有一次妈妈和 LL 玩起加油站的游戏，我们观察到，LL 和妈妈的角色扮演以及使用的游戏角色语言，能够推动游戏情节深入、细致地发展。经过这些方面的长期的教育，日积月累，LL 已经具备了语言操作分享性指向的意识。

对于这一问题的解答，我们认为：能够对语言运用质量产生重要影响的操作指向和习得类型，实际上具有重要的可塑性。为了验证这个观点，我们向其他个案的家长进行求证，了解到：

QQ 语言操作指向于与交互对象的共同分享，可能与爸爸的“一定要回答提问”的要求有一定的关系。爸爸说，“喊 QQ 的名字，他就一定要以‘哎’回应”，“我提出的问题，若 QQ 不回答，我有时就撕他的耳朵，直到他回答”，这些现象从追踪录像中也可以观察到。若爸爸多次提问，QQ 只顾自己玩玩具时，爸爸或者用玩具吸引他，或者用他的手肘碰 QQ，或者叫 QQ 的名字，或者撕他的耳朵，直到 QQ 回答问题或者参与交互。“讲话要有来有去的呀，我一个人讲有什么意思。”QQ 的爸爸为了能让孩子和他的对话有来有去，有时甚至不惜以武力强迫，以迫使 QQ 养成有问就答的习惯。为了让 QQ 说话，爸爸撕他的耳朵这个行为固然不好，具体做法值得商榷，但是该行为的后果客观上使 QQ 具有了“语言需要交互”这一基本的意识。

这一意识使 QQ 具有语言操作指向的敏感性。例如，在 QQ 与陌生人交互的实验室录像中，我们发现，当陌生人对 QQ 的话不回应时，QQ 即重复同样的信息，但没抬头，当陌生人仍无反应时，QQ 又一次重复同样的信息，同时抬头看陌生人。这些行为和动作表明，QQ 对语言操作指向于共享的反应相当敏感。而这种敏感性对于 QQ 的语言实效产生了很大的影响。

CC 的语言操作具有一定的交互指向性，即在交互平台上分享自己已知的信息。CC 对于自己未知的信息，语言操作指向新的自己已知的信息，或者自言自语，或者不应。在 CC 分享自己已知的信息时，一般情况下，妈妈会选择跟从 CC 的主题，有时也能起到引导与澄清 CC 主题的作用。但当妈妈拓展 CC 的主题，涉及 CC 未知信息的交互时，CC 即开始发起其他主题的已知信息。对此，妈妈又选择了跟从 CC 的新主题。因此，妈妈对于 CC 未知信息的提问通常以 CC 发起新的主题而结束。她没有吸引 CC 对于自己信息的注意，也没有强迫 CC 一定要有回答提问的意识，或者给予正确回应信息示范的意识。“他不回答就算了呀，我有什么办法，你是强迫不来的，他会了懂了自然就回答了。”“有时我也喊他注意呀，但是他不理我，我有什么办法?”可见，CC 语言操作的偏好性与其交流习惯有很大的关系。

TT 的语言操作指向于背诵，对此，妈妈起到了一定的推动作用。TT 的首个单词产生于三岁以后，因此，提高 TT 的语言表达，是妈妈十分迫切的希望。在追踪语料中，我们发现，一方面，妈妈对于 TT 背诵式操作的态度，助长了 TT 背诵的习惯。在研究的前半段时间里，由于 TT 背诵的内容与当前情境有些许的联系，因此，妈妈对于 TT 的背诵操作比较赞许，并经常接着 TT 的背诵内容，引导 TT 继续背诵下去。在研究的后半段，TT 背诵式会话的现象越来越严重，妈妈开始知道这些语言是没有意义的语言时，开始尝试引导 TT 进行有意义的情境对话，但收效甚微。主要因为，在 TT 背诵时，妈妈并不坚决制止，而是顺着 TT 背诵的内容提问。当 TT 再次背诵同样的内容时，妈妈这时才吸引 TT 的注意，试图让 TT 关注自己。很多情况下，妈妈均以失败告终。因此，失去了改善 TT 语言表现的信心，也不强求他回应。“他老是不睬我，只管说他自己的。我提的问题他也不回答,几次下来我就没信心了。也就不再提问了。”另一方面,妈妈的会话示范存在一定的问题。每月追踪语料中,TT 模仿成人的反问式自问自答的语言特别多,经过访谈后才知,妈妈经常这样和 TT 讲话:“那天我送他去幼儿园时,又看见他去抢小朋友的玩具了。我硬要他还过去,我说:‘可以抢吗?不可以抢!’你快点还给小朋友。”从这里可以看出,妈妈在与 TT 的会话中,出现自问自答的现象“可以抢吗?不可以抢”,这不利于建立起 TT 基本的交互习惯。TT 经常出现自问自答的现象,可能与妈妈的会话示范有一定的关系。

由这些信息,我们可以了解到,对于语言运用质量有重要决定性影响的操作指向和习得类型,在某种程度上,可以通过一定的方法加以改善。

那么,这种改善可以进行到什么程度?在访谈中,我们了解到,虽然经过长期的强化教育,LL 的操作指向有了很大的进步。然而,LL 仍然存在一些重要的障碍,表现在:与陌生人互动时,不能根据交互关系和交互情境灵活调整语言的运用。所以,尽管 LL 已经懂得交互是双向的,但是他依然缺少成功交互所需要的必备条件之一——心理能力的解读。也就是说,在语言操作指向的教育中,对自闭症幼儿进行交互的敏感意识教育也许相对较为容易,使他们指向一定的信息交互,并做相关的回答也许也相对较为容易,但是,要提高他们的“语言操作心理指向”可能较为困难。

本章小结

成长模型部分的研究表明:从整体来看,汉语自闭症幼儿个案的成长模型与普通幼儿相比是异常的,各范畴呈现出不平衡不同步的发展。那么,这种不平衡不同步的关系,是由于其本身相互之间不存在影响,还是由于我们未能找到当中隐性的决定因素?在这些参差不齐的指标当中,哪些才是决定汉语自闭症幼儿语言运用质量,即实际概貌呢?为了寻找这些问题的答案,本章通过交流行为类型及会话轮流类型的深入分析,以及深入语言运用过程的现象梳理与分析,进行了语言运用质量的研究。

研究发现:在上章,成长模型当中显示出汉语自闭症幼儿整体上的语言各范畴发展不同步、不平衡的现象。通过本章的研究发现,汉语自闭症幼儿显示出的交流行为类型的相对优势在深入研究后消失。这种优势,显示的极可能是一种形式习得上的优势,即,虽然种类数量上有优势,但具体运用它们时却存在一系列异常运用的问题,并有可能直接导致汉语自闭症幼儿语言运用的低效。而会话类型的研究，则以更加直接的方式显示出语言的形式、运用和语言运用质量之间错综复杂的关系。

而关于汉语自闭症幼儿成长模型当中显示出的语言形式、运用、质量之间的关系形成的原因方面，我们是通过对这些个案语言运用过程的深入探讨完成的。研究发现：汉语自闭症幼儿语言形式的习得、语言操作、信息运用和交际运用四个方面共同影响与决定了其语言运用的质量。它们相互影响，相互制约。比如，假若语言形式不好，就不能支撑运用；假若仅仅语言形式好，也不能够支撑运用。在有语言形式与运用能力时，若缺少良好操作的支持，也不能够建立起功能。

但在语言现象相互作用、相互影响的四个方面中，存在主要影响因素与次要影响因素之别。习得是否为应用型习得、操作是否是分享型操作，在语言现象当中扮演着非常重要的角色，而其中的操作指向的影响又最为重要。汉语自闭症幼儿语言形式虽然可以被孤立地加以训练和教育，但它的实效实际上由信息运用和交际运用决定，因为真实有效的语言是应用型习得的语言。因此，语言的学习能否在信息运用和交际运用当中进行，对于语言运用的质量有重要的影响。而语言操作当中的操作指向对于语言运用本身又有极其关键的影响。因此，语言的操作指向是否是分享指向型以及语言形式的习得类型是否是应用型习得，是影响汉语自闭症幼儿语言运用质量的主要因素。而操作指向又直接影响到习得类型，是影响汉语自闭症幼儿语言运用质量的关键因素。

另外，我们认为，能够对语言运用质量产生重要影响的操作指向和语言形式的习得类型，实际上具有重要的可塑性。尽管它们最终能够达到的程度有可能会受到限制，但可以明显地改善汉语自闭症幼儿语言发展与交流的状况。

最后，我们对交流行为这一语用衡量指标进行了讨论。将交流行为的研究结果和语言运用过程的现象梳理分析出来的结果结合来看，我们发现：交流行为类型的具体使用可以有效地指示出语言运用过程中的现象，而后者可以有效地对前者的结论进行解读，两者起到相互支持的作用。比如，对语言运用过程的现象进行的梳理显示，操作指向与语言形式的习得类型两个部分对于汉语自闭症幼儿语言概貌具有重大影响，它们直接的表现是信息运用和交际运用的障碍。而交流行为类型的具体使用则发现：汉语自闭症幼儿在有关信息交互和交际交互的类型使用上存在受限现象。因此，我们认为，交流行为指标体系可以有效地评估汉语自闭症幼儿的语用质量，但对数据的解读须深入细致地进行。

第五章　自闭症幼儿语用交互平台研究

在研究板块一成长模型研究以及研究板块二语言运用质量研究当中，我们对汉语自闭症幼儿成长模型及其形成的原因进行了探讨，并且得出了研究结论。然而，我们从访谈当中了解到：四位自闭症幼儿个案，虽然在亲子交互中的语言表现水平参差不齐，但均能进行基本的语言交互。但是，这些个案的家长却反映：这些幼儿在面对父母之外的人的时候，均存在不同的问题。其中，一位自闭症幼儿 TT 只能与母亲进行语言交互，与另一主要监护人父亲都尚不能够，更不用说与其他同伴或成人了；还有一位自闭症幼儿 CC 虽然能够与母亲进行语言交互，但与其他人交互存在较大的困难，特别当母亲不在旁时。另两位语言运用质量较高的自闭症幼儿 LL、QQ 在面对陌生人的时候也存在一定的困难，一位为语言量显著减少，另一位有时表现出不适宜的语言交互内容。

这些访谈内容显示出：汉语自闭症幼儿的语言图景受到交互环境的极大影响，环境不同，其语言图景甚至有可能发生质的变化。为了确认事实是否如此，我们设计了“自闭症幼儿个案与陌生成人在游戏情境当中语言交互”的实验，考察在陌生成人积极/消极地发起交互的不同情形下，汉语自闭症幼儿的语言状况。实验的结果与家长们提供的信息一致。而且，我们还注意到，在与除了父母之外的人交互时，四位个案体现出来的语言质量的高低，与成长模型研究当中他们的“功能性言语比例”是一致的。功能性言语比例越高的个案，在与父母之外的人交互时，越能够体现出与父母交互时较一致的水平。这从一个侧面说明了，汉语自闭症幼儿的语用交互环境有可能会直接影响其语言发展模型。

因此，对于语用交互的发生环境——语用交互平台的研究，即成为汉语自闭症幼儿语言发展与交流研究不可或缺的部分。本章研究深入至汉语自闭症幼儿语言运用的最直接层面：交互平台，意在对“关系场景当中的语言运用”进行研究。本部分研究的切入点为一位个案 QQ 于融合幼儿园非课程时间的语言交互平台。我们使用量化研究与质化研究相结合的方法，探讨该个案语言交互平台的建构及状况，试图分析出该个案语言交互平台的一些特质，然后将视野扩大至每一位个案的整体语用交互环境，提出良性汉语自闭症幼儿语言交互平台的理论假设。这一部分的研究，是将研究的焦点由语言运用的细部再推进到运用的前沿，同样是一个量化研究与质化研究有机结合的部分。

在研究的具体方式上，我们使用“言语事件整理”“交互作用模式整理”以及“言语指向及语用编码”三种方式，对围绕个案 QQ 幼儿园非课程时间所发生的语言记录进行逐句整理、分析。主要从以下四个方面进行考察：

1. 围绕个案 QQ 展开的语用交互的指向关系。

2. 个案 QQ 与最主要的语言交互指向人 Y(智障同伴)之间语言的积极影响与受限影响分析。

3. 对个案 QQ 与最主要的语言交互指向人 Y(智障同伴)之间得以互相影响的原因，即关系交互平台进行分析。

4. 对个案 QQ 和同伴 Y 之间的语言影响及关系交互进行综合性分析，总结 QQ 与 Y 之间的完整的交互平台特征，并试图提炼其中的可推广性原则，建构良性汉语自闭症幼儿语用交互平台的理论假设。

第一节　个案 QQ 的语用交互指向关系研究

言语行为和非言语行为的发起是衡量社会性交往的一个重要标志(Fey, 1986; Lord, 1984; Rice et al., 1991)。这个指标对于儿童是否介入言语活动和社会活动比较敏感(Lord, 1984; Rice et al., 1991)，有利于考察积极的交互关系。本部分以“发起”作为指标，对个案 QQ 所在启智班的语用交互的指向关系进行了探讨。

另一方面，对自闭症儿童来说，模仿是一种重要的学习语言以及交往的方式，属于一种特异性的指向类言语，也是自闭症儿童言语交互分析的重要方面之一。因此在分析个案 QQ 的交往指向时，亦对其模仿语言的指向进行了分析。

一、QQ 的交往指向

在幼儿园环境中的非课程时间里，个案 QQ 的言语交互指向谁？模仿谁的话语？在下面的分析中，我们将着重展示他这两个方面的内容。

（一）QQ 的发起指向的数量统计

为了考察幼儿园环境中非课程时间个案 QQ 的交往发起指向对象，我们对 QQ 每日的发起指向进行了统计与分析，结果见表 5-1。

表 5-1　QQ 发起言语交互的描述性统计结果

指向对象	T1	Y	J	Yao	K	X	H	W	Ly	Pu	T2
对象说明	融合班老师	智障同伴	语障同伴	自闭同伴	自闭同伴	自闭同伴	自闭同伴	智障同伴	智障同伴	普通同伴	普通班老师
$M(n=20)$	6.25	5.10	1.70	1.55	0.65	0.30	0.55	0.25	0.15	1.60	0.45
SD	4.29	3.11	1.75	1.73	1.14	0.73	0.76	0.55	0.37	2.51	0.83

如上表显示，QQ 发起最多的是融合班老师 T1 和智障同伴 Y，均值分别为 6.25、5.10；其次是语障同伴 J、自闭症同伴 Yao 以及普通同伴 Pu，三者均值大致相当，分别为 1.70、1.55、1.60；对其他同伴和普通班老师发起的均值均低于 1.0。经重复测量的方差分析，结果显示，QQ 在总体上的主效应极其显著[$F(3, 62)=23.906$，$p<0.001$]，表明 QQ 对不同对象言语交互的发起差异极其显著。进一步的多重比较结果表明，QQ 对融合班老师 T1 和智障同伴 Y 的发起不存在显著差异，但是他对这两人的发起显著高于对其他所有对象的发起（$p<0.001$）；在对其他所有对象的发起中，QQ 对智障同伴 J、自闭症同伴 Yao 以及普通同伴 Pu 的发起又显著高于对其他特殊儿童 K、X、H、W、Ly 的发起（$p<0.001$）。

这些结果表明，QQ 的发起指向呈现出数量上的一个鲜明梯度。其发起交往的主要对象为融合班老师 T1 以及智障同伴 Y；次主要对象为语障同伴 J、自闭症同伴 Yao 以及普通同伴 Pu。QQ 对主要对象、次主要对象以及其他对象的发起频率均达到了极其显著的差异，形成了一个明晰的三级交互结构。在之后的行文中，我们将发起的主要对象融合老师 T1 以及智障同伴 Y 称为 QQ 的一级交互对象，将次主要对象语障同伴 J、自闭症同伴 Yao 以及普通同伴 Pu 称为 QQ 的二级交互对象，其他对象称为三级交互对象；将一级交互对象当中的智障同伴 Y 称为主要同伴。

（二）QQ 的模仿指向的数量统计

模仿指向的数量统计结果见图 5-1。QQ 自发模仿智障同伴 Y 一人的言语数量达到模仿总量的 74.27%，是他模仿其他所有对象总和的 3 倍。经重复测量的方差分析，结果显示 QQ 在总体上的主效应显著[$F(2, 43)$

=26.273，$p<0.001$]，表明QQ对不同对象言语的自发模仿存在极其显著的差异。进一步的多重比较结果表明，QQ对于智障同伴Y的模仿显著高于对其他对象的模仿，QQ对于融合班老师T1和智障同伴J的模仿不存在差异，但他对这二人的模仿显著高于对特殊儿童K、Yao和普通儿童Pu的模仿。

由此可见，虽然QQ的主要发起对象为融合班老师T1和智障同伴Y，但是只有智障同伴Y成为QQ的主要自发模仿对象。这些说明，QQ更愿意自发模仿同伴的言语，而非老师的言语。在模仿同伴时，他更多地模仿特殊同伴，而非普通同伴。

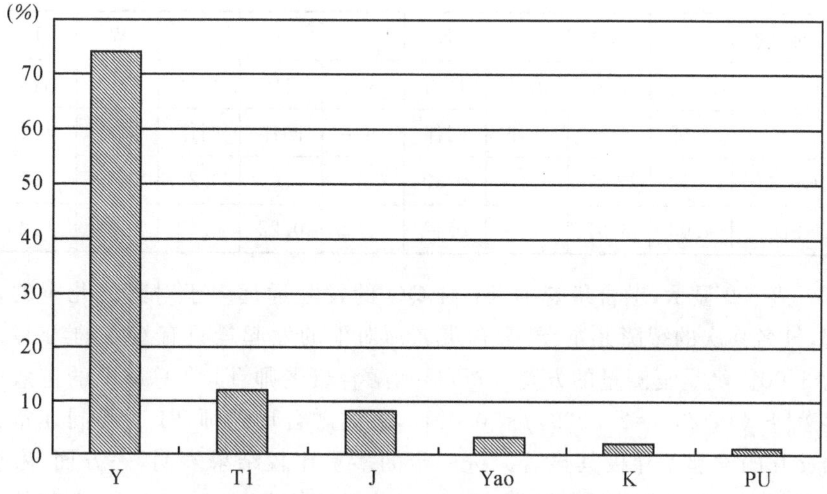

图5-1　QQ模仿各模仿对象频数占总模仿语言之比

二、指向QQ的交往数量统计

交往是一个双向的过程，在了解了QQ的发起指向后，还需要了解指向QQ的言语发起。

（一）一级交互对象T1和Y指向QQ的发起数量

在幼儿园环境中的非课程时间里，QQ的一级交互对象为融合班老师T1和智障同伴Y，那么，他们的言语发起又主要指向谁？统计结果见表5-2和表5-3。

表 5-2　融合班老师 T1 发起指向频次的描述性统计结果

指向对象	QQ	Y	J	K	Yao	X	H	W	Ly
对象说明	研究个案	智障同伴	语障同伴	自闭同伴	自闭同伴	自闭同伴	自闭同伴	智障同伴	智障同伴
$M(n=20)$	15.95	3.00	1.55	3.85	0.90	0.50	0.65	2.00	0.10
SD	13.17	2.18	2.16	2.66	1.07	1.19	1.04	1.75	0.31

表 5-3　智障同伴 Y 发起指向频次的描述性统计结果

指向对象	T1	QQ	J	K	Yao	X	H	W	Ly
对象说明	融合班老师	研究个案	语障同伴	自闭同伴	自闭同伴	自闭同伴	自闭同伴	智障同伴	智障同伴
$M(n=20)$	5.10	12.85	1.65	0.30	0.75	0.05	0.20	0.30	0.15
SD	4.09	6.61	1.73	0.47	1.52	0.22	0.52	0.73	0.49

表 5-2 显示，融合班老师 T1 对 QQ 的发起远远多于对其他儿童的发起，排名其次的智障儿童 Y，融合班老师对他的发起量只有 QQ 的约 1/5，为 3.00。经重复测量的方差分析，显示融合班老师 T1 在总体上的主效应显著[$F(1, 23)=24.229$，$p<0.001$]，表明融合班老师 T1 对不同儿童言语交互的发起差异极其显著。进一步的多重比较结果表明，一方面，融合班老师 T1 对 QQ 的发起显著高于对其他对象的发起；另一方面，在其他对象中，融合班老师 T1 对智障儿童 Y、自闭症儿童 K 的发起显著高于对特殊儿童 Yao、X、H、W、Ly 的发起。结果表明，融合班老师 T1 发起交往的主要对象为 QQ；次主要对象为智障儿童 Y、自闭症儿童 K。

另一主要交互对象智障同伴 Y 对 QQ 发起的每日均数为 12.85 次，是对融合班老师 T1 发起数量的 2 倍多，是对智障同伴 J 发起数量的近 10 倍。经重复测量的方差分析，显示智障同伴 Y 在总体上的主效应显著[$F(2, 37)=55.371$，$p<0.001$]，表明智障同伴 Y 对不同对象言语交互的发起差异极其显著。进一步的多重比较结果表明，首先，智障同伴 Y 对 QQ 的言语和非言语行为的发起显著高于融合班老师 T1 和其他同伴；其次，智障同伴 Y 对融合班老师 T1 的发起显著高于其他同伴；最后，智障同伴 Y 对语障同伴 J 的发起显著高于其他特殊儿童 K、Yao、X、H、W、Ly。表明，QQ 是 Y 最重要的发起伙伴，其次是融合班老师 T_1，最后是语障同伴 J。

(二)二级交互对象J、Yao、Pu指向QQ的发起

QQ的二级指向对象J、Yao、Pu在交往对象上又主要指向谁？统计结果见表5-4、表5-5、表5-6。从这些表可知，语障同伴J、自闭症同伴Yao和普通同伴Pu三人的发起均主要指向QQ；其中，语障同伴J对QQ的发起每日均值为2.40，多于对融合班老师T1的发起(M＝1.70)；自闭症同伴Yao对QQ的发起每日均值为1.05，也高于对融合班老师T1的发起(M＝0.80)；对于普通同伴Pu而言，在非课程时间里，除了QQ，Pu不对启智班的其他幼儿发起任何言语互动和非言语互动，对QQ的发起每日均值也仅为0.10。由此可见，QQ发起的次主要交往对象J、Yao和Pu，也均将QQ作为主要交往对象。这一结果表明，在启智班存在一个以QQ为中心的交互平台。

表5-4 智障同伴J发起指向频次的描述性统计结果

指向对象	T1	QQ	Y	K	Yao	X	H	W	Ly
M(*n*)＝20	1.70	2.40	0.20	0.05	0.05	0	0	0	0
SD	1.91	2.11	0.41	0.21	0.18	0	0	0	0

表5-5 自闭症同伴Yao发起指向频次的描述性统计结果

指向对象	T1	QQ	Y	J	K	X	H	W	Ly
M(*n*＝20)	0.80	1.05	0.10	0	0.55	0.05	0	0	0
SD	1.45	1.88	0.38	0	1.18	0.26	0	0	0

表5-6 普通儿童Pu发起指向频次的描述性统计结果

指向对象	T1	QQ	Y	J	K	X	H	W	Ly
M(*n*＝20)	0	0.10	0	0	0	0	0	0	0
0	0.33	0	0	0	0	0	0	0	0

由这一部分的研究结果，再结合QQ模仿指向的数据，我们可以了解到，虽然融合班老师T1对QQ的每日发起的数量(15.95)是语障同伴J对QQ每日发起数量(2.40)的6倍多，但是，QQ模仿融合班老师T1和语障同伴J的言语数量不存在显著差异。同伴的意义，在这里凸显无疑。这再

次验证了上文的结论：QQ 更愿意自发模仿同伴的言语，而非老师的言语。

三、最密切的交互同伴：智障同伴 Y

从个案 QQ 发起指向的语言数量、模仿言语数量来看，智障同伴 Y 是 QQ 最为重要的交互对象，当然也是最为重要的交互同伴。而从 QQ 三级交互对象发起指向的语言数量来看，无疑，QQ 是智障同伴 Y 最为重要的交互对象。QQ 和 Y 双方面的数据均显示：智障同伴 Y 是 QQ 最为密切的交互同伴。

该结论得到融合班老师 T1 的证实。T1 认为，QQ 和 Y 已经形成了比较牢固的交往关系。在每日观察中，我们也发现他俩之间密切的同伴关系，见以下两例。

例 1：

（情境：一日，智障同伴 Y 因生病没来园，第二天早晨入园时间，个案 QQ、自闭症同伴 Yao 和自闭症同伴 H 三个小朋友先行到达。T1 和 QQ 一起玩玩具。教室外忽然传来 Y 和妈妈讲话的声音。）

QQ：来了来了！（QQ 扔下手中的玩具，赶紧跑到教室的门旁，拉开门。）

Y 正跟妈妈说再见，然后朝教室门走过来。

QQ（很开心地）：来了来了！

（QQ 边说边用手拉 Y 的手往教室里走。Y 微笑着用右手拍拍 QQ 的胸口，给予回应。）

例 2：

（情境：到了午睡时间，智障同伴 Y 和 QQ 正在区角游戏区穿鞋子，准备小便、睡觉。QQ 先穿好了鞋，起身朝厕所方向走了两三步。）

T1：你们两个是好朋友，一起去小便。

Y：等等我。（QQ 站立原地，转身看 Y。）

T1 有意对 QQ：去小便。

QQ：不要不要！（QQ 边说边摇手。）

T1：去小便。去小便。

QQ：不要小便。

QQ 立即转头对 Y 大叫：Y，去小便。（说完后 QQ 仍在原地看着 Y。）

T1：去小便。去小便。（T1 拿起手中的扫帚，做出要打 QQ 状。）

QQ：不要小便。（QQ 立即走到 Y 面前。）

T1：你说 Y 快点。

QQ：Y 快点。

Y：鞋子还没有穿好。

T1：你帮 Y 穿鞋子。（QQ 立即蹲下来脱掉自己的鞋子。）

T1：叫你帮忙，不是自己脱鞋子。（T1 帮 Y 穿好鞋。）

Y 走了两步又回来拉正穿鞋的 QQ：QQ，走，去小便。

（QQ 穿好鞋后跟在 Y 的后面，一起朝厕所跑去。）

在第 1 例中，由于智障同伴 Y 前一日因病不能到园，所以，当 QQ 一听到 Y 的声音，立刻高兴地出去迎接他。而 Y 也给予 QQ 亲密的回应。在第 2 例中，QQ 对 Y“等等我”很在意，一直在原地等待 Y，后来老师让他去帮助 Y 穿鞋子，他不懂得怎么帮助 Y，而是“倒退成一模一样”，脱掉自己的鞋子。虽然 QQ 不能使用合适的言语形式表达自己的愿望，也不懂得以适当的行为帮助智障同伴 Y。但他面对老师 T1 的不断指令，始终坚持等 Y。

这两个例子表明，QQ 很乐于与智障同伴 Y 交往。两人的交往关系相当稳定。就算老师介入，QQ 也表现出极力维持二人良好交往关系的倾向。

由上面的分析已知，在个案 QQ 周围有一个稳定的语言交互平台，这个平台是个案 QQ 语言表达的重要平台，其中，智障同伴 Y 是其语言学习的最重要途径。这是一个非常有意义的结论。一直以来，许多研究者认为，自闭症儿童很难有同伴关系。而本研究显示，自闭症儿童可以有非常好的同伴关系，而且可以在一个集体当中成为同伴关系的核心，而他的良好互动对象也有可能是其他障碍类型儿童。

那么，智障同伴 Y 与 QQ 的交互怎样影响了 QQ 的语言？接下来，我们即以 QQ 与智障同伴 Y 之间的言语互动为研究对象，研究二人之间的言语互动与影响是如何实现的。

第二节　智障同伴 Y 对个案 QQ 的语言影响研究

本部分的研究从两个方面进行。一方面，由于语言模仿是一种重要的语言影响现象，而且智障同伴 Y 是 QQ 的最主要模仿对象，因此，我们将 QQ 模仿 Y 的言语逐一编码，从交流行为类型、认知操作两个方面进行分析，以了解在Y与QQ的关系平台上"模仿语言"这一现象体现出的语言影响；另一方面，模仿语言是一种语言影响的现象而不是原因，其原因需要在Y和QQ频密的日常交互当中去观察，以发现Y对QQ的语言产生影响的特征。

一、QQ对Y模仿语言的分析

(一)交流行为类型分析

交流行为是最基本的语用现象，它关注的是儿童语言运用能力最基本的层面(周兢，2006)，可以进行逐个话语的分析。下面我们将从QQ模仿智障同伴Y交流行为的两个基本层次，即交流意图和言语形式类型进行分析。

1. 模仿语言的交流意图类型分析。

图5-2显示，在QQ模仿智障同伴Y的语言中，QQ一共出现了六种交流意图类型。其中，DHA(引导听者对于物和人的注意)、NIA(商议即刻进行的活动)两种类型最高，使用率分别达到43.88%和30.61%，二者之和约是其他四种类型之和的3倍。DJF(讨论当前关注的焦点)、MRK(表达社会化情绪或标记一些事件)两种类型相当，均为10.20%。在模仿交流意图类型中，只有DNP(讨论过去或将来发生的事情)类型与当前情境无关，使用率仅占4.08%。

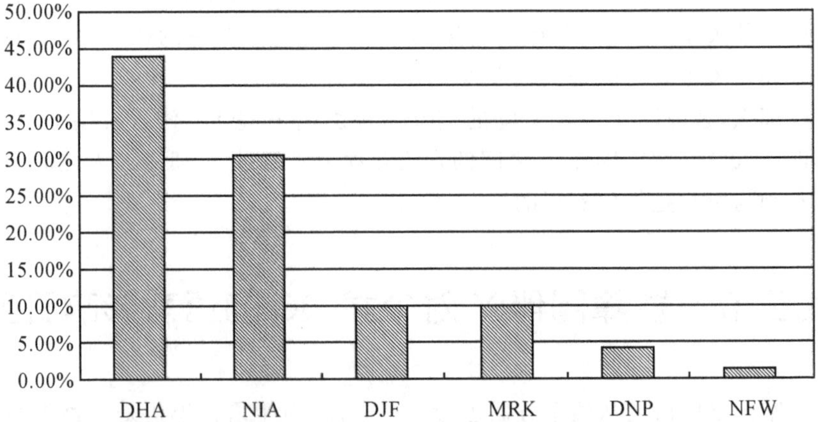

图5-2 QQ模仿Y的语言在各交流意图类型上的使用

由此可以看出，QQ 对 Y 语言意图的模仿主要集中在社会性注意、信息和情感的交流上，而且，与当前的情境紧密结合。

2. 言语形式类型分析。

图 5-3 告诉我们，在言语形式层面上，QQ 模仿 Y 的前两种类型为宣告、标记类型，即 DC（通过宣布建立事情的一种新情况）、MK（标记事件出现的言语）。这两种类型均为建立新情况的类型。其次，QQ 模仿较多的为信息处理的类型，如，ST（陈述自己的观点）、RP（提出自己的建议）。这两种类型均为在社会交互过程当中使用的类型，这表明，QQ 通过模仿可以学习社会互动。

另有一个类型的使用鲜明地表明了模仿的意义。在长期的采集语料的亲子言语情境中，QQ 未出现任何提问类型的言语形式。在家庭的访谈和幼儿园环境当中，也未发现 QQ 在自发语言中使用提问类型现象。家长和教师一致认为他没有习得问句系统这一重要的信息获取类型。但是，在 QQ 对 Y 的模仿语言中，我们发现了 QN（以特殊疑问方式提问）类型，而且 QN 的使用与当前情境紧密结合。在完成追踪数据采集后的两个月，我们遇到了 QQ 的爸爸，他高兴地说“QQ 会提问了”。由此可见，QQ 对 Y 提问的模仿，客观上为 QQ 今后自发使用该类型提供了一定的范型作用。表明 QQ 对 Y 的语言模仿，有助于他的语言习得。

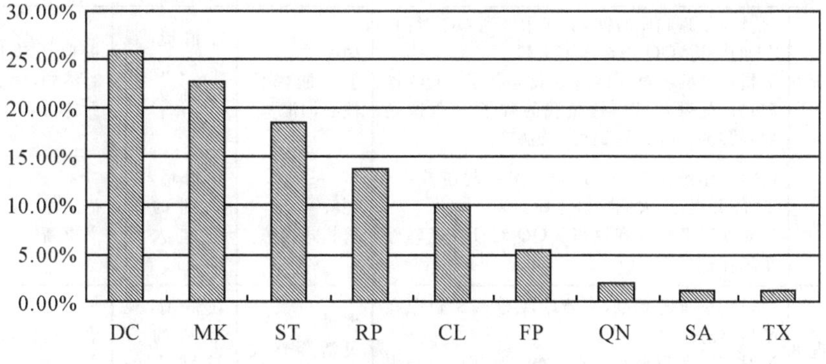

图 5-3　QQ 模仿 Y 的语言在各言语形式类型上的使用

（二）认知操作分析

我们将 QQ 对智障同伴 Y 模仿的语言，按认知操作的不同进行了分类。以此深入细致地了解：在模仿 Y 语言时，QQ 将发生哪些认知操作。通过对这些可见的操作过程，我们可以了解模仿语言发生过程中，QQ 的语言受到了什么影响。

表 5-7 QQ 对 Y 的模仿语言的分类分析

	实例说明	认知状况	情境关联度	模仿语言情况
情况 1	(情境:吃饭的时候,Y 忽然说苍蝇,其实并没有。) Y:苍蝇 QQ:苍蝇苍蝇 Y:苍蝇打 QQ:苍蝇打 T1:拍苍蝇 QQ:拍苍蝇	不理解	去情境	语法困难,语义困难
情况 2	(情境:T1 上午在 Y、QQ 床上各挂一件新买的爱心状香包。) Y 拿下挂着的香包:老师这是爱心。QQ 拿下挂着的香包:老师这是爱心。 T1:什么是爱心? QQ 摸着香包说:爱心。	不理解	在情境,观察到的 Y 与别人的互动	语法保持,语义困难
情况 3	(情境:点心时间,T1 倒果珍给 K) Y 举起杯子:我也要。QQ 举起杯子:我也要。	理解 并直接模仿	在情境,观察到的 Y 与别人的互动	语法保持,语义保持
情况 4	(情境:感统游戏室,Y 朝 QQ 扔小球,QQ 也朝 Y 扔小球,Y 大叫) T1:不许叫。Y 指 QQ:他打我。 T1 朝 Y:谁打你啊? QQ 指 Y:他打我。	理解 并间接模仿	在情境,观察到的 Y 与别人的互动	语法保持,语义保持
情况 5	(情境:早晨入园后 QQ 父准备离开) Y:QQ 爸爸再见。QQ:再见。爸爸 QQ 再见。QQ 父:爸爸,QQ 和你再见。	理解 但不知如何调整模仿	在情境,观察到的 Y 与别人的互动	提取语法核心结构,语义保持
情况 6	(情境:午睡起床时间,Y 起床坐到 QQ 对面,T1 的旁边,QQ 仍在床上未起) Y 指自己的鞋对 T1:这是我的鞋子。QQ 捡起自己的鞋对 T1:这是我的鞋子。Y:这是妈妈买的。QQ:妈妈买。妈妈买。	理解 但只能模仿核心词汇	在情境,观察到的 Y 与别人的互动	提取语法核心结构,语义保持
情况 7	(情境:感统游戏室,Y、QQ 在一起游戏,与 T1 隔开很远,大约有 3 米距离) Y 对 T1:老师我在这里。QQ 对 T1:老师停车场在这里。	理解 调整式模仿	在情境,观察到的 Y 与别人的互动	语法保持,语义更新
情况 8	(情境:感统游戏室,Y 骑球,QQ 骑鳄鱼跟在 Y 后,经过 T1 时) Y 对 T1:老师小心一点。QQ 对 T1:小心出租车。(QQ 把鳄鱼当出租车)	理解 灵活调整式模仿	在情境,观察到的 Y 与别人的互动	语法更新,语义更新

研究发现,QQ 对 Y 语言的模仿呈现出八种不同的情况,研究结果见表 5-7。由表 5-7 可知,在模仿语言的过程中,QQ 发生了复杂的认知操作。这个操作的过程,即是智障同伴 Y 的语言对于 QQ 的语言产生了有效影响的过程。

由表 5-7 可知,QQ 对 Y 语言的模仿多数属于对情境互动中的语言的模仿,而较少出现简单的、无情境意义的、拷贝式的直接模仿。表 5-7 告诉我们,在情况 1 下,由于无相关情境的帮助,QQ 模仿 Y 的语言时出现了"苍蝇打"。该句虽语法结构正确,但为不可能事件,是伪句子。可见,不在情境的模仿是无意义的模仿。其他情况下,情境中的模仿为 QQ 提供了真实可感的学习语言的机会,包括对语用、语法结构和词汇的理解与变换。这表明,就有效的语言模仿而言,QQ 非常依赖于情境的支持。这与上一章语言运用质量研究部分的结论一致:QQ 的语言运用质量与其分享式操作指向有关,而分享式操作指向的重要方面,即是能够在实际的情境当中交互,其语言形式,亦是在实际的交互当中应用型地习得。

表 5-7 还告诉我们,QQ 在模仿 Y 的语言时经历了分析式的操作。QQ 的模仿表现出不同的层次。从不理解到理解,从僵化地运用到调整地运用、从直接运用到体会运用的适切性。这些需要不同难度与层次的理解模仿,零星地分布在 QQ 模仿 Y 的语言当中。QQ 对各种理解难度与理解层次语言的模仿显示,对他来说,正确的模仿语言不是一个简短的阶段,而是一个对语言边分析边模仿的认知努力的过程。

QQ 模仿语言的心理操作更直接地体现在语法语义等语言形式的变化上:从对短小语法的直接拷贝到较为灵活的语法应用、从词语的词序调换到词语的正确调换、从简单重复语法结构到增补语法结构,各种语义、语法难度与层次的模仿,亦零星地分布在 QQ 模仿 Y 的语言中。显示在模仿 Y 的语言时,QQ 不断调整语义和语法。若模仿的句子具有一定的难度,QQ 通常采取调整其中一个因素的策略。比如,情况 7:保持语法不变,替换词汇。或者情况 6:保持核心词汇不动,替换为较为简单的语法。这显示,QQ 语义语法等语言形式的贫乏对其语言运用的强力制约,但是语言形式本身在语言运用当中可以慢慢得到改善。这又从一个角度说明:语言模仿范型的语义及语法难度对于模仿的效用具有重要的影响。

综上所述,QQ 对 Y 情境中语言的分析式的模仿,为 QQ 的语言进步提供了机会。在上一章对每位个案语言现象的整理中,我们发现 QQ 的语言模仿与 TT 的语言模仿有质的区别。TT 从书本、电视、妈妈处学到了较多的词汇和句法,但在与情境结合的使用时,在语言的分析使用上,TT 的语言多数显示出脱离情境、言语完形拷贝的特征,因此,他的模仿语言无实际运用价值,失去实效。已有研究表明,体验式的学习是真实学习过程产生的重要原因,也是学习成果可以迁移的关键。因此,近年来,学前教育领域提出了"体验式"课程。众所周知,自闭症儿童的病症特点决定了他们对外界信息采取的是直接完形模仿,而不是"体验式"的分析模仿。如果为他们提供体验式的语言学习环境,也许可以改善这种状态。QQ 对于 Y 情境语言的模仿,恰恰表明,QQ 的语言操作指向具有良好的特质,同时也表明,密切互动同伴 Y 为 QQ 提供了在情境中有利于模仿的语言范型的重要性。QQ 模仿 Y 的语言最频密,也许说明:Y 所提供的语言范型,不仅在语言的情境性上有利于 QQ 的操作分析,而且在语言形式的适切性上有利于 QQ 的模仿。

二、智障同伴 Y 对 QQ 语言支持现象的分析

上文针对 QQ 模仿 Y 语言时体现出的语言影响进行了分析,从中我们可以了解,QQ 在模仿 Y 的语言时,通过认知、语言形式等方面的分析式操作,体现了 Y 对 QQ 的影响。但是,模仿语言是一种语言影响的现象,不是语言影响的原因。若探究原因,则需要我们在 Y 和 QQ 频密的日常交互中观察,以发现 Y 对 QQ 的语言产生影响的特征。下文即从 Y 和 QQ 频密的日常交互当中,列举细小的却对语言交互产生重要影响的现象,我们称之为语言交互的支持现象。

(一)交互支持现象之:Y 的热情给予 QQ 语言模仿与语言交互的机会

QQ 智商较高,自我创造游戏能力尚可,但由于语言落后,他无法顺利表达游戏的想法与意愿,因此,在游戏或者其他活动当中,有时出现不回应、不友善等现象。是 Y 的热情,使 QQ 与 Y 之间始终有较高的同伴互动率,这对于他获得语言模仿和语言交互的机会提供了前提保证。我们将 Y 与 QQ 交往中的热情招呼言语进行了分情境统计,每个情境各举一例,结果见表 5-8。

如表 5-8 所示,在 QQ 和 Y 的许多交往当中,Y 均表现出对于 QQ 的热情邀请,以及招呼得不到回应的情况。但是 Y 热情不减,依然频繁地,一而再,再而三地对 QQ 发出邀约。另外,在观察中我们还发现,当 QQ 对 Y 发起或者 QQ 回应 Y 时,将得到 Y 的热情回应或拓展。Y 的热情使得二人保持着较高的语言互动率。

表 5-8　Y 与 QQ 交往时的热情招呼言语

序号	场景	交互时的记录	
例 1	户外滑梯	QQ,要不要来?	(Y 盛情邀请 QQ 加入游戏,QQ 不回应。)
		QQ,要不要玩啊?	(Y 再次邀请 QQ 加入游戏,QQ 仍不回应。)
		真好玩!	(Y 以引诱的方式吸引 QQ 加入,QQ 仍无回应。)
例 2	感统游戏	QQ。	(Y 招呼 QQ,QQ 不回应。)
		QQ 来玩吧。	(Y 招呼 QQ 来玩,QQ 不回应。)
		玩球,拿好拿好。	(Y 直接把球放到 QQ 手中,QQ 不接。)
		哎,好了。	(Y 无奈把球拿回。)
		下次玩球啊。	(Y 建议下一次一起玩球,QQ 无回应。)
		可以吗? 可以吗?	(Y 对下一次一起玩球的提议询问,QQ 无回应。)
例 3	教室里	Y 坐在 QQ 旁,拉 QQ 的手。	(Y 接近 QQ,QQ 不回应。)
		QQ,我叫 Y。	(Y 向 QQ 示好,QQ 不回应。)
		QQ,我们是好朋友。	(Y 向 QQ 示好,QQ 不回应。)
例 4	校外活动	到哪里去,你知道吗?	(Y 向 QQ 发起交流,QQ 不回应。)
		你不知道。	(QQ 不回应,Y 替 QQ 说明。)
		这里是长风公园。	(Y 向 QQ 说明情况。)
例 6	午餐时间	QQ 快来啊。	(QQ 正吃饭,Y 已吃完,去感统游戏室玩,Y 招呼 QQ 快点吃好去玩,QQ 见有老师在旁,不回应。)
		QQ,快点出来吧。	(Y 再招呼,QQ 不回应,但加快吃饭的速度。)
		QQ,快点来吧。	(一会儿,Y 再招呼,QQ 不回应,但加快吃饭的速度。)
		QQ,快点来吧。	(一会儿,Y 再招呼,QQ 不回应,但加快吃饭的速度。)
		QQ,快点来吧。	(一会儿,Y 再招呼,QQ 不回应,但加快吃饭的速度。)
		QQ,快点来吧。	(一会儿,Y 再招呼,QQ 不回应,但加快吃饭的速度。)

(二)交互支持表现之:Y的宽容给予QQ宽松的心理交往环境

QQ语言比较落后,在某些交往当中不能清晰地表达自己的意图,而且有时非常自我,常有身体上的攻击行为出现。这是QQ和语障同伴J交互不畅的原因之一。在这个问题上,Y表现出极大的宽容,同样帮助QQ维持了较高的同伴互动率,给予了QQ宽松的心理交往环境,这对于他获得语言模仿的机会和练习新语言非常必要。

例1:

在洗手间,QQ推智障同伴J,J即大叫:"老师,QQ他推我。"站在QQ旁的Y对J的告状不满,立即走到J旁,推J,嘴里说"干什么,干什么",然后又去QQ洗手的地方,轻轻拍拍QQ的头。QQ笑。

例2:

早晨入园时间,Y进入教室,看见QQ的爸爸,说:"QQ爸爸好。"QQ的爸爸把积木盒子递给Y,叫Y"放好"。Y顺手递给站在旁边的QQ,QQ推Y的手,不接积木盒子,Y自己把积木盒子放到旁边的桌子上,QQ见状说:"好。"Y放好后拍QQ的后背,并对QQ笑,QQ也笑。QQ的爸爸说:"两个人是小兄弟啊!"

例3:

早操时间,QQ想要当升旗手,普通班老师不允。QQ走到他的老师面前大哭,大哭:"老师,升旗。"老师未回应。这时体操结束,Y立即过来说"QQ过来",拉着QQ的手和老师一起往教室走。在楼梯上,QQ又大哭,Y对QQ说"QQ过来",Y见QQ继续哭,便转过头对老师说"QQ哭了"。

在例1中,Y对QQ的攻击性行为,表现出维护QQ的心理,所以他对J的告状不满,同时,他又"轻轻拍拍QQ的头",告诫QQ不要乱推人。QQ在Y拍头时没有还以拳脚,而且还"笑",表明QQ理解Y的用心。在例2中QQ不肯放积木盒子,Y自己放好后,仍然对QQ表现出友善的表情。在例3中,对于QQ坚持要升旗,但未能得到满足而伤心的神态,Y立即表达出对QQ的关心。

Y对QQ宽容的举动,影响了QQ对Y的宽容心理。比如,在观察中我们发现,Y如果骑了QQ的玩具木马,QQ会耐心等候Y自己放弃木马,如果是别的小朋友,QQ会把他们赶下来;若Y和语障同伴J同时要QQ手中的气球玩,QQ会将气球给Y,却不给J。由此可以看出,在二人的交往中,Y对于QQ的宽容和理解,不仅为QQ提供了宽松的心理环境,也为二人的进一步交往做了伏笔。

(三)交互支持表现之:Y的社会性关注偏好给予QQ社会性语言的敏感影响

向环境获得信息是儿童语言获得进步的重要渠道,适当的社交语言能力对于信息的获取十分重要。Y对于社会性交往非常关注,这客观上给QQ提供了他亟须的社会性语言类别范型。

例1:

J说:李老师来了。QQ立即抬头:李老师。Y:李老师好。李老师:J、QQ好。QQ:李老师。

例2:

K、QQ在吃点心。在休息室的Y喊:李老师好。J:李老师好。QQ:李老师好。

例3:

Y也坐在QQ旁,紧靠QQ。Y:李老师好。QQ:李老师好。Y:你的头发。QQ:李老师头发。Y:J加油。QQ:J加油。加油啦。加油加油。

例4:

QQ做完操回来喊老师:老师。QQ搀老师的手。Y也过来搀老师,喊:老师好。QQ:好。Y:刚才出去了。QQ:出去了。老师:到哪里去的?Y:去玩汽车的。

如以上例子,Y对于与他人打招呼、聊天等活动非常关注,日常生活中亦非常注重吸引他人对自己的关注,并给出一定的社会信息。这些社会性交往对QQ的交往示范产生了重要的影响。从这些例子中可以看出,在Y吸引他人注意,给出社会信息后,QQ也会吸引他人对自己的注意,给出类似的社会信息。可见,Y的示范给QQ形成了极好的社会关注与交往的范例。

(四)交互支持表现之:Y 的鼓励与表扬给予 QQ 激励与得到他人承认的心理环境

QQ 的语言亟须进步,但他的家庭未能提供一些可以使他能体会到快乐的课程,他是在不断地识字、写字受挫中进行语言学习的。而他在和 Y 的互动当中,Y 不断地表扬他,夸奖他,说“QQ 真棒!”这使 QQ 很愿意和 Y 交往。

例 1:

T1 布置一个捉猫情景,QQ 参与进来,Y 即对 QQ 说:“QQ 真棒! QQ 真棒!”

例 2:

T1:“Y 吃得真好。QQ 快吃。”QQ 马上快点吃。T1:“QQ 好棒啊。”Y 竖起大拇指:“你真棒啊! 你真棒! 你真棒!”QQ 高兴地大口吃。

例 3:

QQ 洗完手出来,Y:“QQ,你真棒。”并向 QQ 竖起大拇指。

由上可知,Y 常常对 QQ 的行为予以鼓励和表扬,哪怕这些行为有可能是和自己竞争的,比如一起快快地吃饭。而 QQ 也非常开心地享受被同伴承认与接受的感觉。

(五)交互支持表现之:Y 的行为示范给予 QQ 情境中理解语言的机会

由前面的研究可知,QQ 的语法语义能力均差,对于许多信息不能理解,这极大制约了 QQ 的语言交互能力。Y 和 QQ 有密切的关系互动,二人常常在对方的视野范围内活动。Y 的一些行为,常常可以起到帮助 QQ 理解语言的作用,而且这些行为常常是密切结合语言与情境的,所以更有助于 QQ 的理解。

(情境:在感统游戏室,QQ 和 Y 正在玩骑球追逐游戏,走路不稳的智障脑瘫同伴 W 迎面撞到 QQ,W 倒在地上。不远处,坐着老师)

T1 对 QQ:把 W 扶起来。QQ:扶起来。(QQ 坐在球上不动)

T1:QQ你要玩,不扶是吧?Y正停在QQ旁,见状立即从球上下来扶地上的W,QQ见状也从球上下来扶,边扶边说:"扶起来。"

由上例可知,QQ对什么是"扶起来"并不理解,需要同伴的及时示范。Y的行为示范,给了QQ理解语言和练习语言的机会。

(六)交互支持表现之:Y与QQ之间的随意简短对话给予QQ基本会话练习的框架和机会

根据观察,Y与QQ之间的许多言语交互,带有极大的随意性,而且是以较慢的节奏分散在具体的情境行为当中,这客观上给了QQ一些基本会话的练习机会。

例1:

(场景说明:感统游戏室中的游戏。)

Y从木头鳄鱼上下来,上了圆盘说:"警察。"然后Y开始在上面扮演交通警察。QQ立即骑着木马转着跑。Y:"好! 停车!"QQ赶紧骑着木马到停车场,并说:"停车场。"Y也下来骑木头鳄鱼过去。QQ看着Y:"好,到了。停车场。"

例2:

(场景说明:在校外活动当中。)

这天郊游,车开到一个类似花园的地方,坐在车上的Y:"这里是长风公园,要不要进去啊?"QQ:"不要进去。"Y:"进了进了。"QQ:"不要不要。"车颠了一下,Y:"哎呀。"QQ:"哎呀。"Y看着窗外问:"这是什么?"QQ无应答。Y:"这是嘉露啊!"QQ无应答。Y:"到了。"QQ:"到了上海了。"Y:"什么?"QQ:"上海。"

在这两例中,二人在互相明确的情境里面,用简短的语言进行对话。有的时候,由于语义或者语法的限制,QQ不能将会话不中断地继续下去,如,例2中Y问"这是什么?"QQ不答,是由于他不知道怎么回答。但是这不妨碍他们的继续言语对话。Y和QQ之间的这种宽松的对话节奏,以及接连不断的对话轮的支持,为QQ的基本会话提供了练习的机会。

(七)交互支持表现之:和Y的身体接触给予QQ语言交互心理上的安全感

在每日观察中,我们发现Y和QQ的身体接触比较频密,而这种亲密的身体语言,以及轮回的身体接触,给了QQ很开心的感觉。这种身体接触亦成为联结二人交互关系的纽带之一。

例1:

Y挠QQ,拍他的头,QQ很开心,也挠Y,二人许多身体上的接触,约10分钟。

例2:

老师讲话的间隙,Y和QQ玩"轰隆隆"的游戏,Y不断用拳头碰QQ的身体,嘴里说"轰隆轰隆我们是好朋友"。QQ很开心,面对Y笑,也用拳头碰QQ。到了吃饭时间,QQ和Y又坐到了一起,这时QQ开始用拳头碰Y,嘴里说"轰隆轰隆我们是好朋友"。

例3:

老师让大家去小班。Y拉QQ的手,敲QQ的头。Y拉QQ的手走。Y:"出发。"QQ:"出发。"二人一起拉手下楼。

从上面三个例子中,我们可以看出Y和QQ身体接触时,QQ表现出开心的神情。在例2和例3中,我们还看到,伴随着二人的身体接触,QQ自发模仿了Y的语言。可见,Y对QQ的身体接触既给予了QQ心理上的舒适感觉,又为二人的语言交互提供了另外一种途径。

从对模仿语言的分析,以及对交互支持性现象的列举,可知,智障同伴Y对QQ的语言影响较大,而且这种影响之所以能够产生,可能有其内在的系列原因。比如,Y在情境中与行为结合的语言范例,成为QQ较好的语言模仿范型。QQ和Y之间稳定高频的互动,Y的热情、宽容功不可没。而Y对社会性关注的偏好以及热情的言语行为,为QQ习得所需的适当社交语言提供了机会。Y与QQ平等的伙伴关系给QQ带来的轻松感受,使他们有了身体接触和基本话轮练习的机会,等等,所有这些均是在QQ与Y的交互中起到重要作用的交互促进因子。

那么,是否Y就是QQ的完美语言交互对象?在研究中,我们发现,他们间的语用交互存在受限的情况。

三、QQ 与智障同伴 Y 语用交互的语言平台的受限现象分析

尽管我们和个案 QQ 的老师以及个案的家庭都认为，Y 对 QQ 的语言进步有很大的影响，但是，我们依然能够观察到：在许多时候，二人之间的语言交互存在较大的限制。这一部分的研究，以我们发现的一个奇怪现象为切入点。

（一）由一个奇怪的现象引发的思考

如前文所述，启智班的老师以及 Y 和 QQ 的家长均认为他们两个是好朋友，是"一对好兄弟"，二人常在一起游戏，在户外活动中也常常形影不离。QQ 很乐于与 Y 交往，常常以行为或者言语给予 Y 支持。就算老师介入，QQ 也表现出极力维持二人良好的关系平台的倾向。然而，QQ 有时对 Y 的邀约或者建议不理会、不回应。在对启智班全程观察记录语料的 40 天里，我们发现，这种不回应率达到了 43%。QQ 不回应 Y 的原因是什么？是 QQ 不愿意回应 Y，是 QQ 没有能力回应 Y，还是另有他因？

经过多日的跟踪观察，我们发现 QQ 对 Y 的发起不回应有一定的模式。QQ 通常在三种情况下对 Y 不回应：第一，不理解言语行为的情况下。比如，Y 建议 QQ 一个行为，但 QQ 不理解，对此，他通常表现为没有动作反应，也没有语言反应。第二，不愿意的情况下。比如，QQ 自己正在玩他感兴趣的游戏，而 Y 这时邀请他进行一种他不感兴趣的游戏，他也常常表现为没有动作反应，也没有语言反应。第三，幼儿园作息安排不接受的情况下。比如，操作课马上要开始了，所有小朋友应该结束游戏，从感统游戏室回到教室，若这时 Y 向 QQ 发起，QQ 不回应，而是迅速跑向教室。

既然这些不回应有一定的客观原因，那么，我们就不能以"语言交互的冷漠"来解释 QQ 对 Y 的不回应现象。事实上，在上述三种情况下，QQ 虽然没有对 Y 的发起做出回应，但是他以实际行动表示了反对意见。例如，上面提到的"操作课马上要开始了，所有小朋友应该结束游戏，从感统游戏室回到教室，若这时 Y 向 QQ 发起，QQ 不回应，而是迅速跑向教室"。在这个例子中，QQ 以"迅速跑向教室"的方式对 Y 的发起给了一个隐性的回答"不"。那么，是什么原因使得 QQ 在这三种情况下如此反应呢？我们以假设的方法对这种现象进行了原因的探讨。

我们首先假设 QQ 在这些情况下进行了适当的拒绝回应。那么他有可能进行的相关回答如表 5-9。

表 5-9　QQ 对 Y 的发起有可能使用的拒绝回应

三种情况	拒绝句型 1	拒绝句型 2	拒绝句型 3	拒绝句型 4
不理解的情况下	我不懂	你在说什么	再说一次	不
不愿意的情况下	不想玩	我不愿意	我想玩其他的	不、不要
不合适的情况下	不能玩	老师来了	一会儿再玩	不要

QQ 为何不使用这些语用功能表“拒绝”的语言形式,而以不回应代替呢?是否他还没有习得其中任何一种语言形式?经过观察与访谈,这种假设被拒绝,QQ 已经习得表示拒绝的语用类型。下面我们深入实例,对这个问题做细致的探讨。

(二)深入探讨 QQ 想要说“不”的实例现场

对 QQ 日常生活和幼儿园生活当中想要说“不”的事例的观察,我们发现了一些非常有趣的现象,即,QQ 在与父亲及老师相处的时候,常常把“不要不要”放在嘴边,可是面对同伴的时候,存在普遍的“想要说不口却难开”的现象。我们对 QQ 幼儿园用语当中所有使用带“不”的否定句进行了统计,统计结果见表 5-10。

表 5-10 显示,在幼儿园的非课程时间里,QQ 使用否定句时,使用频率最高的为带有否定词“不要”的句子,使用率达到 59.39%;QQ 主要用它们来回应成人提出的要求,达到 57.89%。质化分析看出,QQ 使用“不要”句子的形式相当简单,多表述为“不要不要”“不要小便”“不要喝汤”等等。与智障同伴 Y 相处时,QQ 仅使用过 2 次“不要”,而且是受到 Y 说“要要要”影响的结果。例子如下:Y 反复要求 QQ 玩骑球游戏,并拿球给 QQ,说“要要要”,QQ 即以“不要不要”回应。而当 Y 拿球给 QQ,没说“要要要”时,QQ 通常以不回应处理。在这里,也许是 Y 的“要要要”激发了 QQ 的拒绝反应“不要不要”。

表 5-10　QQ 幼儿园用语当中所有带“不”的否定句使用情况

否定语言种类	频次	百分率	表达功能
不要	77 次	57.89	直接拒绝老师的建议或提议。都是一些规则性的要求,比如:老师要求 QQ 再喝汤。

续　表

否定语言种类	频次	百分率	表达功能
不能，不可以，不行，不许	38 次	28.57	对老师有关规则的提问的回答，比如：可不可以朝窗外扔球？能不能打 W？
不给，不好，不去，不是，不小便	15 次	11.27	直接拒绝老师的建议或提议。都是规则性的要求，比如：老师要求 QQ 去小便，QQ 回不小便。
不喜欢	1 次	0.75	对老师是否问句的回答。表内心想法，如老师问，QQ，喜不喜欢 W 啊？
不要	2 次	1.50	对 Y 直接提议的拒绝。发生两次，均在 Y 一再要求 QQ 玩骑球游戏的时候。比如：Y 拿球给 QQ，并说：要要要。这时，QQ 回应：不要不要。

QQ 使用“不能、不可以、不行、不许”等的比率仅为 28.57%，且多发生在老师解决 QQ 的问题行为时。而他对“不给，不好，不去，不是，不小便”等的使用，多发生在直接拒绝老师建议的情况下。

这些研究结果告诉我们，QQ 的否定用法基本上是对老师建议的直接拒绝，或者是对老师是否问句的否定回答，这些否定用法几乎不对同伴使用，也几乎未在游戏情境中使用过。

另外，我们还发现，QQ 与除 Y 之外的同伴产生冲突时，他主要表现为直接以手推撞，即使用动作解决问题。间或使用态度激烈的言语“你干什么！你干什么！”大声斥问表示反对（语障同伴 J 经常使用“你干什么”表反对，智障同伴 Y 偶尔也会这样使用），这表明，在与除 Y 之外的同伴发生“不愿意”的情况时，QQ 同样不使用否定句，而使用攻击性动作或者态度激烈的言语“你干什么”表达不愿意、反对的语用功能。

因此，我们可以基本上据此总结为，在和成人相处的时候，QQ 通常用“不要”或者“不＋词汇”等简单的方式表示直接拒绝或者抗议。和除 Y 之外的同伴相处的时候，QQ 通常使用“拳头”和“争吵”表示拒绝或者抗议。而和 Y 交往的时候，QQ 对于想要说“不”的时候，则以“不回应”应对。如下例：

例 1：

（情境：感统游戏室，QQ 正骑着木马，Y 手里拿一大球在坡上站着，看着 QQ。）

QQ 从木马上下来，上坡。

Y 指着地上的另一只球，说：QQ 这里。

QQ 即下去拿球。

QQ 和 Y 各一球，在下面一起骑了一会。

QQ 突然又坐到木马上。

Y 见状从球上下来，捡起 QQ 刚才骑的球，放到 QQ 的手上，说：要要要。

QQ 说：不要不要。QQ 说完开始骑木马。

Y 见状拿球上坡，从坡上骑球下来，嘴里喊：QQ 来吧。

QQ 听见后看了一会 Y。从木马上下来走上坡看了一会，又走下来骑上木马。

Y 拿了球上坡。

QQ 下木马，上坡对 Y 说：Y 我来了。

Y 指着地上的球对 QQ：那里。

但 QQ 指着地上的木马，又走了下去。

Y 骑球下坡，QQ 骑木马上坡。

Y 对 QQ 喊：QQ 快点来。

Y 骑球，QQ 骑木马，一起追逐。

从这个例子当中，我们可以看到：Y 想邀请 QQ 一起玩球，他使用“指示物：QQ 这里、那里”，以及“单词句的要求：要要要”，催促“QQ 来吧”等方式和语言，向 QQ 表达他的建议。而 QQ 想要邀请 Y 一起玩木马。他采用的方式是“反复从木马上下来，上坡去接近 Y”以及“反复下来再骑到木马上”。在这一协商的过程当中，QQ 当中有一次顺从 Y 的建议骑球，但他后来还是想要骑木马，所以还是换回木马。

从这个例子发生的整件事中，我们可以了解到，QQ 最想要表达的是：“玩木马更好玩，我想请你和我一起玩木马。”这是一种非直接拒绝的委婉方式，是一种建议的协调的方式。但 QQ 显然不会使用这样的语用类型，他在拒绝及协商过程中都表现出困难。

在 QQ 的语料中我们发现，在和爸爸、老师相处的时候，或者遇到自己不愿意的情况时，QQ 通常以一连串的“不要不要”来回应。那么，为什么 QQ 不向 Y 直接说“不要不要”？我们认为，Y 是 QQ 喜爱的同伴，他可能觉得他不应该像拒绝爸爸以及老师那样，使用“不要不要”直接拒绝 Y 的邀请，也不应该像拒绝除 Y 之外的同伴那样，用拳头或者“你干什么！你干什么”来表示拒绝或者反对，而是应该以其他方式表示拒绝，比如委婉地拒绝、间接地拒绝等等。那么，在本例当中 QQ 对 Y 的“不回应”，是否是因为

QQ还没有习得委婉拒绝类的语言形式，因此导致他缺少“拒绝好朋友”的语言能力呢？

那么，在QQ的语言环境当中，是否存在这一类范型以供QQ模仿学习呢？

（三）QQ习得“不”字句语言形式的环境考察

在QQ的语言环境当中，是否存在供其模仿学习委婉拒绝的适切语言范型呢？我们对QQ的几个密切交互人的“不”字句使用情况进行了一一考察，以判断QQ在幼儿园是否有机会学习这些范型。

表5-11　QQ的两个主要交往同伴所能够提供的拒绝类句子范型表

Y的不字否字句使用	J的不字否字句使用
Y：不要　吃　点心。	J：不要　动。
Y：不要　电视。	J：快　说　对不起。
Y：不行。	J：QQ　不许　吃。
Y：哎呀　不捡。	J：你　不要　坐　这边。
Y：不给。	J：不给。
Y：不道歉。	J：不打。
Y：不能动。	J：不给　球　Y。
Y：不要　吃　西瓜。	J：不可以　用手。
Y：不知道。	J：就　不给。
Y：不是。	J：不可以。
Y：不要　动。	J：为什么　不跟　我们　一起　玩？
Y：不要。	J：不要　跟　他　玩。
Y：不要　打翻。	J：不许　玩　这个。
Y：不许　玩　这个。	

由表5-11可知，智障同伴Y和语障同伴J直接使用的否定句里仅有“不要”“不许”“不行”等直接的阻止型否定句，且数量较少。在观察中，我们注意到，曾有两次，智障同伴Y邀请QQ游戏，但QQ不回应，Y即对他的状态进行了描述，“QQ不玩球”“他不打球”，这两句是言语行为的状态描述，而非解释型的理由陈述。所以，就智障同伴Y和语障同伴J的语言水平来说，他们缺乏提供较高层次否定句模仿范型的能力。那么，作为QQ

主要交往对象的老师 T1，使用的拒绝类句子又是什么情况呢？我们对老师 T1 的拒绝类句子进行了整理，研究结果见表 5-12。

表 5-12　QQ 的主要交往人老师提供的拒绝类句子范型

用法	频次	描述	结构	示例
*** 不要 ***	68 次	直接阻止幼儿（常常是 QQ）的行为动作。无阻止的理由陈述。	最简单的情态加动词的结构，MLU 一般为 2—3。	1. 你 不要 去。 2. 这个　不吃。 3. 不要 拿。 4. 不要 放 里边。
*** 不 ***	25 次	出现了阻止理由的陈述。	用反问句、复杂句、兼语句、连动句等表达。MLU 一般为 6—8。	1. 这样 中午 就 不给 你 玩 了。 2. 你 在 上面 司机 不听 你 话 了。 3. 在 幼儿园 不许 说 不要 吃 了。 4. 下 次 不可以 在 坡 上 知 道 吗？

表 5-12 告诉我们，T1 的否定句中出现了阻止理由的陈述，比如“你在上面司机不听你话了”。那么，为什么 QQ 并未习得此类话语呢？

（四）QQ 成功习得语言范型的重要条件

在前文提过，情境切合以及心理操作是 QQ 有效模仿的重要条件。情境是适切的，比如，QQ 与 Y 正玩警察指挥交通的游戏，老师 T1 适时地对 QQ 说：“你在上面司机不听你话了。”表明老师 T1 的话是切合游戏情境的。QQ 心理操作的积极性也是毋庸置疑的。那么，在本例当中是什么原因使得 QQ 模仿困难呢？

我们将 QQ 自发模仿的所有对象的语言进行了整理（注：对老师 T1 的模仿多数是 T1 的要求所致，所以去除），见表 5-13。在这个表中，我们按模仿总数，以从高到低的顺序列出了 QQ 的主要模仿对象自身的语言情况，以及被 QQ 模仿的语言的情况，以期可以判断：哪些语言可以被成功模仿，哪些却不可以。

表 5-13　QQ 模仿对象本身的语言状况及 QQ 主动模仿他们的语言的情况分析

模仿对象	模仿对象自身的 MLU	模仿对象自身的 MLU5	被 QQ 模仿语言的 MLU	被 QQ 模仿语言的 MLU5
Y	2.156	5.6	2	4.2
K	2.938	5.2	2.667	3
J	2.659	6.2	2.53	3.4

注：QQ 自身的状况　MLU＝1.943，MLU5＝5.4。

表 5-13 显示，QQ 的 MLU 为 1.943，MLU5 为 5.4。他自发模仿的智障同伴 Y、自闭症同伴 K、语障同伴 J 的语言范型，通常高于自身的 MLU（分别为 2、2.667、2.53），这表明了模仿为 QQ 带来的进步。但 QQ 模仿的 MLU5 又低于自身的 MLU5（Y、K、J 分别为 4.2、3、3.4）。质化分析显示，QQ 模仿的句子不仅在长度上较短，而且在句法结构上，也均为简单句。这可能与 QQ 只习得简单句有关。表 5-7 中情况 6 的例子就能说明这个问题：Y 指着自己的鞋对老师说："这是妈妈买的。"QQ 立即拿起自己的鞋对老师说："妈妈买。"此例中，Y 的话语是兼语句，QQ 不能模仿，所以提取关键词成简单句模仿。表明，QQ 自发模仿的语言的难度低于自己的语言水平。

但是，从表 5-12，我们可知，老师 T1 提供给 QQ 的拒绝范型，有的 MLU 为 6—8，远远超出了 QQ 易于模仿的长度类型；而且，就句法结构而言，也多为复杂句、兼语句、连动句等，不利于只能模仿简单句的 QQ 模仿。所以，就 QQ 的言语来说，他的幼儿园启智班语言环境缺少适当层次的委婉否定句模仿范型。

（五）QQ 与 Y 语用交互中语言平台的受限现象分析

由上文可知，QQ 和 Y 之间高频出现的"冷漠不应"，是由于其不知道怎么对自己喜爱的同伴表示拒绝，即 QQ 没有习得相应的语言形式来表达对同伴的拒绝。但是 Y 又未能提供相应的可模仿拒绝范型，使得二人的言语交互受到一定程度的影响。这从一个方面说明：Y 的语言发展本身的限制，使得 QQ 通过交互和语言模仿获得很大的进步，但不能使他获得更深程度、更高水平的进步。

这种受限不仅发生在这种较高层次的表达性语言习得上，而且也表现在会话的深入拓展上。比如，Y 和 QQ 常常在多日当中重复玩几种游戏，QQ 有时对游戏进行一些创造性的改动，对此，Y 立即响应，并配合 QQ 展开游戏。但是他们在游戏当中的交流乏善可陈，因为，Y 不能拓展 QQ 的零碎的语言。Y 是智障儿童，自身对于游戏情境的理解有限，而且他运用得较好的语言仅限于日常生活用语和基本的游戏用语，所以，他虽能配合 QQ 的游戏，但运用语言表达游戏情境，拓展游戏情境的能力欠缺。这样，QQ 失去了在游戏场景中进一步发展语言的机会。如下例：

（情境：QQ 骑木头鳄鱼，Y 骑木马。QQ 从木头鳄鱼上下来，拿了两只球挡在木头鳄鱼前面，Y 骑木马过来，QQ 坐到木头鳄鱼上，对 Y 说：开始。

Y、QQ 一起穿过两只球。球滚开。QQ 下木头鳄鱼，把两只球放至坡前，Y 下木马把坡前的球拿开。）

QQ：停。

QQ 又捡两只大球挡在路上，嘴里说：停下来。

Y 骑木马过来。

QQ：停下来。停。停车场。下车。停。

Y：好。这里是停车场。

Y 指旁边的坡：这是什么？（Y 拿球让 QQ 继续做路障）

QQ 滚圆桶，扔掉摆在路上的两个大球。Y 配合扔掉剩下的一只球。

Y：停车场。

QQ：停。（两人把圆桶当路障）两人上坡下来。

Y：停了。停了。

QQ 上木头鳄鱼，Y 见状也上木马。

QQ 与 Y 一人骑木头鳄鱼，一人骑木马，至一圆桶前。

Y：好，停。

QQ：停车场。

Y：红灯停。红灯停。

在老师介入前，两人一直这样玩着。

老师 T1：QQ 做警察。

QQ 拉 T1：T1 老师做警察。

T1：让 T1 老师做警察啊？

T1 站圆盘做警察：停止。

Y 还是在动。

T1 从圆盘上下来，走到 Y 前：吊销你的执照。（老师 T1 有事走开）

QQ 上圆盘：停止。然后对 Y：吊销执照。

在上例当中，我们看到，在老师介入前，Y 和 QQ 的游戏对话比较单调，使用的词汇和句法都比较贫乏，致使游戏情境不能深入拓展。老师适当介入后，推动游戏情节深入发展，为语言的运用创造了进一步的平台，打破了 QQ 和 Y 之间重复不变的游戏模式，在之后的几天里，QQ 和 Y 一直饶有兴趣地进行这种新游戏，并借此机会习得了一些新的语言形式，如“*** 做警察”“吊销执照”等等。由此可见，Y 和 QQ 的游戏情境互动需要“更为丰富的语言外援”的支持。因为，Y 受限的认知能力不足以鹰架 QQ 日益发展的语言需要，这都反映在二人语言交互的受限的方面。

在这一部分，我们对Y和QQ之间的语言影响进行了深入分析，发现：同为特殊儿童的同伴Y，为个案QQ提供了较好的支持性语言交互环境：情境当中分析性模仿学习的范型、平等自如交往的信心、大量慢节奏练习语言的时间和机会、社会性交往的敏感性学习、基本会话框架、话轮敏感性的学习等等，这些方面都有助于个案QQ的语言进步。老师和家长均认同同伴Y的作用。但该同伴由于自身认知能力有限，因此，其在灵活调整使用的语言，提供某些类型的语言范型等方面受限，使得二人之间的良好的语言交互难以深入。

然而，尽管Y和QQ的语言交互存在一定的受限因素，但是，这种交互不仅是QQ在幼儿园环境当中受到的最大的语言影响，远高于QQ的老师、自闭症同伴、普通儿童同伴以及其他类型的同伴的语言影响，而且也是他受到的最为有益的影响，Y对于QQ语言的良性影响已经在一定程度上改变了QQ的语言面貌。这不禁使我们想到这样一个问题：Y对QQ的语言影响频密而且集中，因此他们之间具有稳定的语言互动平台。因此，如果我们要对自闭症儿童的语言产生影响，就要形成稳定的语言互动平台。这使得我们认为，我们有必要再去看QQ的三级交互平台，以探索在语言交互现象下面的深层原因：缘何Y和QQ二人之间会形成密切的语言交互平台？为什么Y既是QQ的主要交互同伴，又是QQ的主要模仿对象？为什么不是语障同伴J、自闭症同伴Yao、普通儿童Pu、融合班老师T1？其中的原因何在？QQ是基于怎样的选择？

第三节　语用交互的需求关系研究

本部分将从需求关系角度入手，研究QQ的三级交互平台形成的原因，从中了解Y和QQ之间为什么会产生频密的语言交互。之所以从需求关系角度入手，是基于这样的一个观念：交互行为本质上是一种需求。通过对QQ交互需求以及被满足情况进行观察，我们试图以此途径来确定QQ的交往互动特征，以及Y与QQ的互动特征在对方的互动需要当中所扮演的角色。

一、在 QQ 的启智班交互平台上体现出的需求关系以及满足情况

对于 QQ 的需求维度的选择，我们经过了多种尝试。需求方面的理论可谓种类繁多。经典理论是马斯洛七层次说和马克思六种类说。马斯洛将人类的需求分为：生理需要、安全需要、归属和爱的需要、尊重需要、认知和理解需要、审美需要、自我实现需要。马克思将个人需求分为“生存性需要、生理性需要、信息性需要、心理性需要、实践性需要、成就性需要”共六种。这些分法，虽然有其合理之处，但它们是一种囊括所有场景和种类的分法，在特殊儿童的班级交往当中，有些需求不会出现，但另一些需求却需要放大才能够了解。

那么，是否班级当中的互动较多地集中于“人际互动需求”？舒茨的人际关系需要理论认为，每一个个体在人际互动过程中，都有三种基本的需要。即包容需要、支配需要和情感需要。美国社会学家乔治·C.霍曼斯教授则认为是“物质财富的交换、精神财富的交换、心理财富的交换”，这三种交换过程吸引了儿童的需求（郑全全等，1999）。我们同样发现，这两个理论不能够全然用于特殊儿童的班级交往。因为，这些需要均是在需求表达能力具备的前提下进行的，而特殊儿童的互动还有相当一部分停留在需求表达能力本身的获得阶段。

有鉴于此，我们使用现象学的方法，对 QQ 在日常交互现象当中表现出来的需求以及被满足情况进行观察，从交互现象当中直接提取需求满足的不同种类，并对它进行分析。结果见表 5-14、表 5-15。

（一）QQ 的交互需求分类及需求满足的总体情况

表 5-14 表明，对于 QQ 来说，第一交互层次对象老师 T1 和智障同伴 Y 均在“经验分享、游戏同伴、思想发布、能力展示、被关注、被宽容、语言模仿”共七个方面满足了 QQ 的相关需求。而老师 T1 不能被代替的是“被权威认同、被帮助”两个方面，智障同伴 Y 不可被老师 T1 替代的则还有“群属感觉、情感分享、被赏识、社会行为模仿以及身体接触”四个方面。老师 T1 在 9 个项目上可以满足 QQ 的需求，而智障同伴 Y 则达到 12 项。

对于 QQ 来说，第二交互层次对象语障同伴 J 和自闭症同伴 Yao 均在“群属感觉、游戏同伴、被关注、语言模仿”4 项上满足了 QQ 的相关需求，而语障同伴 J 因为语言较好，不仅在“思想发布”1 项为 QQ 提供了需求满足，而且，有时也使用语言称赞 QQ，所以在“被赏识”1 项为其提供了需要满

足。自闭症同伴 Yao 则在“身体接触”和“情感分享”2 项上为 QQ 提供了需求满足。

而普通儿童 Pu 由于具有优越感而满足了 QQ“被权威认同”的需求，同时，在不多的交互时间里，也提供了 QQ“尝试机会、社会行为模仿”等方面的需求满足。语障同伴 J、自闭症同伴 Yao、普通儿童 Pu 达到的项目分别为：6 项、6 项、3 项。需要说明的是，在这些项目上为 QQ 提供需求满足发生的频率，第二交互层次对象远远低于第一交互层次对象。

对于 QQ 来说，其他特殊儿童 X、H、W、Ly 这四个交互者，由于自身能力较差，成为 QQ 帮助的对象，仅在“能力展示”一项为 QQ 提供了需求满足。而 K 由于体力较弱，极少和其他小朋友交往，但他的语言尚可，因此，在“群属感觉”“语言模仿”两项为 QQ 提供了需求满足。

表 5-14　QQ 的交互需求分类及满足情况总表

交互需求种类	T	Y	J	Yao	Pu	K	X	H	W	Ly
1 群属感觉		♥	♥	♥		♥				
2 被权威认同	♥				♥					
3 经验分享	♥	♥								
4 游戏同伴	♥	♥	♥	♥						
5 情感分享		♥		♥						
6 思想发布	♥	♥	♥							
7 尝试机会					♥					
8 能力展示	♥	♥					♥	♥	♥	♥
9 被关注	♥	♥	♥	♥						
10 被赏识		♥	♥							
11 被宽容	♥	♥								
12 语言模仿	♥	♥	♥	♥		♥				
13 社会行为模仿		♥			♥					
14 被帮助	♥									
15 身体接触		♥		♥						

以上分析以及表 5-14 表明，QQ 的互动平台表现出多种需求和需求满足互动。第一交互层次对象老师 T1 和智障同伴 Y 对 QQ 的需求满足均有

大的影响，其中Y对他的影响最大；在第二交互层次对象语障同伴J、自闭症同伴Yao和普通儿童Pu中，J和Yao对QQ需求满足的影响仅次于第一交互层次对象，而普通儿童Pu对QQ需求满足的影响较小。由此可知，智障同伴Y满足QQ的需求项目较语障同伴J多。这可能是Y成为QQ重要言语交互人的原因之一。在观察中，我们发现，Y、J和QQ三人经常在一起，老师T1也将此现象称为“三人帮”，那么，他们三人是基于怎样的选择才经常在一起？在交互中，Y和J对于QQ的意义到底体现在哪里？J对于Y的意义与QQ相比，有什么不同？在Y成为QQ言语重要交互人的同时，为什么Y也会选择QQ作为主要交互人？Y和QQ的关系如何能够在与J的对比中凸现出来？因为我们注意到，这些问题是Y、QQ、J自我选择之间互动的原因所在。因此，接下来我们将对Y、J、QQ三人之间交互时体现出的交互需求与满足进行分析。

（二）QQ、J和Y的三人间交互需求及需求满足的总体情况

我们将观察到的个案QQ、语障同伴J和智障同伴Y三人之间的交互情况进行整理，以探讨他们之间两两的需求及满足情况。整理发现，他们间的需求及满足情况主要体现在四个方面，整理结果见表5-15。

表5-15　QQ、J和Y三人之间的需求及满足情况

需求方面	QQ的表现	Y的表现	J的表现	满足方面
游戏创造性方面	在游戏中总是尝试新的玩法	总是玩简单的程序型游戏	体力差，有时参与玩简单的游戏。不开心时即破坏QQ、Y的游戏	Y很喜欢和QQ玩游戏，据观察可能源于QQ在游戏中的创造性
语言表现方面	语言能力较差，不能顺利表达各种意愿。喜欢模仿	社交语言较强，可以表达社交意愿，讨人喜欢；但不能进行深入的交流	语言能力强，但语音不清晰。	QQ常常模仿Y的话，很少模仿J的话
性格方面	任性且霸道，脾气急，喜欢模仿	性格较平和，宽容，热情，乐于助人	非常遵守常规，并且要求他人做到，脾气急	J常常告状，Y却能够宽容QQ，并且护着他
认知能力方面	操作能力强，其他较弱	操作能力弱，其他也较弱	认知能力相对较强	在认知能力上，QQ和Y对J相关时间的跟随和模仿

表5-15显示，在游戏创造性方面，由于QQ的智商较高，象征游戏能力较强，因此，他会利用环境中的各种元素，创造新意的游戏情境，吸引了只

能玩最简单游戏的Y和他一起游戏；而J虽智商正常，但未观察到他有此类的创造性行为，而且，由于体力的原因，他常常不能够参与QQ、Y二人间需要消耗较多体力的游戏，但会在一旁观看。在只需要消耗较少体力的游戏中，三人有时在一起游戏，但若在游戏中不顺心，即破坏QQ、Y二人间的游戏。

在语言表现方面，QQ语言较差，很多情况下，不能表达自己的意愿。但喜欢并经常模仿他人的语言和动作；Y具有较好的社交语言、日常生活语言，而且吐字清晰，因此他成为QQ较好的语言模仿对象；而J是语障儿童，障碍主要表现为发音不清晰，常常不知其所云，所以QQ较少模仿他的语言。

在性格方面，Y很宽容、平和、热情，通常不计较QQ的过错，愿意帮助人，与他人分享自己的快乐；J脾气急，非常遵守规则，不能容忍QQ的各种坏习惯，经常向老师告QQ的状，如QQ打人，QQ饭前便后不洗手。但他很喜欢Y，这也是他能加入到QQ和Y之间，形成“三人帮”的根本原因；QQ任性且霸道，脾气急躁，有时会打人。

在认知方面，QQ操作能力强，其他方面的能力弱，因此，操作课是他唯一表现较好的课程，但若以他感兴趣的情境进行课程学习等，他的接受能力很强；Y只具备最基本的日常生活认知能力，学习新内容和接受新事物时，进步缓慢；J的认知能力较好，接受新事物快，所以，他常成为老师提问的对象，并成为QQ、Y二人的学习对象。

由以上分析可知，Y、QQ、J两两之间存在一定程度的相似之处，同时又有某些方面的互补以达到互惠。Y和QQ之间的相似、互补以及互惠的方面最多。这种能力上的互补可以明确地在许多方面被观察到，我们以他们之间的模仿语言为例。

表5-16　Y、J、QQ三人之间模仿事件类型整理

A. 在校外活动时间，遇到新奇的事物时
——QQ在Y说话后大量直接模仿。多为生活口语。
B. 在生活常规时间，和老师及几个以上的人交互时
——QQ在Y说话后大量间接模仿，比如为符合当前情境将个别词语换掉。多为生活口语。

续 表

C. 在游戏时间，和对方直接游戏时
——QQ 较少模仿 Y 的话。
D. 在集体课程时间
——QQ、Y 均较多模仿 J 的话。多为课程中用语。

从表 5-16 可以看出：在游戏室，QQ 较少模仿智障同伴 Y。这是因为，游戏室是 QQ 的优势活动空间，却是 Y 的劣势活动空间。而在社交场合或者陌生场合，即 QQ 能力不及 Y 时，他即会出现大量模仿。而在二人都难以应对的集体课程时间，特别是语言课，二人均模仿 J 的话。这些结果显示了交互当中三人体现出来的微妙的平衡。而这一个平衡过程，正是 QQ 的关系交互过程，同时也是他的语言交互过程。

因此，由于性格与能力（含语言）等种种原因，个案 QQ 与密切交互同伴之间形成了一系列"兴趣相似""能力互补""性格互补"等现象，正是这些因素满足了交往当中相应的需求特征。这些需求一旦得到满足，关系平台就会形成。有了这样的关系平台，才有了 Y 和 QQ 之间频密的语言交互与语言影响。也就是说，只有以需求满足为基础的关系交互平台建立以后，语言交互平台才能形成。

表 5-17 个案 QQ 幼儿园座位言语交互作用模式

座位显示的言语距离模型
功能/目的：启智班儿童之间座位的表现
背景：幼儿园启智班
基调：亲善和冷漠
参加者：启智班全体小朋友
变量条件：
A. 在语障同伴 J、智障同伴 Y 都在的时间
B. 在智障同伴 Y 不在、语障同伴 J 在的时间
C. 在同伴 J、Y 都不在，自闭症同伴 Yao 在的时间
D. 在同伴 J、Y、Yao 都不在，自闭症同伴 K 在的时间
E. 当同伴 J、Y、Yao、K 都不在，老师未做任何要求的时间
F. 当同伴 J、Y、Yao、K 都不在，老师要求 QQ 和其他小朋友一起坐的时间

续　表

变量次序：
A. 在语障同伴 J、智障同伴 Y 都在的时间
——QQ 坐在挨着 Y 的位置，是否和 J 隔开没关系。和其他人隔开。
B. 在智障同伴 Y 不在、语障同伴 J 在的时间
——QQ 挨着 J。和其他人隔开。
C. 在同伴 J、Y 都不在，自闭症同伴 Yao 在的时间
——QQ 挨着 Yao，是否和 K 隔开没关系。和其他人隔开。
D. 在同伴 J、Y、Yao 都不在，自闭症同伴 K 在的时间
——QQ 挨着 K。和其他人隔开。
E. 当同伴 J、Y、Yao、K 都不在，老师未做任何要求的时间
——QQ 一人独坐。与其他人隔开。
F. 当同伴 J、Y、Yao、K 都不在，老师要求 QQ 和其他小朋友一起坐的时间
——QQ 强烈抵制，无果则消极抵抗，如向邻位做出开枪动作，过一会，又悄悄隔开。

而且，由于关系平台本质上是由性格与能力造成的。这种因素本身的稳定性决定了它形成的互动关系平台的稳定性。当外界试图改变这种模式的时候，将会受到抵制。比如，每天点名或者休息时间的座次表（见表 5-17）实际上从某种程度上表达了这种交往平台的存在及其稳定性。当老师试图改变座位模式时，受到了 QQ 坚决的抵制。

由此可见，在同一个启智班里，当老师试图对这种以关系平台为基础的模式进行改变时遭到 QQ 的抵制进一步说明了：为什么智障同伴 Y 会选择 QQ，而 QQ 也选择 Y 作为语用交互最重要的对象，以及这种选择造成的相互影响。

那么，在 QQ 与普通儿童之间，是否有可能产生较好的语言交互平台，并对 QQ 的语言进步产生影响？如果普通儿童不愿意与 QQ 交互，老师的干涉会不会起到作用？我们观察到（见表 5-18），普通儿童不愿意与启智班小朋友交互，即使在规定下交互，也流露出不同的群属感觉；QQ 却十分期盼与普通儿童交互，他非常想和普通儿童在一个群属中活动，这表明他对于群属关系的敏感性；但是，当他接近普通儿童时，又表现出谨慎胆怯的心理特点。

表 5-18　个案 QQ 幼儿园和普通儿童的言语交互作用模式

QQ 和普通儿童的言语事件模型
功能/目的：QQ 与普通儿童之间关系的言语表现
背景：幼儿园
基调：亲善和冷漠
参加者：QQ、智障同伴 Y、语障同伴 J、普通儿童
变量条件：
A. 在较自由的休息时间，QQ 接近普通儿童时
B. 在教师组织的常规时间，QQ 接近普通儿童时
C. 在教师组织的游戏配对中，QQ 接近普通儿童时
D. 在非组织的公共场所游戏时间，QQ 接近普通儿童时
E. 在非组织的普通班教室，QQ 接近普通儿童时
变量次序：
A. 在较自由的休息时间，QQ 接近普通儿童时
——普通儿童无声地避开，与 QQ 保持距离。
B. 在教师组织的常规时间，QQ 接近普通儿童时
——QQ 尽量挨着普通儿童，一起活动，普通儿童无反应，或避开。
C. 在教师组织的游戏配对中，QQ 接近普通儿童时
——普通儿童无反应，在老师的要求下，普通儿童愿意与 QQ 一起游戏。
D. 在非组织的公共场所游戏时间，QQ 接近普通儿童时
——QQ 暗暗地观察普通儿童，保持一定距离又不离开。
E. 在非组织的普通班教室，QQ 接近普通儿童时
——普通儿童不断地向老师告状。

由上面的分析可知，有稳定关系平台支持的 Y、QQ 间的语言互动，因为 Y 的较高层次语言能力、认知能力低下，使得 Y 在某些方面不能提供 QQ 所需要的语言范型。而语言以及其他方面发展较好的普通儿童，与 QQ 难以形成良好稳定的关系平台，使得他们间的言语交互无所依托，语言上的影响不能够形成。其本质的原因在于：QQ 和普通儿童之间，无法形成自然的、相互选择的关系平等，所以交互需求不能形成契合关系。

因此，稳定的关系平台是语言有效交互的基础和前提，较好的语言范型是儿童语言发展与交流进步的重要条件。稳定的关系平台能否形成，与交互双方的交互需求特征有密切关系。故交互双方在此条件上的契合程度是双方能否成功拥有稳定关系平台的重要方面。在前文当中，我们从“支持的影响”以及“受限的影响”两个方面，对 QQ 和智障同伴 Y 之间的语言互动进行了分析，发现，二人之间“支持的影响”集中于“良好的关系性支持”；而受限的影响，则是“由于 Y 自身认知条件较差，未能给予 QQ 良好的语言鹰架”。所以，我们觉得有必要从“关系平台状况”以及“语言交互状况”两个维度，对 QQ 和智障同伴 Y 之间的语言互动进行分析。

第四节 语用交互的“关系”及“语言”两维平台研究

在以上的研究当中，我们重点分析了 QQ 与智障同伴 Y 之间的语言交互平台对正向与负向两方面的影响，希望可以提取一系列的语言交互支持性因素，分别属于“与关系组建相关的关系属性”“与语言影响相关的语言鹰架”两个部分，在这两个部分中，后者直接影响了语言的发展，而前者是后者发挥作用的基础。我们仍然以 QQ 与智障同伴 Y 间的语言交互为例，提取语言交互的支持性因素。

一、智障同伴 Y 与个案 QQ 语用交互中支持性因素的提取

（一）Y 与 QQ 语用交互中“与关系组建相关的关系属性”整理

在“与关系组建相关的关系属性”方面，Y 作为同年龄的特殊儿童，使 QQ 在交往时获得群体归属感以及平等互动者的认知；同为幼儿，二人均热衷于游戏和活动；Y 的热情、宽容、鼓励和帮助、身体接触等，对于 QQ 语言

的运用提供了良好的情感与心理支持；Y 和 QQ 在能力方面的展示和互补，使得 QQ 在与 Y 交互时可以找到自信心；Y 对社会性的关注，Y 的行为、语言在实际情境中的组合运用，对于去情境理解、社会性理解困难的 QQ 而言，较有帮助。这些因素帮助智障同伴 Y 和 QQ 之间形成了在平等、自信、宽松的情境中互动的交互平台，见图 5-4。

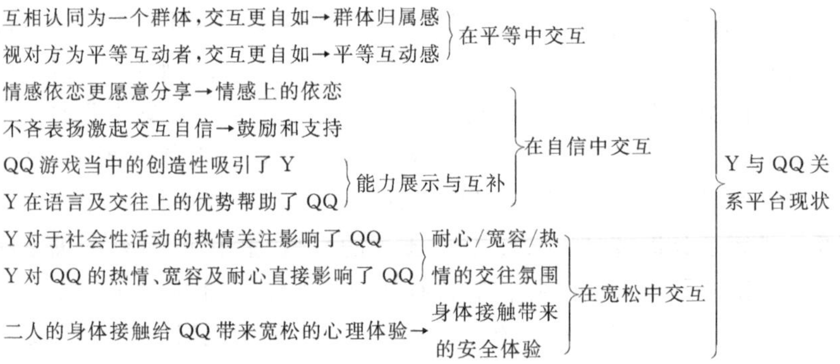

图 5-4　个案 QQ 与 Y 的关系平台现状

（二）Y 与 QQ 语用交互中“与语言影响相关的语言鹰架”整理

在“与语言影响相关的语言鹰架”方面，相关的现象可以总结为：Y 的语言发展较慢，语法长度较短而且词汇较为贫乏，语言运用的节奏较慢，运用类型较少，会话处于一个简单的框架时期，不能进行深入的拓展。这种状态下 Y 的语言，与处于语言形式发展起点较低的 QQ 相比，仍然在一些方面体现出一些优势，可以起到较好的支持作用，比如：适当的语法鹰架、基本的会话框架和客观上的语言练习机会。

但是，由第三章的成长模型研究，我们了解到，QQ 正处于语言的快速发展时期。而 Y 由于自身认知能力的限制，在语言的基本运用方面虽无问题，但在语言的深层次运用上受到很大的限制。根据观察，他不但无力提供以下语言范型：较为丰富的语言形式、难度较大的语言形式以及深入的主题会话，而且也不能对 QQ 的零碎语言进行重组、拓展、调整。所以，当 QQ 的语言示范需求要进一步提高时，Y 缺乏相应的可持续跟进的语言鹰架与 QQ 的语言交互。这些支持和受限的方面，对具有良好关系平台的 Y 和 QQ 来说，能形成一个在语言上起到一定推进作用，但又在一定程度上受到限制的交互平台，见图 5-5。

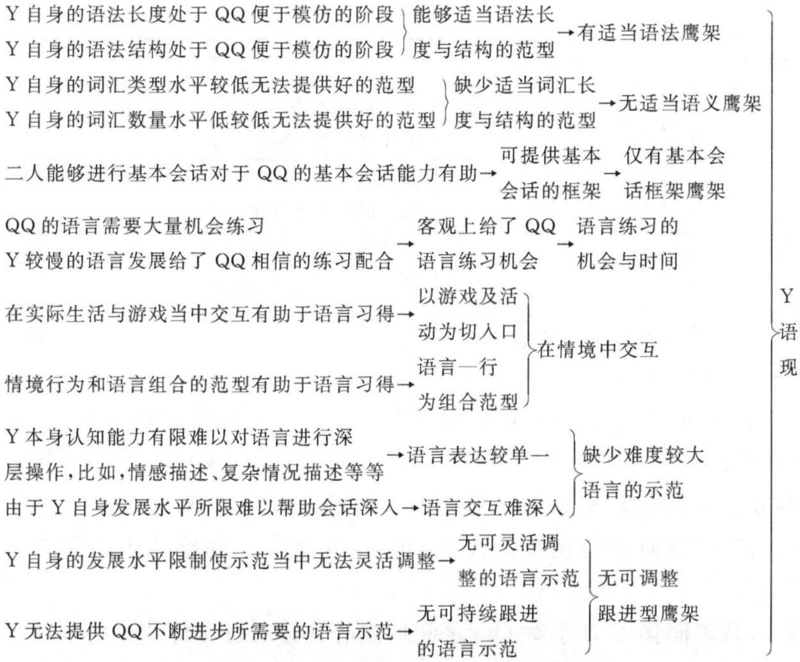

图 5-5　个案 QQ 与 Y 语言平台现状

（三）Y 与 QQ 语用交互环境的要素整理

我们在上文分别对智障同伴 Y 与个案 QQ 之间的语用交互平台在关系属性和语言鹰架两个方面进行了分析，表明，他们之间既有良好的关系支持性特征，又存在受到限制的语言影响方面。总体而言，可以将它们梳理为两个方面共十项内容的要素，见表 5-19。

表 5-19　智障同伴 Y 与个案 QQ 语用交互中的支持性要素总表

平台种类	要素	子要素
关系平台	在平等中交互	群体归属感 平等互动感
	在自信中交互	情感上的依恋 鼓励和支持 能力展示与互补
	在宽松中交互	耐心、宽容、热情的交往氛围 身体接触带来的安全体验

续 表

平台种类	要素	子要素
语言鹰架	语言形式鹰架	语法结构鹰架 语义多样性鹰架
	语言运用鹰架	会话鹰架 练习的机会与时间
	在情境中交互	以游戏及活动为切入口 语言—行为组合范型
	可持续发展鹰架	灵活鹰架 发展鹰架

表 5-19 呈现的是智障同伴 Y 与个案 QQ 语用交互中的良性要素,是我们对他们的语用交互现象梳理得出的。那么,在 QQ 家庭中的语用环境中,这些要素是否也具有相似的原理?是否也适用于本研究中的其他个案?因此,我们将研究的视野扩大至 QQ 及其他个案的整体语用交互环境,以了解:

第一,智障同伴 Y 和个案 QQ 之间形成的良好语言支持的关系特征是否适合其他情境、其他个案?其受限的语言影响方面是否也适合其他情境、其他个案?这一环节,主要是想要从更广泛的意义上,寻找本研究中四位自闭症幼儿个案语言交互环境当中的支持性要素,以便能够针对性地了解这些个案在环境交互中的语言发展与交流状况。

第二,智障同伴 Y 和个案 QQ 之间良好的语言支持方面是否在 QQ 的其他交互情境中得到了增强?Y 和 QQ 之间受到限制的语言影响方面是否在 QQ 的其他交互情境得到了补偿?其他个案的语言环境在各子环境当中受到的支持如何?通过对各个案总体上的语用交互环境的综合梳理,我们希望从总体上把握这些个案的语用交互环境的质量,以及其交互环境质量对这些个案语言发展与交流产生的影响。

二、四位个案语用交互中支持性因素分析

幼儿的主要生活场景均为幼儿园和家庭,因此语用交互分为幼儿园语用交互以及家庭成员语用交互。在幼儿园部分,QQ 幼儿园生活为融合幼儿园的启智班,信息由我们直接入园观察 40 日收集而来。其他三位自闭症幼儿的幼儿园生活信息来自:每人两小时幼儿园生活录像;父母以及其他家庭成员的访谈。家庭部分的数据来自:家庭一日生活(八小时)自然情

境录像;父母以及其他家庭成员的访谈;亲子追踪研究情境下的语用交互,每月一次,每次半小时,一共 18 个月。

(一)QQ 语用交互环境的整体考察

在幼儿园中,QQ 非常幸运地拥有 Y 这样的交流伙伴。究其原因在于:QQ 虽为自闭症儿童,但其能力有优于智障儿童 Y 的方面,而 Y 亦可以在许多方面帮助和支持 QQ。这使二人在交往中能够找到信心和平等的感受,形成能力上的互补交往对,形成了稳固的关系。在语言影响上,尽管智障儿童 Y 的语言能力有限,在深层次语言以及语言发展方面受到很大的限制,但他的语言形式和运用能够在一定程度上对语言形式和运用更差的 QQ 有帮助,因此,我们、老师和家长一致认为:智障同伴 Y 对 QQ 的语言帮助很大。

而 QQ 所在幼儿园中的普通儿童,未能够对 QQ 的语言发展起到帮助作用。原因在于,QQ 和普通儿童之间未能建立一种平等、自信、宽松的关系,未能建立一种"自然"的同伴关系。在融合课课堂里,在老师要求下,普通儿童会尝试着与 QQ 交互,但交互极少;在融合课课堂外,普通儿童极不愿意与 QQ 交互。这种交互关系对于情感上较为敏感的高功能自闭症儿童而言,是一种不自然、不平衡的关系。没有好的关系的支持,语言鹰架的影响就没有应用的场景可以依托。

在家庭当中,我们对 QQ 进行了长期的观察,QQ 父母也有讲述。我们发现,在家庭中,他的父母均十分关注其语言发展,爸爸花了许多时间陪他说话,并能紧扣活动进行语言交互。因此,QQ 情境中的交互意识较强,且迁移较好,在与父母之外的人交互时,也具有信息交互的意识。但是,QQ 在家庭中仍然不能获得较好的语言范型。他的父母虽然能够在使用儿童指向性语言时,提供一定的语言形式鹰架、会话鹰架,但是,他们灵活调整语言的能力有限,使用语言时存在大量"句法长度过长,信息重复过多,提问时难度经常过高,难以进行详细拓展型会话"等习惯,不利于 QQ 语言的学习与练习深入拓展下去。

在家庭的关系交互中,我们发现,QQ 与父母交互的时候,缺乏平等、自信、宽松的关系交互。QQ 的爸爸"脾气很急",且信奉"棍棒教育"。在很长一段时间里,他相信识字和背诵有助于孩子的语言进步,因此要 QQ"每天三小时强迫式写字训练",QQ 不从他就暴力相加,QQ 在哭哭啼啼中,在花费了大量的时间,完成这些任务。这使得 QQ 对于识字、背书存在很强的畏惧心理,也使得亲子互动关系存在一些不和谐因素。另外,在游戏中,QQ 同样不能够作为平等的游戏者与父母交互,父母经常作为教导者指导他的游戏,而非游戏伙伴,这使得 QQ 在与家人的语言交互当中,存在一些不自然的因素。

总体而言,QQ 的幼儿园启智班生活给了他极大的帮助。特殊儿童同伴 Y 给予他非常好的关系支持,这种稳定的关系支持,也使得 Y 较差的语言水平对 QQ 的语言进步发挥了较好的作用。而 QQ 的家庭交互环境,需要在关系以及语言鹰架上都做出调整。我们将 QQ 语用交互环境的状况简单绘制成图 5-6。

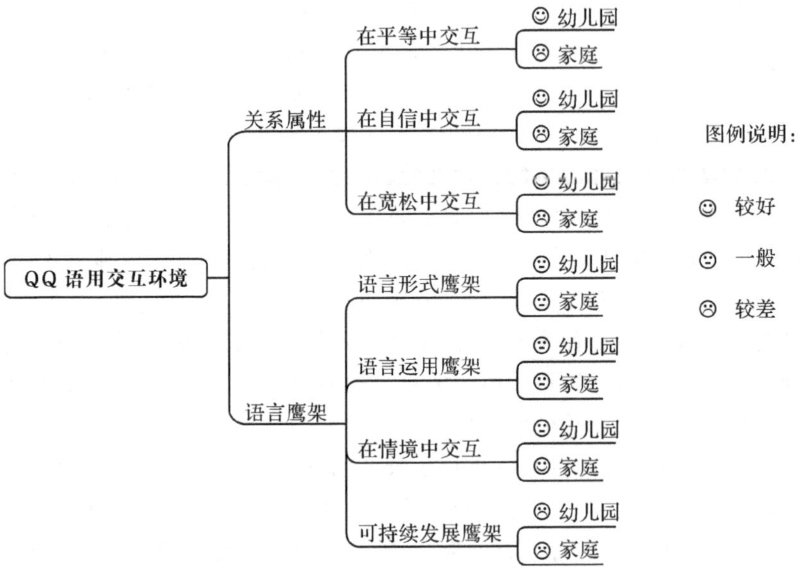

图 5-6　QQ 语用交互环境状况

(二)CC 语用交互环境的整体考察

CC 置身于普通幼儿园的环境。普通儿童不愿意和 CC 交互。因为在和普通儿童同伴交互时,CC 无可资展示的互补型能力。而且,普通儿童感兴趣的事物,他亦无法理解,融入不到普通儿童的圈子里,正如他妈妈指出:“幼儿园的小朋友讲的奥特曼什么的,他不懂。”这使得他在幼儿园没有相关的良好关系属性。很多时间里他只自己一个人玩,他与普通儿童的交互仅表现在:“大家一起做游戏,他也能跟在后面做做,但是他不会主动发起,他总是被动,老师让他去做,他就是遵循命令式的,他会听指令,但不说话。”“如果他对一个人感兴趣,他只会去碰碰他,或者跟他拉拉(手),也不会用语言来交流。”但在有的活动中,他会乱跑,老师便让几个普通儿童看住他，一看到他跑，就把他抓回来。这样，“就有孩子跟我告状，说我又把CC抓回来了”。因此，对于在普通幼儿园就读的CC而言，平等、自信、宽松的同伴交互关系无法形成。

没有良好的关系做支撑，CC在幼儿园“跟同伴学的话很少，也很少说话”。他只能看着别的孩子玩，或者自己玩，不能参与其中进行日常对话或者游戏对话。这使得他虽然身处游戏与活动丰富的普通幼儿园环境，但不能获得以游戏和活动为媒介的语用交互形式，而是一个独处的形式。所以，CC缺乏在情境中进行语言交互的机会，仅有的交互往往也在很短的时间内结束，失去了获得语言练习的时间和机会。

这是因为，普通幼儿园的幼儿，虽然有较好的语言形式，但它的语言难度远远高于CC自身的发展程度，即超出了“最近发展区”这一适宜的难度（在本研究中，CC的语言匹配对象是一位生理年龄比他小整整2岁的儿童，所以，当把CC放在同龄普通幼儿班级里，他的语言能力与他们差距巨大）。在这样的班级里，普通儿童将不愿意与他交互，也很难自发地对CC进行匹配语言形式的鹰架，更不要说随着他的语言发展进行灵活的调整了。

CC的语言发展受到妈妈的特别关注。妈妈花了许多时间陪着CC说话，给了他许多练习的时间与机会。但是，与CC对话相当累，必须要具有极大的耐心和爱心。在亲子交往中，我们看到妈妈对CC的现状很急，既宝贝他又恨铁不成钢，常常指责他的语言表现，责骂之声不绝于耳，例如“你完蛋了”“你这么傻怎么办啊”“要你有什么用啊”“烦死了”。CC不听话调皮时，威胁之声又出来了，“不要你了”“把你扔在这儿了”“要你也没用”。而且，在游戏中，她一般以教育指导者的姿态与CC交互，而较少以游戏者的平等角色参与游戏，这使得CC在与她的语言交互当中，存在许多不自然的关系因素。

CC妈妈虽然能够在儿童指向语言中为CC提供一定的语言形式鹰架、会话鹰架，但是，缺乏紧扣活动进行语言交互的意识，容易跟从CC的语言进行交互，这对于CC的语言学习不利：

其一，CC语言表达能力较差。例如，主题易于游离，话题易于转移，使用的语法或者词义经常不当，引起歧义。妈妈对于CC话题的跟从，使得母子经常束缚在一个由CC主导的较低水平的会话框架中，使CC失去了稳定的语言运用鹰架。只有在稳定的语言运用鹰架的基础上，才有可能进一步考虑运用方式以及水平的灵活性。没有前者的鹰架，就无对后者的鹰架。其二，幼儿在实际运用情境中习得的语言才是应用型的语言，否则只能习得语言的形式，却无实际功效的语言。CC的语言游离，母亲的跟从，使得二人讨论的话题经常脱离当前的情境或活动，不利于母子在比较固定的情境当中进行交互，对话题做深入的讨论；也不利于CC对讨论语言的理解与学习，因为，他极端依赖视觉性学习，“你跟他讲100遍的东西，他就是不理解。但要是看到这个东西，他一遍就知道了”。

由上可知，CC不能从同伴那里学习语言，与妈妈的对话，也多由他主导，提供自己已知的信息，而较少获取妈妈的信息，学习妈妈的语言。那么，他的语言表达形式从哪里习得呢？“我觉得他很多话都是从电脑里学的，就是我买的碟片里面，还有在VCD里面，还有家教老师跟他讲的话。我们讲的话，他倒学得很少。”由此可见，CC的语言为“电脑电视”来源型背诵语言。由于这些语言缺乏情境的练习，因此应用性较差。所以CC在进行具体的语言操作时，会经常出现，诸如：“有次他说‘妈妈你头疼吗？’我好高兴，以为他关心我呢，后来才知道他学着电脑上说的。他根本就不理解这个。”这些情况，使CC的语言运用呈现奇怪的现象，从而影响了妈妈的信心，形成恶性循环。

总体来说，不管是在幼儿园还是在家庭，CC都缺少较好的交互环境。普通幼儿园不能够给他关系上的良好支持，使得他事实上处于语言环境的缺失当中。而CC的家庭交互环境，不仅需要在关系属性上破除“不平等、不自信、不宽松”的交互现状，而且需要在语言鹰架上做出调整。最迫切要做的是：建立基本的会话框架，不再跟从CC的语言，而是围绕一个主题，在情境中培养CC交互是双向的意识，慢慢建立其有效交互的敏感性。这个部分，其实是第四章所发现的“语言操作指向”方面的教育问题。在第四章的研究当中，我们已经发现，由于CC的语言操作为“自我指向型”，因此，他的语言发展受到极大的制约。

我们将CC语用交互环境的状况简单绘制成图5-7。

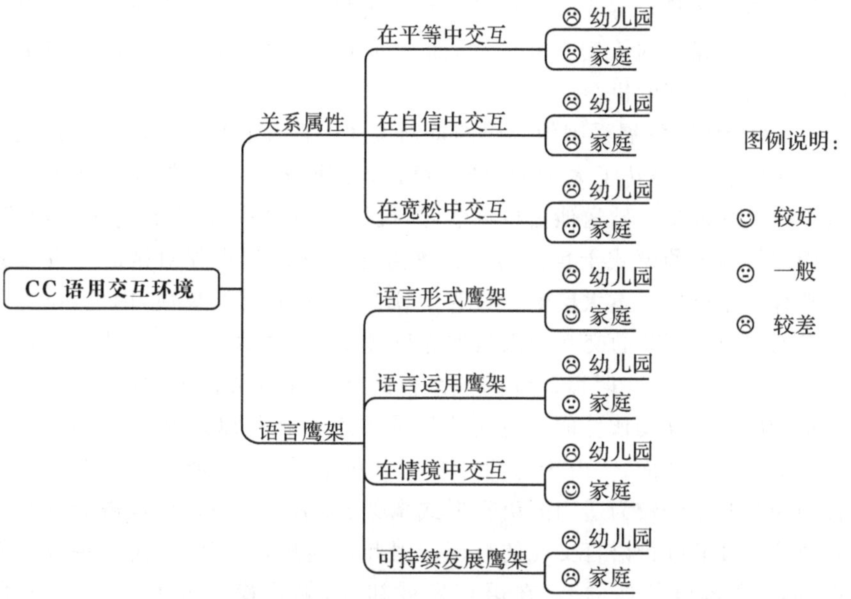

图 5-7　CC 语用交互环境状况

(三)TT 语用交互环境的整体考察

TT 和 CC 一样，置身于普通幼儿园的环境。他也出现和 CC 同样的情况：普通儿童不愿意和他交往。TT 与 CC 不同，智商较高，且他妈妈的教学计划有步骤，因此，他在认知能力的某些方面表现出明显的优势，“有些方面的认知表现甚至超过同龄普通儿童”。但在普通儿童群体中，他没有机会展示优势能力，而是经常处于小朋友老告他的状的状态，如“阿姨阿姨，TT 一点都不乖。他老是跑”。因为“小朋友都觉得他很怪，没有小朋友愿意和他玩”。正如 TT 妈妈描述的：“三个女孩子都在教室扮家家，有人当爸爸有人妈妈有人当娃娃这样，TT 就想去，就想进去一起玩，然后那个女孩子就说：‘你走开，走开！你玩不来的！不要跟你玩。’我儿子就一定要进去，还笑，还要想进去。然后小女孩就大声叫：‘你听不懂人话呀？你毛病呀，走开走开。’”由此看出，在幼儿园，TT 不存在相关的良好关系属性，平等、自信、宽松的交互关系很难形成。

没有关系做支撑，TT 在幼儿园的语言发展很难得到同伴的鹰架。与 CC 一样，他只能看着或跟着别的孩子玩，而不能参与其中交互。“他目前的状况是跟从型的，别的小朋友干什么他就干什么，不会和小朋友交流。”

这使得他虽然身处游戏与活动丰富的普通幼儿园环境中,但不能获得以游戏和活动为媒介的语用交互形式,而是处于一个独处的形式,没有在情境中进行语言交互的机会。

TT 的语言发展受到他妈妈的特别关注。自 TT 在三岁因无语被确诊为自闭症后,她便花了大量的时间与精力在他身上,希望他在幼儿关键期获得较大的进步。她送他去机构学习,机构采用的是 ABA 行为干预模式、结构化行为干预模式干预语言。这种方法的理论和步骤对她的教育方式和教育关系产生了重大影响。行为干预方法强调刺激、反应,因此,作为干预者的妈妈与 TT 的交互关系是训练与被训练的关系,而不是“平等、自信、宽松”的交互关系。课程训练的关系模式体现在游戏情境中时,妈妈表现为不能以游戏互动伙伴的角色与 TT 进行交互,而是以指导者的身份出现。

就语言鹰架而言,由于行为干预模式的影响,妈妈能够在儿童指向语言中为 TT 提供较为适当的语言形式鹰架、会话鹰架,但是,她缺乏紧扣当前情境与 TT 进行语言交互的意识。因此,“他想要说什么,怎么说我都知道,都是我可以预期的”。在语言发展初期,侧重操练词汇、句法形式的 ABA 行为干预使 TT 进步的确神速,习得了大量语言形式。“他已经掌握了很多语言,比如‘把’字句、‘被’字句,他都会,就是在生活中用不起来。”妈妈虽为此困惑,但不知怎么办。相反,因为受“灌输式的,是关在家里的,课程中心式的语言训练”的影响,妈妈对 TT 能说出多少较长的、丰富的句子感兴趣。因此,日常对话中,若 TT 未回应她的提问,而是说出了一大串与当前情境有点关联的话时,她“会很兴奋”,觉得他的进步真大,并顺着 TT 的话,不断地引导他说出更多的话,违反了会话合作四原则中的三大原则,“量:只提供所需要的量”“切题:符合当前的讨论话题”“方式:避免晦涩话语”,使得他们间的对话呈现出怪异的特征。

TT 妈妈这种对他语言形式的单纯训练,使他习得了大量正确的语言形式,却不能将之正确运用于真实情境的母子会话中,使他形成了明显的“媒体(来自电视或者书本或者妈妈)”来源型语言,应用性较差。所以,当 TT 进行具体的语言操作时,他的语言运用呈现出奇怪的现象。当他妈妈意识到需要对此做出改进时,又显得不知所措。

总之,TT 如 CC 一样,不管是在幼儿园还是在家庭,都缺少较好的交互环境。在普通幼儿园,他得不到良好的交互关系支撑,使他错失了在幼儿园情境中发展语言的机会。而 TT 的家庭交互环境,在交互关系和语言鹰架上均需做出调整,尤其重要的是要建立 TT 基本的会话框架,不再放纵他的背诵式语言,使他明确会话中的提问必须要有正确的回应,慢慢建立其有效交互的敏感性。这个部分，其实是第四章所发现的“语言操作指向”方面的训练。在第四章的研究当中，我们已经发现，TT“自我指向背诵式”的语言操作极大地影响了他的语言运用。

我们将 TT 语用交互环境的状况简单绘制成图 5-8。

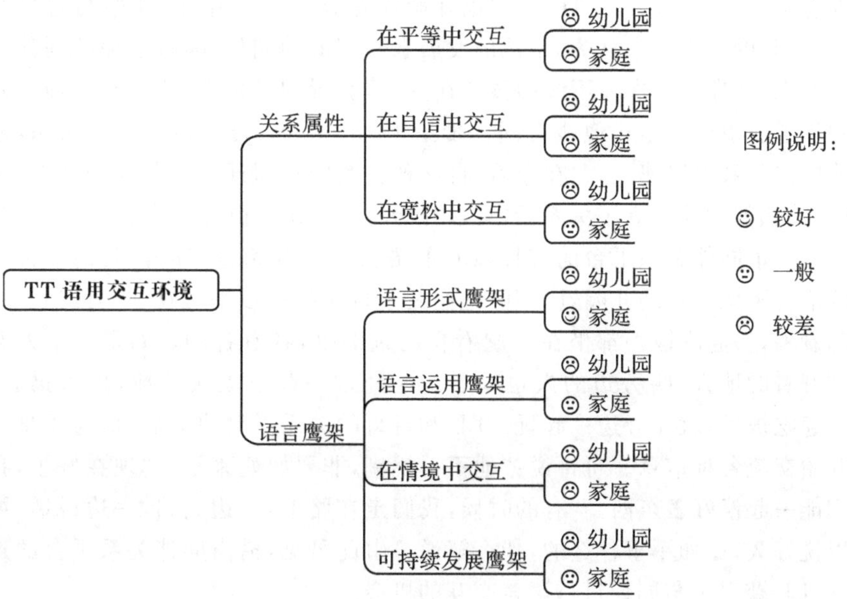

图 5-8　TT 语用交互环境状况

(四)LL 语用交互环境的整体考察

LL 语言表现上的变化，可以鲜明地表明：关系平台是语言鹰架发挥作用的前提。

LL 早前在一所普通幼儿园就读，和前文中的 CC、TT 一样，“他没有同伴关系，常常一个人缩在班级的角落里”。他在家里也不和比自己大三岁的哥哥玩。哥哥在父母的要求下，虽然想和他玩，但他只把哥哥当成“透明人、隐形人”。他只和妈妈交流，妈妈以外的人“喊他他不应”。

LL 同伴关系平台的变化始于他去某自闭症干预机构。该机构的教学分班与一般机构的生理年龄分班法不同，它按能力分班，即相似能力程度的自闭症儿童被安排在一个班教学、生活，进行全天候家长陪同下的封闭式干预教学。按照 LL 的能力程度，他被安排在能力最高班。惊奇的事发生了，“我觉得很奇怪呀，他们以前在普通幼儿园里，都不和小朋友玩，但是一到这个班,他们这些孩子又不认识,却自己玩起来了”。在“能力相似的同类人”的班级里,LL 找到了群体归属感,与发展程度相似的其他自闭症儿童开始了交互。

在短短的时间里,LL 发生了巨大的变化。他开始交朋友,并在这个班拥有了“一个固定的好朋友”。也开始注意到哥哥的存在,开始与哥哥交互。LL 的家人一致认为,是他的发展水平相似的同伴,唤醒了他的同伴交互意识。“那些层次差不多的孩子在一起玩,玩到了乐趣,所以与其他人开始玩了。”也许正是相似能力同伴带给了 LL“平等、自信、宽松”的快乐,才使同伴关系得以建立,并在今后,将这种关系的意识迁移到其他同伴上,如 LL 与相似同伴建立了关系后,可以开始与哥哥建立稳定的关系。

有了同伴关系平台的支撑,LL 的语言发展开始得到同伴关系平台上的语言鹰架。在幼儿园,LL 和“他们几个自闭症小孩平常在一起谈话。一起看书,一起吃饭。都坐在一起看自己选的书,各看各的。如果一个人看到好看的地方,叫旁边的人也来看。还经常一起下去玩篮球,扔来扔去。一起吃饭后,就在旁边一起玩。”LL 和哥哥的关系平台建立后,他与哥哥也开始交流各种信息。哥哥说:“他不再挑剔,非要妈妈来了。”“现在好了,我们能一起谈好多东西。”“有的时候,我们走在路上,一边走路,一边说话,可以说好久,比如军事什么的,什么都说。”由此可见,借由同伴关系平台的建立,LL 获得了与同伴进行语言交互的机会。

LL 结束半年的机构干预,回到普通幼儿园后的经历再次说明了关系属性对于语言交互的意义。回到普通幼儿园的 LL 与同伴的关系较以前有了明显的改善:在教室外,能与个别普通幼儿交互,“现在有个小孩只要单独跟他在一起,就会一起玩。他是我们小区,同班的,经常在院子里一起玩。有时朋友的孩子来了,他们也能玩起来。那个小孩小他一岁。但在教室里,有句话让他很胆怯,很封闭,就是那句话:等下我告诉老师。他告诉我,那些小朋友都不跟他玩。他们老要去老师那里告状。我就去问老师,老师说没有告状啊,是吓唬他。在放学回来的路上他又很高兴地跟这个,跟那个打招呼。好像离开那个教室,他就放得开。他可能就是怕他们去告状。在教室里确实是很压抑。老师说他没有那么主动”。“还有一件事,有一天,他在放学的路上遇到班上的一位同学,他就说:‘G,今天早上我在幼儿园门口看到你了。’那个同学回他:‘你看到我,我还看到月亮了呢。’对于这个回答,他不知道怎么回,他感觉那个同学在笑他,很受挫。”在 LL 与普通班同学的关系平台上,他缺乏自信这个交互关系要素,导致他在班上未能与普通儿童建立良好的关系,因此常常一个人玩,同伴的语言鹰架作用也就无从谈起。但从他的经历，我们看到，经历过相似能力同伴的快乐后，他现在已经开始向往普通班的同伴关系了，具有同伴关系的敏感性。“他说小朋友不愿意跟他玩。这在去机构之前是没有的。以前他从来不说这些，也不知道是不是他没有与小朋友玩这个概念。”

在LL的家庭里，父母都十分关注他的语言发展，并给他足够的爱心和耐心，尤其是妈妈，在他身上花了很多时间和精力，并为他提供了平等、自信、宽松的关系平台。比如，LL的妈妈与LL间的游戏互动是一个平等、自信的互动，她以“平等的游戏者”与LL交互，沉浸于游戏当中，即以游戏中的角色参与LL的游戏，使得LL能够体会到他和妈妈一起玩游戏给妈妈带来的开心，从而获得鼓励和支持。而且，妈妈为LL提供了宽松的心理环境。遇到LL不愿意做的事情，不以家长的权威胁迫他，而以协商或者其他办法，使他自己明白该怎么做。例如，由于LL吃饭拖沓，妈妈与他协商的结果是，他每天给自己定半小时闹铃吃饭。有一天，LL忘了定闹铃，其他人早就吃完离开饭桌了，他仍边吃边玩。于是，妈妈拿来玩具，叫哥哥一起玩。LL听见后，立刻吃完所有的饭。由此可见，LL与妈妈间的关系平台是良好的。这种稳定的交互平台关系为妈妈对LL的语言鹰架提供了支撑。

在语言鹰架中，与情境密切相关联的语言运用是一个很重要的方面。LL的妈妈不仅为LL提供各种语言练习的时间和机会，还力求让LL的语言学习发生在实际的情境当中，并通过各种实践活动和游戏，结合具体的事物、表情、动作进行，“在感知中学”。也就是说，LL的妈妈在帮助LL习得与运用语言时，常将语言与丰富的视觉情境以及体验结合在一起。因为“有很多东西，你怎么跟他讲，他都不明白；但是如果带他去实际中看，他一下子就明白了”。比如，在轻轨站，她不用自己的交通卡带LL进站，而是让他自己去买票。LL语言的学习在这个过程中发生了：没有零钱怎么办？在自动投币售票机上买票差一元零钱怎么办？怎么知道买几元的票？怎么看轻轨的行驶路线图？在哪一站上车？在哪一站下车？在哪里换车？……LL的妈妈将买票的全过程拆分成无数个细节与他互动，语言学习自然地发生在这样的过程中。

LL的妈妈在儿童指向语言中能够为他提供较为适当的语言形式鹰架、会话鹰架。例如，在会话当中，LL的妈妈能够紧扣一个主题，在信息抛出后，若LL无回应，她再重复同样的信息。引起LL注意时，绝不简单重复同样的话语，而是根据先前的意思，变换词汇和句法重复信息。而当LL的回应出现错误，她会及时调整错误，以保证信息交互的有效性。当LL对她的问题不回应时，她会让LL意识到并回答，保持会话交互的有效性。另外，LL妈妈会根据他的发展状况，灵活调整语言教育的目标。当LL的表达受制于认知能力时，"认知差时，就为他恶补这方面的知识；当认知提高，很好后，我就教他人际交往；现在他已经非常愿意与陌生人交往了，我就送他去情商学校，培养他的情感、情商能力，我自己在日常生活中，对这些方面也很注意。"可见，随着LL的发展，LL妈妈不断地调整教育目标，以适应LL发展的需要。

总体而言，就幼儿园交互环境而言，LL经历了很明显的三个阶段的变化：第一阶段，与普通幼儿相处时，无关系支撑，同伴的语言鹰架也无从依托；第二阶段，在与能力相似或互补的自闭症同伴相处后，LL得到了非常好的同伴关系支持，语言鹰架开始发挥作用；第三阶段，重回普通幼儿园后，在教室里无同伴关系的支持，在教室外有同伴关系的支持。相应地，在教室中无同伴的语言鹰架，但在教室外，有同伴的语言鹰架。无疑，关系的稳定，是语言鹰架的基础。就家庭交互环境而言，LL的父母为LL提供了较好的关系支持以及语言鹰架。

我们将LL语用交互环境的状况简单绘制成图5-9。

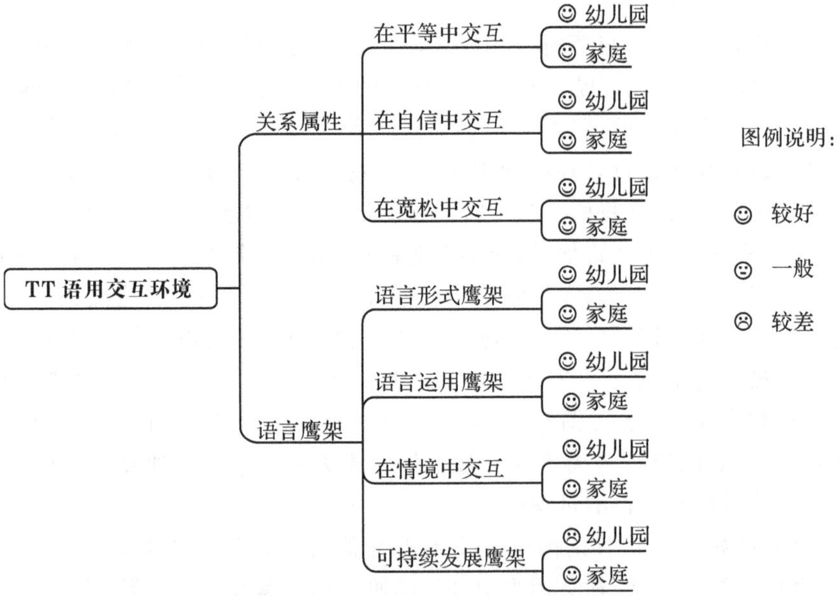

图5-9 LL语用交互环境状况

本章小结

本部分的研究，是将焦点深入至“关系场景当中的语言运用”进行研究，切入点为一位个案 QQ 的幼儿园生活。首先，我们从该个案的“交互指向现状”入手，发现个案 QQ 的交互具有稳定的指向特征，而 QQ 受到最主要的语言交互指向人 Y(智障同伴)很大的语言影响，我们对于这一影响的积极方面与受限方面均进行了分析。然后，我们从需求特征入手，以分析这种语言指向的原因何在。研究发现，良好的关系平台是指向形成的基础。我们在对 QQ 和智障同伴 Y 之间的语言影响及关系交互进行综合总结性分析之后，总结了其中一些可推广的原则，建构了良性自闭症幼儿语用交互平台的理论假设。具体研究结论如下：

研究发现，在个案 QQ 周围有一个稳定的语言交互平台，这个平台是个案 QQ 语言表达的重要平台，而其中的同伴又是其语言学习的最重要途径之一。这迥异于现在已有的研究结果。一直以来，许多研究者认为，自闭症儿童很难有同伴关系，而且把普通儿童或者自闭症同伴作为较好的互动对象。而本研究显示，自闭症儿童不仅可以有非常好的同伴关系，而且可以在一个集体当中成为同伴关系的核心，而他的良好互动对象有可能是其他障碍类型的儿童。

在该语言交互平台上，同为特殊儿童的一名同伴，给予了个案 QQ 极大的语言影响，这集中表现在 QQ 对于该同伴的模仿语言上。我们在日常的语用交互当中，观察到这种有益的语言影响与该同伴提供的较好的支持性语言交互特征是分不开的，比如：情境当中分析性模仿学习的范型，平等自如交往的信心，大量慢节奏练习语言的时间和机会，对于社交敏感的持续练习，对基本会话框架、话轮敏感性的持续练习，等等。这些方面均有助于个案 QQ 的语言进步，老师和家长均认同该同伴对个案 QQ 语言进步发挥的作用。但该同伴由于自身认知能力受限，使得其在语言的灵活调整、某些类型的语言范型提供等方面受到限制，使得二人之间良好的语言交互难以进一步深入。然而，尽管智障同伴 Y 和个案 QQ 的语言交互存在一定的受限因素，但是，Y 依然是 QQ 在幼儿园交互环境当中语言运用受到最大影响的同伴，这种影响远高于 QQ 的老师、自闭症同伴、普通儿童同伴以及其他障碍类型同伴对他的影响，而且也是最为有益的影响，Y 对于 QQ 语言的良性影响已经在一定程度上改变了 QQ 的语言面貌。

我们通过总结他们的语言交往现象，发现个案 QQ 与该同伴之间的语言交互平台，其基础是“关系”交互的平台。而关系交互平台的形成，源自个案 QQ 与密切交互同伴之间由于性格与能力(含语言)等种种原因而形成的一系列“兴趣相似”“能力互补”“性格互补”等因素，这些因素满足了交往当中相应的需求特征。这些需求一旦满足，关系平台就会形成。唯有形成了这样一种关系平台，语言交互行为才能够在此基础上产生并运行。这种关系平台的形成与交互对象是否能够满足个案的交互需求特征有关。个案 QQ 能否获得较好的语言影响，首先与该关系平台能否形成有关，然后才与该关系平台上的互动对象能否提供较好的语言鹰架有关。

通过对个案 QQ 与同伴交互的积极分析与受限分析，并提取其中的关系平台与语言平台组建的有利因素，我们提出了良好语用交互平台所需的一系列“关系属性”与“语言属性”，提出“平等、自信、宽松”的场景属性以及“语言形式鹰架、语言运用鹰架、可持续发展鹰架、情境当中交互鹰架”四方面的语言鹰架属性。然后我们使用这一良好语用交互假设平台对四位个案的语言进行了全面的个别化分析。分析结果显示：自闭症幼儿的语用交互现状确实与我们的分析相符：一定的语用交互平台均与一定的关系属性与语言属性是否具备有关。在本研究中，有的自闭症幼儿，可以在融合幼儿园的启智班获得关系平台的支持，但语言平台支持在家庭和幼儿园都是缺失的；有的自闭症幼儿在家庭和幼儿园均有较好的语言平台支持，但忽略了关系平台是语用平台的前提这一关键因素，使得语言平台形同虚设，不能够成为发挥真实作用的语用交互平台。

本章后记

本后记指的是这一章研究中幼儿园调查研究的后记，事实上也是对语用交互平台研究的一个补充材料，如下：

从幼儿园调查归来半年之后的一个时间，QQ 所在幼儿园那个启智班的小朋友有了调整。我们再度到该幼儿园，也可算是本调查的一个后话。

如前所述，就在我们调查的那一个多月里，个案 QQ 明显地存在于一个交往的小宇宙当中，并且这种交往非常的稳定。我们分析认为，这种稳定性，来自于各人性格能力发展阶段等相对应的稳定，稳定的交互平台是语言平台的本质。那么，也可以就此推断：当交互平台发生变化时，各人就要进行相应的调整，以形成新的交互平台，形成新的语言互动界面。而新的交互平台，也是建立在参与者某种原因的匹配上，而且这种匹配是稳定的。

个案QQ所在的启智班在该年9月的时候发生了很大的变化。智障同伴Y和Ly，自闭症同伴Yao和K，语障同伴J五个小朋友已经离园，到小学随班就读或者就读特殊小学了，留下了三位病症程度较重的特殊儿童H、X和W，另外又新增了四位小朋友。在新增的四位当中，三位程度较重，与留下的三位无异，仅有一位小朋友Tian，是肢体残障儿童，但智商正常。个案QQ与Tian二人之间仍存在智商差距，表现为：QQ的操作智商高于Tian，Tian的语言智商高于QQ。但Tian和QQ的操作智商差距没有智障同伴Y和QQ那么大，正如我们预料的一样，这二人立即结成了牢固的交往平台，并发生了更为密集的语言交互。由于个案QQ被老师当作重点干预对象，获得了每天可以在入园时段里，去普通班和普通儿童融合半个小时的机会，但是普通班的老师告诉我们："QQ很少和普通儿童互动，常常自言自语，如果他看中哪个小朋友手中的玩具，他就会去抢，语言都是宣告性言语，会话不能维持下去。"由此看出，在这个阶段，个案QQ虽然获得了与普通儿童交往的机会，但由于没有以关系平台作为基础的条件，个案QQ对普通儿童依然存在较为严重的畏惧和向往交互的复杂心理，并在这种压力下产生了较多的刻板行为，如自言自语(在以前的幼儿园观察中，QQ较少出现此类言语)。

这再次验证了本研究的结论：家长、教师、普通儿童，同班的不同程度的特殊儿童均在自闭症儿童的语言环境中扮演着不同的角色。这种角色结构是稳定的、均衡的、功能性的，形成了稳定的关系平台，在这个关系平台的基础之上，语言交互的平台发挥着重要的作用。这些对于自闭症儿童的语言发展影响因素的解读有重要影响，对于在更大范围内的解读比如整体语用环境亦有重要的意义，对于相关对策的提出同样具有重要的作用。

有意思的是，我们后来才了解到：个案QQ是不具备在启智班就读的资格的。因为他的智商高于入学启智班的标准(操作和言语智商之综合低于70)。个案QQ之所以能够进入该启智班，完全是由于其开口说话很迟，测试时不能理解测试语言的结果。试想，如果个案QQ不能进入融合幼儿园的启智班，只能进入普通幼儿园时，他的现状又将如何？也许从LL、CC、TT的普通幼儿园经历，我们可以推测，若那样的话，个案QQ的语言状况恐怕比现在要糟糕得多，因为，在他的交互平台上，缺少了幼儿园关系平台对语言平台的支持影响这一块。

第三部分　结论与讨论

第六章　分节结论与讨论

我们通过语言成长模型研究、语言运用质量研究、语言运用交互平台研究三个板块，对汉语自闭症幼儿的语言发展和交流进行了研究。本研究以系统视野和不断推进的方式，从自闭症幼儿语言发展与交流发展研究的图景开始，深入至实际的亲子会话过程当中的语言运用质量验证，再到关系因素涉入之后的研究，采取了从“静态的图景研究（研究起始时的图景）—发展中的图景研究（发展模型研究）—会话场景中的图景研究（运用质量研究）—关系场景中的图景研究（交互平台研究）”逐步深入的过程。本研究得出了以下一些结论。

第一节　自闭症幼儿语言成长模型研究的主要发现与讨论

研究板块一的重点在于探讨：与 MLU（平均语句长度）配对的普通幼儿相比，汉语自闭症幼儿语言成长模型是否一致？他们显示了怎样的语言概貌？特定的研究主题包括语义、语法、语用主要范畴以及功能性言语比例各指标的同步性图景研究和速率发展研究。

研究发现，汉语自闭症儿童的语言发展与交流有不同的成长模型。从整体表现看：汉语自闭症幼儿语言各范畴之间表现出水平的不平衡及发展的不同步，而且个体差异较大。各范畴具体表现为：语法的相对劣势；交流行为类型的相对优势；语义起点低但在发展中获得较大的变化。而用于核查整体功能状况指标的功能性言语比例，则显示出个体间不同的发展方向。以下一一分述之。

在语法范畴内，本研究表明，无论在起始点还是在发展速率上，汉语自闭症幼儿的 MLU5（最长 5 句平均语句长度）都表现出相对劣势。这个研究结果与现有的研究结果基本一致。研究者们普遍认为自闭症儿童的语法发展存在障碍（Kelley et al.，2006；Kjelgaard & Tager-Flusberg，2001；Paul，Fischer & Cohen，1988；Condouris et al.，2003；Rapin & Dunn，2003；Kjelgaard & Tager-Flusberg，2001；Capps et al.，1998；Seal & Bonvillian，1997），并存在范围上的限制（Scarborough et al.，1991，Condouris et al.，2003）。

对本研究中四位汉语自闭症幼儿语法长度不长的一个可能解释是，他们可能存在部分语法障碍。随着儿童语言技能和认知技能的发展，他们可以讨论过去或将来发生的事件。讨论这种更为复杂的语篇指代需要更为复杂的句法。但是，本研究表明，他们使用的表示讨论过去或将来发生事件的言语倾向类型，如DNP（讨论过去或将来发生的事情）、DRE（讨论刚刚发生的事情）类型等显著少于同样语言年龄的配对普通幼儿。即使是语言发展较好的个案LL，虽然他能够流利回应父母主导的有关过去或将来事件的讨论，但是极少主动向父母发起与此类话题有关的讨论。汉语自闭症幼儿的MLU5（最长5句平均语句长度）和MLU（平均语句长度）得分较低，有可能是由于他们与父母较少讨论复杂的事件，或者反过来说，他们的句法受限阻碍了他们对这种话题的讨论。第二个可能的原因是，汉语自闭症幼儿有时“取词困难”，或其他原因，致他们表达的完整句较少，降低了语法的长度。例如，在亲子互动中，CC常常主动表达自己的意愿，但由于他取词困难，经常说半句话，因此比较多地使用一个单词或者短语表达意图。CC语法表达不完整的这种情况，在其他自闭症幼儿身上，如TT、LL的语料里均能看到。

在语义范畴内，与句法发展不同，汉语自闭症幼儿的词汇多样性在起始点存在劣势，但他们四位中的三位发展速率高，因此，在发展中体现出的差异日益缩小，至研究结束，他们的词汇水平已接近或超越配对普通幼儿。本研究证明了语义范畴中词汇多样性是汉语自闭症幼儿相对较强的领域。该研究结果和以前的研究结论一样，即汉语自闭症幼儿似乎能理解和产生与同龄同伴同样多的词汇，尽管语义知识的某些方面是异常的，包括对自己创造的单词的刻板运用等等（Tsai & Beisler，1984；Rollins，1994；Tager-Flusberg et al.，1990；Kjelagard & Tager-Flusberg，1999；Fein & Waterhouse，1979；Lord & Paul，1997；Boucher，1988；Tager-Flusberg，1985a，b；Kelley et al.，2006；Kjelgaard & Tager-Flusberg，2001；Tager-Flusberg，1985，2001；Waterhouse & Fein，1982；Tager-Flusberg et al.，1990；Perkins，2006；Eskes et al.，1990；Storoschuk et al.，1995；Tager-Flusberg & Sullivan，1994；Charman et al.，2003；Lord & Paul，1997）。

在本研究中，四位自闭症幼儿词汇多样性的发展，只有QQ显示出不仅在起始点低于配对普通幼儿，而且发展速率滞后。本研究起始时，QQ正处于单词语向双词语转换的阶段，即他正逐渐向单词爆炸期发展。事实也证明，在整个研究过程中，他的词汇种类显著增多。但是，他与配对普通幼儿的发展差距越来越明显。对此，可能的一个解释是，研究起始时，有三位自闭症幼儿的词汇多样性均处于逆势，但在后来的发展中，除了语言年龄最低的QQ，其他两位均赶超配对普通幼儿。这有可能说明，对于自闭症幼儿而言，单词语向双词语转换的发展阶段，不是他们的词汇最佳发展时期。只有当语言年龄提高到一定的阶段后，他们的词汇发展速率可能才会较快。LL词汇多样性的发展也许可以对此种解释做一补充说明。研究起始时，LL的语言年龄是四位自闭症幼儿中最高的一个，MLU（平均语句长度）达到3.24，对他来说，词汇多样性是最弱的一项指标。但在后来的研究过程中，他的词汇发展是四位自闭症幼儿中最快的一个，估计成长速率是其配对对象的10倍以上，表明，在语言年龄（MLU）达到3以后，他的配对普通幼儿的词汇发展可能已处于一定的高原期，发展缓慢，而LL则处于快速发展期。这种解释的可能性还有待于今后研究的进一步观察。

研究板块一中最为突出的一个发现是，在语用交流行为类型的使用上，四位汉语自闭症幼儿中的三位没有表现出障碍。不论是研究起始时的估计值，还是在研究过程中的成长速率，他们均高于配对普通幼儿。该研究结果与国外的同类研究结果不同（Rollins，1994；Tager-Flusberg，1993；Rollins & Snow，1998）。国外的同类研究表明，自闭症儿童表达的语用交流行为类型狭窄，障碍问题最为突出。例如，在Rollins的研究中，她指出，不管语言各范畴的关系如何表现，其研究中的所有自闭症儿童都表现出语用交流功能的缺陷（Rollins，1994）。

我们认为，这种差异极有可能来自于东西方文化背景对儿童语用交流行为发展的影响。社会文化心理学家认为，儿童成长是受到社会文化导向的发展过程，来自于父母和其他成人的影响对儿童的发展产生作用；任何成人与儿童的交往行为都携带了某种社会文化的因素（Rogoff，1990）。有关中美母亲之间的言语行为与中美儿童之间的语用交流行为的跨文化比较研究已经证实：母亲言语行为不同的文化倾向会对儿童的言语行为产生不同的影响，母子互动的特定文化情境特征将影响儿童的学习和语用交流行为的使用（孙秀容，2001；Zhou，2002）。这种文化上的影响较多地表现为三点：

（1）有关普通儿童的语言发展研究已经发现，中国家长在与儿童语言交互当中,对于儿童能够成功交互、回答问题等较西方母亲有更为迫切的要求(周兢, 2002; 李晓燕, 2004)。这是因为,中国母亲扮演着教师的角色,孩子是她的学生及其注意的中心,母亲以某种稳定的方式控制着孩子,其目的在于把知识技能教给孩子(乐国安,1997)。因此,中国母子对的语言交互存在一些与西方母子对不同的情形,中国母亲更多呈现出"高控制,高结构化"的会话指导风格(Bond, 1991; Tsang, 1997)。有研究者认为,高控制的会话框架可以使母亲建立和发展会话的主题,保持语篇的连贯性。母亲的提问则提供了儿童适当回应的框架(Rocissano & Yatminick, 1983)。对于具有"刻板"特点的自闭症儿童而言,高结构化的环境使其感受到较小的压力(Bloom & Lahey, 1978; Rocissano & Yatminick, 1983),可以把更多的精力分配到与母亲的言语互动中。我们认为,在亲子互动中,汉语自闭症幼儿在语用交流行为类型上表现出来的某些优势,可能与其母亲的"高控制,高结构化"会话指导风格有关。

(2)有研究表明,中国母亲与孩子的言语互动模式既不是传统的以成人为中心的模式,也不是西方的以儿童为中心的模式,而是以任务为中心的互动模式。在这个互动模式里,中国母亲经常使用信息交换策略(Chen, 1997),对孩子的行为积极回应。有的研究指出,如果成人积极回应儿童,那么,儿童只需要较少的认知资源就可以控制主题,他们就可以将更多的资源分配到语言的产生上 (Bloom & Lahey, 1978; Girolametto et al., 1986)或者互动的其他方面,如社会参与等(Peters, 1977)。中国母亲的信息交换策略,使得他们回应孩子相当积极,使孩子能够产生更多的语言。例如,本研究中的个案CC,在与妈妈的交互中,不断地变换主题,以分享自己已知的信息。CC的妈妈为了能与他交互成功,不断地跟随CC的话题,回应积极,为CC提供了产生较多交流行为的机会。

(3)在中国,儿童在家庭中处于重心地位,承载了家庭的厚望,因此中国孩子的家长比西方孩子的家长花更多的时间和孩子进行言语互动。与中国普通儿童家庭相比,中国自闭症幼儿家庭花在孩子身上的时间和精力更多,以迫切希望孩子能够有所改善,将来能自食其力。这既与汉文化当中孩子是家庭生活的重心有关,也与中国的特殊教育刚处于起步与发展阶段,以致特殊孩子没有更多的社会福利保障有关。中国自闭症幼儿家长这种"惊人的时间和精力"具体体现为:

第一,与孩子互动时,中国自闭症幼儿家长语言输出量大,为孩子提供了学习多样化交流行为的机会。

我们使用协方差分析方法,对自闭症幼儿组和普通幼儿组家长的语言输出总量，以及使用的语用交流行为类型进行了统计，结果见表 6-1。

表 6-1 自闭症幼儿组与普通幼儿组家长 30 分钟话语总量描述性统计的协方差分析

项目	自闭症组（N=36）		普通组（N=36）		ANCOVA[a]		
	M	SD	M	SD	df	F	P
语用交流行为	71	20.72	42	10.35	1	58.705	0.000**
话语总量	615	205.49	430	114.75	1	22.197	0.000**

注：控制变量为儿童的年龄与性别。

表 6-1 显示，汉语自闭症幼儿家长语言输入量显著高于汉语普通幼儿家长。在话语总量上，汉语普通幼儿家长为 430/半小时，大约是美国中产阶层母亲话语总量的 2 倍（Hart and Risley, 1995，这个研究对美国中产阶层、劳工阶层和拿政府福利阶层父母的话语总量进行了研究，该研究指出，美国中产阶层父母的话语总量最大）。而汉语自闭症幼儿家长话语总量又显著高于汉语普通幼儿家长。在访谈中，汉语自闭症幼儿家长们明确地表达了他们希冀通过大量的语言输入促进孩子语言发展的良好愿望。“我都是一有时间就节省出来，用于认知。我不断地和他说话，到了学校要跟他说，在家里也要跟他说。现在就是这个法子，用嘴皮子不停地说。”“只要有时间，就不停地跟他说。他有时好像也不明白的。反正，不管怎样，每样东西你都要教，你不教他他就不一定会。”“最主要的就是我嘴巴讲得多，经常讲。经常讲，经常问。”“我就不停地跟他说话，什么东西都要教，只能磨嘴皮子了。”[①]在语用交流行为类型均数上，汉语自闭症幼儿家长为 71 种/半小时，汉语普通幼儿家长为 42 种/半小时，前者显著高于后者。表明，在与孩子言语互动时，汉语自闭症幼儿家长使用了较多类型的交流行为，起到了范例作用，为孩子提供了模仿丰富多样化交流行为类型的机会。有研究表明，高密度互动（intensive interaction）有助于发展障碍儿童的学习（Nind, 1996; Hewett & Nind, 1998），且对于自闭症儿童的交流发展相当重要。这些特征都有可能影响中国儿童的学习和交流行为的使用。

第二，与孩子言语交互时，汉语自闭症幼儿家长努力组建会话的框架，对孩子交流中出现的歧义不断澄清，促使孩子有机会运用较多交流行为类型加以讨论与澄清。

自闭症幼儿语言发展异常或滞后，常造成会话过程中的交流歧义（Eigsti et al., 2006）。对此，汉语自闭症幼儿家长给予了十分的耐心、爱

① 备注：此处引号内容为四位家长访谈内容。

心，以使会话能够维持下去，信息交互得以完成。比如，个案 CC 在一个片断中显示：他非常想得到放在高处的烧饭的玩具。他告诉妈妈他想要，但妈妈不明白他的意思。他坚持他的意图，当中母亲不断地澄清他，但未成功。话轮一共持续了 9 个轮回，他最后成功地得到了烧饭的玩具。与交流行为能力相比，CC 的交流意图也许受限于词汇的搜索困难和语义技能。他在告诉妈妈他的意图时，边抬头看着用手指烧饭的玩具（意思是那个）边说："拿这个""拿上面一个""我要拿""拿在上面"等等。由于 CC 始终没有交代清楚是什么东西，致使妈妈不知其真实意图。尽管 CC 受到词汇的限制，但是他坚持表达自己的意图，以传递信息，所以他在商议活动时使用了大量不同的言语行动：提出建议，回答特殊问题，间接的拒绝，回答特殊疑问句的问题，陈述行动的意图，申请允许执行行动，叫妈妈的名字以获得妈妈的注意，等等。因此，亲子语言接触中，汉语自闭症幼儿家长对于孩子的不断回应和澄清，都有可能是造成汉语自闭症幼儿交流行为类型为相对优势的原因之一。

那么，汉语自闭症幼儿在交流行为类型上的优势是否表明汉语自闭症幼儿的语用不存在问题？其语言运用是否对于语言的质量有好的支持作用？在功能性言语比例这个指标上，本研究发现，伴随着交流行为类型的相对优势，汉语自闭症幼儿的功能性言语比例却不一定具有相对优势。这显示出汉语自闭症幼儿的语言形式习得、交流行为两个方面与其实际可以发挥的功能语言存在不平衡关系，即其语言形式的习得与运用均不一定能够直接产生语言的功能。比如，研究起始时，四位自闭症幼儿中的三位功能性言语比例较低，在后来的发展中，只有 QQ 一人的功能性言语比例获得显著的提高，接近普通幼儿。因此，交流行为类型数量上的优势并不一定与功能性言语比例直接相关，也因此，我们认为，汉语自闭症幼儿的父母与孩子高结构化的、频密的语言接触，以及语言接触当中对于孩子语言的不断回应和澄清，可能有利于交流行为类型的发展，但不一定对孩子的语言实际效果产生影响。也许，高结构化的、频密的语言接触，以及语言接触当中父母对于汉语自闭症幼儿语言的不断回应和澄清，是语用发展支持的必要条件，但不是充分条件。在语用质量研究与语用交互研究当中，我们将会对这一问题进行深入的探讨。

综上所述，汉语自闭症幼儿语言发展与交流表明他们有自身的语言发展模型。因此，不管是诊断病症还是制定干预措施，都应该是"自闭症儿童语言指向的"，而不可简单参照汉语普通幼儿语言的标准，因为汉语普通幼儿语言是以整体协调发展为默认前提的，而汉语自闭症幼儿的语言发展与交流有自身的成长模型。

另外，本研究显示出汉语自闭症幼儿的语言，不仅成长模型的各范畴之间存在不平衡的图景及不同步的发展，个体之间的差异也较大，这与以往的研究结论“自闭症儿童语言技能异质性强”相似（Kjelgaard & Tager-Flusberg，1999；Smith et al.，2007），因此我们还要进一步提出的是：不仅汉语自闭症幼儿的语言成长模型不可以简单照搬汉语普通幼儿的语言成长模型，汉语自闭症幼儿个体之间亦不可以随意推断，需要对他们进行深入细致的诊断，制定个别化的干预措施，才能使个案的语言在“最近发展区”内得到发展。

第二节　自闭症幼儿语言运用质量研究的主要发现与讨论

研究板块二的研究目的在于探讨：研究板块一提出了汉语自闭症幼儿成长模型显示出严重的不平衡不同步的关系以及个体的差异，那么，这些不均衡指标的表象下表现了汉语自闭症幼儿语言发展与交流什么样的实质？他们的语言形式习得与运用到底是如何产生实际的功能的？通过交流行为类型及会话轮流类型的深入分析，以及深入语言运用过程的现象梳理与分析，我们得到以下发现：

对于交流行为类型及会话类型的研究显示：汉语自闭症幼儿会话中断类型使用异常，易于显著产生不能让会话流畅地进行下去的异常话语，不回应、错误回应、自我重复或回声、不能解释与分类的语言显著较多。而交互类型的使用同样存在异常，发起与拓展的信息重复显示较多，其用于信息交互的言语意图以及言语行动比较贫乏，困难尤其体现在对当前关注焦点的讨论意图上。此研究结果与以同样年龄为研究对象的研究结果相似（Tager-Flusberg & Anderson，1991；Eigsti et al.，2006）。

深入语言实际过程进行梳理与分析后，我们发现，汉语自闭症幼儿的语言在交流行为类型及会话类型上的表现异常有其深刻的原因，表现为：汉语自闭症幼儿语言现象的四个方面（形式语言的习得、语言操作、语言的信息运用、语言的交际运用）之间是相互制约、相互整合的关系，它们共同决定和形成了汉语自闭症幼儿的语言概貌。它们当中某些环节的缺失将直接影响到其他环节发挥作用，进而影响到汉语自闭症幼儿语言运用的质量，并在交流行为类型或者会话类型的具体使用上表现出异常。但它们相互之间影响的程度与方式又有区别。其中，语言的应用型习得对于语言质量的表现有重要意义，语言操作的指向部分是语言现象整体概貌的关键决定因素。以下一一分述之。

研究板块二中的创新研究结论之一为：语言形式的习得、语言的信息运用、语言的交际运用四个方面之间相互制约、相互整合，它们共同决定和形成了汉语自闭症幼儿的语言概貌。

不论是基本语用交流行为类型的使用，还是语法的发展以及语义的发展，它们对于语言运用的质量并不是简单的直接影响的过程。究其原因，是语言本身的操作流程所致：我们听到的说出来的语言，包括了语言形式的习得、提取和操作，而在整个习得、提取和操作的过程当中，它们又与信息运用、交际运用交互影响。正是语言在“语言形式的习得、语言操作、信息运用、交际运用”语言现象四个方面的整体体现，才形成最终的语言概貌，而它才是真正的语言质量的体现。假若语言形式不好，就不能支撑运用；假若仅仅语言形式好，也不能够支撑运用。在具备语言形式与运用能力时，若缺少良好操作的支持，也不能够建立起语言的功能。

以整合观来看儿童的语言发展早已有之。比如，有研究者提出语言发展是三个领域发展的整合：概念；语言；社会。儿童的概念系统出现在第一年，建立在词汇和语义基础上。包括语音，即言语声音系统，和句法、语法系统的语言形式取决于语言领域特有的独立评估体制。语用，或者是运用语言在不同情境中作为交流的体系，构成了社会领域的发展。这些系统中的每一个系统都从环境中对不同的信息种类进行加工。概念系统是对物质世界的输入进行加工；语言系统是对输入的语言进行加工；社会系统是对他人的信息进行加工。习得语言不可能通过对这些系统中的任何一个系统进行操作获得，而是通过贯穿发展过程的互动获得可能性（Tager-Flusberg，1999b）。1982年卡洛和伦奇也根据相互作用的观点提出了儿童语言学习系统四范畴理论。整合观理论认为，儿童的语言是以整合的方式获得的。儿童语言能力的获得是语言规则范畴、语言内容认知范畴、语言操作范畴和交际环境范畴四个方面综合作用的结果。

我们最终选择以语言全程操作的视野对汉语自闭症幼儿的语言发展与交流进行研究，是由于我们发现，汉语自闭症幼儿的语言运用质量与语言概貌之间存在的错层有可能预示着：在二者的连接处出现了问题，因此从语言操作的全程的角度进行整合式的研究，我们发现了各个部分之间的相互制约和影响。这是研究板块二的创新点之一。

研究板块二中的创新研究结论之二为：在汉语自闭症幼儿语言现象相

互制约与影响的四个方面，依然存在主要影响与次要影响之分。其中，语言的应用型习得对于语言质量的表现有重要意义，而语言操作的指向部分是语言现象整体概貌的关键影响因素。

研究发现：语言的应用型习得对于汉语自闭症幼儿语言质量具有重要意义。我们明确地观察到语言形式习得的滞后将严重制约语言现象的其他方面。但它的实效实际上由信息运用和交际运用决定，因为真实有效的语言是应用型习得语言，语言形式的习得类型是否是应用型习得是语言形式是否真实有效的判断关键。因此，语言的学习能否在信息运用和交际运用当中进行，对于语言运用的质量有重要的影响。

关于情境当中的体验式学习观，早已经在幼儿教育学界盛行。许多幼儿园的墙上都会标出：我听到，我会忘记；我看到，我会忘记；我做到，我会记得。而此处重提“语言的学习在信息运用和交际运用当中进行”更有特殊的意义，因为较普通儿童而言，自闭症儿童的学习通道表现出特异性。正如美国著名的畜牧专家、自闭症患者葛兰汀·天宝所说：

“我用图画思考。单词对我来说就像是第二语言。我把口头语言和书面语言翻译成彩色的电影，还具有声音，就好像是我头脑中的VCD。当有人和我说话时，他的词汇就会被我翻译成图片。视觉思考使我得以建立我想象的整个体系。我可以提取我头脑中想象的图书馆中的许多细小的部分，建立一个新的图像。”(Grandin, 1996)

本研究中个案的语言形式习得情形明确地显示出了语言形式的应用型习得的重要性。我们观察到，CC的语言形式习得水平较低，对于语言现象的其他方面有极大的制约。因此语言形式的密集输入对于CC来说十分必要。但是这种语言形式的密集输入还必须考虑：在习得过程当中，CC要能实际体验到语言表征的情境交际或者信息交互，否则对他来说，这些语言形式不能获得实际运用的意义，语言形式的学习则会流于形式。例如，在第四章呈现四位个案词汇多样性的成长速率时，我们发现，CC是四位自闭症幼儿中唯一在研究起始时，词汇多样性成长估计值高于配对普通幼儿的自闭症幼儿。而且，在研究的18个月中，其词汇的发展速率也高于配对普通幼儿，相对而言，CC的词汇发展应该较好。但是，我们在对CC的语言运用质量进行研究时，发现，CC虽然产生了许多词汇，但是，他根本不理解这些词汇的功能意义。比如，在母子交流中，妈妈指着挖土机问：谁开挖土机？(情境中有两个工人叔叔)CC回应：拖拉机开挖土机。从这个例子可以看出，CC虽然产生了语法结构正确的句子，但是是伪句子，语义错误；CC虽然产生了拖拉机、挖土机等这些词汇，但是他只习得了这些词汇的形式，却没有习得与这些词汇有关的功能意义。CC 这样的例子还有不少，比如，妈妈问：过马路搀着谁啊？CC 回应：搀着车车。等等。因此，汉语自闭症幼儿语言形式的输入需要在情境中，在真实内容、活动的理解中，在“真实的体验”中进行，语言形式与功能的匹配学习才成为可能。

对此，几位家长已深有感触：“我觉得孩子有转变，是阅读以后理解了才有转变。你跟他讲话他们是听不进去的。他一定要看过的东西、摸过的东西，他才能明白。”“是，以前我觉得怎么跟他讲，讲个 10 遍、100 遍，他都不明白，如果书上一出来这样的图画，或者真实地看到一样东西，他一看到就马上明白了。哦，应该这样。”

较早采用真实生活情境教学的 LL，三岁半才开口，但是其语言运用质量是四位自闭症幼儿中最好的一个。在亲子互动和陌生人互动中，除了对交际的情境敏感性不足以外，LL 的会话语言流畅，成为其他三位自闭症幼儿家长羡慕和赞扬的对象。LL 的妈妈认为，真实生活情境中的体验式教学对 LL 的语言发展功不可没。

她说：“书上写，那些树叶你别怕他手脏，让他去摸，去感知，这些很多书上都有。可能与我把他当普通儿童看待有关系，我经常看那些孩子成功的书，比如刘亦婷。我看了书就想去试一试。我觉得让他们去学书本上的知识，还不如让他们去社会上去感知。在感知时，教他语言，发现他一记记住了。下次提起时，印象也特别深。”“很多事情，我都喜欢让孩子参与，他能做到的事我尽量让他做。比如，大便擦到手没有关系，多多洗手就行了。今天上午我去超市买东西，买了四包，我一定要让他帮我提一包。他说，妈妈你是大人，你提。我说我已经三包了。我没有跟你平分，你应该提一包。你试一下我这包很重的。很多事情他能够做到的尽量让他去做。不会包庇他。”“我让他在感知中学习，主要是有一次，我跟他讲青砖红瓦，讲了很多遍，他都不懂，所以就想到感知教学了，书上也常常这样讲啊，所以，现在一有时间，就带他出去，看到什么讲什么。”

反观 TT 的语言，虽然产生的语言流畅，但会话困难。究其缘由，从其妈妈的叙述中可窥见一斑：

“我的教育方式是以课程为中心的，我自己事先设定好一些东西，就好像是完成任务一样。我今天这些任务在这，我就必须，比如今天要教给他一个动词。我是设定下来的，设定课堂上就完成这些。我的东西很多是固定的，不像她（备注：LL 的妈妈）随机性的东西比较多啦。像我就是一个星期的课程就是这么多，然后把它分成几段，这周完成到这儿，下周又延续下去。这周没有完成的，下周再强化一些。我现在还是这样做。”“正常两点一线，学校、家里，最多去一下公园。什么东西都是以课程为主的，关在家里的，没有以参与为主。他只和我交往很多，跟他爸爸都不怎么交往。”

由此可见，真实生活情境中的语言学习有利于汉语自闭症幼儿的语言发展与运用质量。

这种真实的交互需求以“信息处理需求”和“情境交际需求”的形式，进一步推动语言形式的习得和练习。正是由于语言习得需要“应用型习得”。因此，通过孤立的词语训练得到的语言形式，往往在使用的时候呈现出奇异的图景。比如，在成长模型研究当中我们发现：自闭症幼儿 TT 和 CC 均有较好的词汇水平，但他们的功能性言语比例低下，而自闭症幼儿 QQ 的词汇水平较 TT 和 CC 差，但其功能性言语比例反而更好。深入观察我们可以了解到，TT 和 CC 的词汇水平较高，但不能有助于语言功能的提高，其原因在于他们部分的语言形式不能够以功能语言形式输出，这一部分的词汇属于非应用型习得。

这也是我们为什么在成长模型研究部分强调“高频语言量输入以及密切交互的语言交互特征可能有利于交流行为类型出现优势，但并不一定能够对儿童的实际语言效果产生影响”的原因。

本研究更为重要的发现则是：尽管语言的应用型习得对于语言质量的表现具有重要意义，但应用型习得背后还有更深层的原因：语言操作的指向。它是影响汉语自闭症幼儿语言运用质量的核心因素。

本研究所指的操作指向与以往研究者提到的共同注意有极大的关联。共同注意指“社会互动者有关物体或事件的注意分享”。相比较落后儿童和正常儿童而言，自闭症儿童在共同注意能力方面显示出障碍（Dawson et al.，2002）。原叙述共同注意行为（纯粹为了社会目的的分享注意）比原命令共同注意（如提要求）更为严重（Mundy et al.，1990）。而且，对于自闭症幼儿而言，共同注意可以预期现在的语言能力，以及将来获得的表达性语言技能（Charman et al.，2003；Dawson et al.，2004；Mundy et al.，1990）。

有追踪研究表明，原叙述共同注意（交流社会信息）将预期未来获得的表达性语言能力，而原命令共同注意（提要求）则预期现在获得的表达性语言能力，原因可能在于共同注意不仅为语言的发展奠定了基础，而且也为装扮游戏和心理理论等复杂的能力奠定了基础（Sigman，M. & Ruskin，1999）。我们非常认同“共同注意是重要的导航技能，它提供了社会和交流互换的语言可以发展的阶段。一旦这个阶段成立，儿童开始以一定的交流方式学习运用语言”。

然而，我们从语言实际操作的角度提取了“操作指向”这一因素，即用“操作指向”代替“共同注意”作为研究对象，主要有两方面的原因。

其一，我们想要寻找“共同注意”在特殊儿童语言障碍上的操作性定义。操作指向直接地与语言的实际操作有关，也易于被观察。

其二，以往的研究结论普遍认为，自闭症幼儿的共同注意存在极大障碍。但我们发现：共同注意这一行为事实上也存在两个层面：使用语言寻求或分散注意，即语用交流类型中 DHA（吸引他人对自己或物体的注意）类型表达的是社会性指向的意图，而提供信息，表达意图或现状，如讨论类的语用交流行为，则既表达了社会性指向的意图，又表达了社会性指向的能力。已有的研究结论认为自闭症儿童在这两个层次上均存在问题，而本研究结论表明，汉语自闭症幼儿“表达社会性指向的能力”存在障碍，但他们在“社会性指向的意图”层次上没有障碍[表现为 DHA（吸引他人对自己或物体的注意）的高频使用]。也就是说，我们认为：汉语自闭症幼儿仅在指向的“操作”层面存在障碍，而在指向的意图层面没有障碍，这是我们将“操作指向”作为重要影响因素提取出来的主要原因。

之所以会出现与以往研究结论不同的研究结果，我们认为，这种不同有可能与行为的解读层次不同有关。我们在幼儿园的深入观察当中，也注意到一些以往研究者们所说的自闭症儿童“社交冷漠”型现象①，即个案 QQ 对于已有良好关系的朋友 Y 也会经常出现不回应的情况，所以我们曾一度将之判断为他在社会意图方面存在障碍。但经深入观察后发现：个案 QQ 的这种不应常常与他缺乏语言支持有关，即他缺乏社会交往所需要的语言技能或者其他技能，而非缺乏社会交互的意图。之所以能得到这样的结果，与我们对 QQ 较长时间的多方观察与了解有关。所以，我们应从了解自闭症幼儿的生活环境、交往情况，从一件事件的上下文着手，推测他们是缺乏共同注意的能力还是缺乏共同注意的意图，以了解他们的共同注意的行为缺失究竟属于哪一个层次的缺失。

我们也据此对 Wetherby（1986）的交流意图层次论提出质疑。Wetherby 的交流意图层次论将交流意图分为非社会性的、准社会性的和社会性的三个层次。第一个层次是为了达成工具性目的，满足自己的需要，比如提出要求；第二个层次仍以自己为注意之重心，比如引发对方对自己的注意，但已带有社会性的目的；第三个层次则是为了和别人分享同一个话题

① 本例见第五章第三节第三部分。在该部分，我们叙述了一个好朋友之间“突如其来的冷漠现象”，在追踪观察当中，了解到个案出现的冷漠并非社交冷漠，而是社交技能不足。

而具有的交流(Wetherby，1986)。依据 Wetherby(1986)的交流意图层次论，国外已有研究证明，自闭症儿童在第一层次不存在问题，但在第二层次和第三层次表现出明显的障碍(Stone et al.，1997；Stone & Caro-Martinez 1990；Wetherby et al. 1989；Chiang & Lin，2008)。但是，在本研究中，我们发现，汉语自闭症幼儿在第一层次、第二层次均无障碍，对于第三层次，我们不能简单判断他们具有障碍，而应分为两种情况：一是在社会交流意图上，汉语自闭症幼儿不存在障碍。亲子言语互动中，个案 CC、TT、QQ 不仅吸引父母对自己的注意，而且也有交流社会信息的意图。比如，有一次，游戏过程中，CC 的妈妈手机响了，她走到一边接听电话。CC 还在继续手中把沙子放入玩具车的游戏。突然，CC 抬头对妈妈说："妈妈，我这个车。"然后 CC 推车。妈妈挂掉电话后，问 CC："你要干吗呀？"CC 回应"车"。妈妈再问，CC 却无回应。我们认为，CC 试图与妈妈交流信息，但也许用于交流的语言能力有限，导致他先主动发起话题，却不能深入拓展主题。因此，我们认为，交流意图层次论中第二层次"提出社会常规，欢迎，叫人，要求允许，展示或者卖弄"与第三层次"为了和别人分享同一个话题而具有的交流"在社会交流的意图上并无不同，不同的是所需的社会交流意图的能力层次存在差异。因此，二者的区别不是"准社会意图"与"社会意图"之差，而是"准社会交流技能"与"社会交流技能"之差。

研究板块二中的创新研究结论之三为：我们发现，能够对语言运用质量产生重要影响的操作指向和语言形式的习得类型，实际上具有重要的可塑性。

从 18 个月的发展追踪当中，我们可以了解到，在操作指向和习得类型可以配合的情况下，本研究中的个案可以取得巨大的进展，甚至其成长模式产生了质的变化。尽管他们最终能够达到的程度有可能会受到限制，但汉语自闭症幼儿语言发展与交流的状况可以得到明显的改善。这给汉语自闭症幼儿的语言干预带来了希望。

以语言全程操作的视野对语言质量进行的研究，发现了语言现象各方面之间存在制约和影响的关系，其中又有核心因素之分。那么，相关干预的制订也需要以"语言现象各方面的相互影响"为考虑问题的前提，以核心因素为突破口，密切结合语言的实际运用进行干预。比如，以语言运用对语言形式习得的影响为依据的语言的应用型习得建议，以语言操作对语言运用的影响为依据的操作分享式指向建议，等等。汉语自闭症幼儿在习得类型与操作指向方面，可能存在先天的不足。但这种先天的不足，是可以通过后天的努力部分得到改善的。本研究中个案的家庭的努力及个案取得的相应变化已经说明了这一点。第五章对此部分进行了描述与讨论分析,此不赘述。

最后,将交流行为的研究结果和语言运用过程的现象梳理分析的结果结合来看,我们发现:交流行为类型的具体使用可以有效地指示出语言运用过程中的现象,而后者可以有效地对前者的结论进行解读,二者起到相互支持的作用。比如,汉语自闭症幼儿语言运用过程的现象梳理中,显示的操作指向与习得类型两个部分对于他们语言概貌的重大影响,它们直接的表现是信息运用和交际运用的障碍。而汉语自闭症幼儿对交流行为类型的具体使用,则使我们发现:汉语自闭症幼儿个案在有关信息交互和交际交互的类型使用上存在受限现象。因此,我们认为,交流行为指标体系可以有效地评估汉语自闭症幼儿的语用质量,但在应用时需要深入细致地进行。

第三节 自闭症幼儿语言交互平台研究的主要发现与讨论

研究板块三的研究目的在于探讨:汉语自闭症幼儿处于实际关系场景中的语言运用;了解汉语自闭症幼儿的语言成长模型在多大程度上受到周边关系场景的影响。本部分研究的切入点为一位个案 QQ 的幼儿园生活。研究主题主要包括语言的交互指向研究、交互指向平台上的关系属性和语言属性研究。研究表明,汉语自闭症幼儿的语言发展与交流受到关系场景的极大影响,而关系场景的关系属性特征及语言鹰架特性会对他们的语言发展与交流产生较大的反作用。我们从 QQ 和同伴 Y 之间的交往受益与受限特点受到启发,从中整理出有利于汉语自闭症幼儿语言交互良好支持的元素,比如"平等、自信、宽松"的场景属性以及"语言形式鹰架、语言运用鹰架、可持续发展鹰架、情境当中交互鹰架"的语言鹰架。其中关系属性特征状况又是语言鹰架能够发挥作用的前提。以下一一分述之。

研究板块三中创新结论之一是:自闭症幼儿可以有非常好的同伴关系,他的良好互动对象有可能是其他障碍类型幼儿,在此基础上,他们可以产生真实的、明显的语言影响。该研究结论与现在已有的研究结论不同(Chiang & Lin, 2008; Bauminger et al., 2003; Guralnick et al., 1996; Buysse et al., 1997; Laursen & Hartup, 2002; Cook & Semmel, 1999; Bauminger et al., 2003)。这些研究认为,源于社会交往障碍,自闭症儿童较难有同伴关系。这些已有的研究重在讨论：与自闭症儿童交往时，普通儿童或特殊儿童对他们的影响，研究结论褒贬不一。而本研究显示：一方面，尽管同伴 Y 给予 QQ 的语言鹰架水平还有待提高，但是，他的整体性支持远超过融合幼儿园的普通儿童，也超过同一个启智班的其他自闭症同伴。对个案 QQ 的语言造成最大影响的并不是普通儿童同伴，也不是自闭症儿童同伴，而是一名弱智儿童同伴。在观察中，我们发现，个案 QQ 虽然很想融入普通幼儿的活动中，并常常在可能接触到他们的时间里，接近、暗暗观察、模仿普通幼儿同伴，但是，他始终得不到普通幼儿同伴的认可。QQ 的自闭症幼儿同伴，也未能成为 QQ 的互动频密的同伴。原因在于自闭症幼儿同伴本身存在社会交往障碍，这样，两个社会交往障碍的儿童在一起时，常处于平行互动，很难交叉互动。比如，在一次入园时间里，QQ 和 Yao 平行做搭积木游戏。QQ 搭好自己的积木后，偶尔去观看 Yao 搭的积木，若发现 Yao 有搭错的地方，QQ 立即帮忙 Yao 放好。但两人无言语交流。只有性格外向的弱智幼儿同伴 Y 成了 QQ 的密集同伴。另一方面，在与弱智儿童同伴 Y 交往的过程当中，QQ 显示了自发地获得同伴 Y 支持的现象，而其他研究没有提出类似的发现。在我们的研究中，在日常的交互活动当中，我们都可以观察到这种语言影响是如何在支持性特征的影响下产生的。比如，在个案 QQ 和智障同伴 Y 的交往中体现出来的：Y 在情境当中为 QQ 提供了分析性模仿学习的范型，Y 为 QQ 提供了平等自如交往的信心，大量慢节奏练习语言的时间和机会，对于社交敏感的持续练习，对基本会话框架、话轮敏感性的持续练习，等等。

自闭症儿童个案何以有这样良好的同伴关系？继而对其语言发展产生如此之大的影响？对于原因的探讨又产生了本板块中创新结论之二：智障儿童 Y 之所以能够对个案 QQ 形成较大的语言影响，而且 QQ 能够自发地获取他人支持的现象，在于二人结成了良好的“关系”交互平台这样一个前提。而交互平台是否能够形成，则在于同伴之间的交互需求满足状况是否良好，包括自闭症幼儿本人必须对于该平台具有实质的贡献。二人各自具备了与对方交互的条件，满足了双方的交互需求特征。QQ 与同伴 Y 之间由于性格与能力（含语言）等种种原因形成了一系列“兴趣相似”“能力互补”“性格互补”等现象，这些因素满足了交往当中二人相应的需求特征，促成了二者之间关系交互平台的形成。

关于有效的关系交互平台，相关的研究成果蔚为大观，因为相关交互关系类的研究在社会学、人类学领域相当丰富，直接与自闭症儿童的同伴研究以及亲子研究相关的研究也有许多。本研究的不同点在于，着重于强调一个研究的视角：交互者是否具有意义，在于他在交互平台上可以扮演什么角色。对于汉语自闭症幼儿的语言发展来说，有意义的不是“与家长的互动”还是“与幼儿的互动”，或者是“与普通儿童的互动”还是“与相似儿童的互动”。这些表层的现象都可能具有正向作用，也可能具有负向作用。真正有意义的，是这些表层之下的因素是否能够形成互动平台。它是以汉语自闭症幼儿自身语言状况和其他方面的发展状况为出发点，对语言交互环境中的交互因素是否能够成功鹰架①汉语自闭症幼儿语言交流技能的发展，在交互中是否能够激发他的兴趣，是否能够提供他所需要的语言范型模板及指导，以及是否能够在汉语自闭症幼儿发展了相关策略后，鹰架会不会相应调整等进行的考量。所有这些因素，对于鹰架汉语自闭症幼儿的语言发展和交流技能，具有重要的教育和干预意义。

以这样的视角进行的相关研究较少，但是这些较少的相关研究给了本研究较大的借鉴意义。Paul 认为，同伴和同伴之间的互动，就像成人－儿童间的互动一样，主要依赖于涉及的共同框架，双方交流的平衡贡献，话轮转换，主题保持，回应，双方都能从关系中受益(Paul, 1985)。而 Ostrosky 则指出“同伴社会交往还受到互动环境中参与者的熟悉度，互动环境的常规，儿童间发展和生理年龄的匹配，双方的互动风格，以及在一定的环境中得到互动机会的质量和数量”(Ostrosky et al., 1993)。与这些研究相比，本研究的创新在于：以更细致的框架来阐释关系平台所需要的各项内容，使之不仅框架明了，且更具有可操作性。

研究板块三中创新结论之三是，关系场景当中，不仅关系平台是语言鹰架发挥作用的前提，而且，关系平台和语言鹰架一起，构成场景对于汉语自闭症幼儿语言交互的重要影响因素。

上文已述，成功的关系平台是语言影响的前提，但好的关系平台并不是我们研究的主要目的，经由关系平台支持的语言的进步是我们最后的落脚点。在语用交互平台的研究中，我们可以看到，个案 QQ 的模仿语言显示出多种类型，该现象表明：对于汉语自闭症幼儿来说，模仿并不是一个“简单的可以一下子学会的能力”，可以“一蹴而就的”；而是一个包括了许多难度层次的认知内容与语言内容的现象。在普通儿童的语言发展序列上，他们经历这个模仿阶段也许只需很短的时间，但是，对于汉语自闭症儿童而言，他们可能在很长时间以后还会出现模仿言语，他们需要很长的发

① 鹰架理论，又名支架式教学(Scaffolding Instruction 或 Instructional Scaffolding)，指学生在学习一项新的概念或技能时，通过提供足够的支援来提升学生学习能力的教学准备。

展阶段才能跨越这个阶段。在许多时候,我们认为自闭症幼儿的语言是错误的。但是,如果我们能够了解它正处于中间的一个发展阶段,我们就会理解:事实上它是一种“在路上”的语言,它离错误是有距离的,就像它离正确有距离一样,它体现出个案QQ的发展阶段和努力。如果教育者想要由模仿范型使汉语自闭症幼儿获得进步,就需要了解他们模仿言语发展的现状,是处于及时性模仿(immediate echolalia)为主的阶段,还是处于延时性模仿(delayed echolalia)为主的阶段;是拷贝式的模仿方式,还是合情境地改变了语义或者语法结构的模仿方式。只有了解了模仿的每一个难度阶段和方式之间的区别是什么,我们才能够制订合适的个案干预计划。

因此,语言交互平台当中的语言鹰架问题,仅靠单纯的良好关系属性的支持是不够的。本研究的落脚点依然在于“语言交互平台”的形成,我们既要强调关系平台的作用,也需要对语言鹰架本身加以重视。将多范畴(语义语用语法)、多操作单元(习得、提取、操作、运用等)整合起来,对交互平台的语言鹰架部分做细致的分类分析,是本研究的创新点之一。

本研究对于汉语自闭症幼儿语用交互平台进行了深入细致的解读,并且从关系属性及语言鹰架两方面进行了细分,也论述了它们之间的关系。希冀研究结论对于目前的汉语自闭症儿童语言干预有重要的启示。具体表现为:在汉语自闭症儿童家庭教育当中,存在较多的“关系属性不重视,语言鹰架无体系”的问题。而汉语自闭症儿童的幼儿园教育,又存在较多的“关系属性聊胜于无,语言鹰架无着力点”的问题。这使得许多表面上存在的语用交互平台,实际上仅有虚名,是假平台。

在家庭教育方面,与孩子互动时,家长应能在真正的“平等、自信、宽松、合情境”的情境里与孩子互动。在语言方面,家长要充分了解孩子所处的发展阶段,以适应孩子“最近发展区”水平的语言与之互动。此方面属于家长需要深入细致地学习的问题,此不赘述。

幼儿园教育则是汉语自闭症幼儿家长可以选择的问题,我们重点对此做讨论。汉语自闭症儿童的幼儿园教育存在较多的“关系属性聊胜于无,语言鹰架无着力点”的问题,究其原因,是由于现有的汉语自闭症幼儿在幼儿园里的教育还不能够达到“按能力分班”。而本研究给我们的启示是:不论是融合班,还是特殊班,需要尽可能地考虑到能力归属的重要性。对于汉语自闭症幼儿来说,能力分班教学是一个比较好的选择。如果他们具有了同类归属感,他们就可能比较愿意与同伴交流。即经历一段时间的归属感,才能激发高功能自闭症幼儿与同伴交流的愿望。

LL和QQ的经历足可以说明这一点,“LL到了高功能自闭症班以后,和自闭症同伴有了互动,有了乐趣,所以跟哥哥也玩起来了。以前都是把哥哥当成透明人。现在老缠着他哥哥。还有同院子里的同伴同学一起玩。他偶尔来大人堆凑热闹。但是,至少他能跟小孩一起玩。以前他是不跟小孩玩的。当小孩不存在的。现在 LL 回来后又重新回到了原来的普通班,虽说他没有在高功能自闭症班主动,但是比以前好多了。至少他现在能感觉到同伴不喜欢他。以前他都不关心这些的。""QQ 在班上有一个好朋友,跟他学到了很多话,我现在都后悔当初没有早点送他去这个融合班,把他丢在乡下,浪费了一整年。"由此可以看出,能力归属感对于汉语自闭症幼儿成长的重要性,也许,只有经历过这个过程的汉语自闭症幼儿,才能体会到同伴交往带来的快乐,才能"开化"同伴对其存在的意义,从而向往同伴交互。所以,普通幼儿园未必是高功能自闭症儿童的首选去处。

那么,教育干预机构以及家长,又该如何基于关系、语言正确对待因高功能自闭症幼儿的影响而带来的入园问题?对于教育干预结构而言,需要尽可能地满足自闭症幼儿能力分班的可能性。本研究中的 QQ,在政策上,他是不被允许至特殊班进行融合的,因为他的智商高于 70;他之所以能够进入该班,遇到一个能力相似或互补的同伴,得到较好的发展,完全是因为一个意外:语言产生和理解太滞后造成测验成绩的偏差。TT 在进入普通幼儿园之前,在一家全天候的自闭症干预机构接受干预。随着他的能力的突飞猛进,该教育机构的老师建议 TT 去普通幼儿园,因为他们班里的其他自闭症儿童功能均很低,有较多怪异行为,TT 时常模仿。老师认为这将影响他的发展,建议 TT 的妈妈送他到普通幼儿园就读。去普通幼儿园上学是他妈妈的愿望,她非常开心,却没想到一路走来,碰到各种各样的问题,一提及此,便辛酸不已,流下眼泪。若 TT 在之前的干预机构里,能够进入能力相似班,他的语言发展也许会呈现出另外一个图景。而 LL 在能力相似的高功能自闭症班找到了同伴交流的兴趣。所以,对于汉语自闭症幼儿来说,将他们按能力分班,或者为他们提供能力互补、能力相似孩子互动的机会相当重要。

对于家长而言,虽然他们迫切地希望孩子取得进步,但是这种进步非单方面心愿可达成,需要分析"关系、语言"双方面对孩子的组合影响。在为孩子建立关系方面而言,若孩子有机会进入融合幼儿园的启智班,那么,家长应该放下"面子",破除"孩子进入了特殊班,就被打上了特殊孩子的烙印"这样的想法,为孩子真实的发展进步考虑。本研究中的 CC 的妈妈说,由于 CC 常常遭到老师的歧视,她一气之下,考虑为他转学,并联系了她家所在区域的融合幼儿园,被告知可以接收 CC。但她思来想去,由于面子拉不下，最终还是选择留在了普通幼儿园，“普通幼儿园里混混，拿张大班毕业文凭，好进正常小学”。在这样的交互环境下，CC语言进步甚微。

对于普通幼儿园普通班级的教师来说，如若班级出现高功能自闭症幼儿，不应放任其自由，而应细细观察他的能力强项，从他擅长的能力以及活动入手，展示他们的能力优势，吸引普通幼儿主动参与他擅长的活动或游戏，创造他与普通幼儿言语互动的机会。

最后，本研究要强调的是，我们在汉语自闭症幼儿自身的语言运用特征与语用交互平台之间发现了影响现象，并非就认为语用交互平台上的不利因素导致了汉语自闭症幼儿的语言运用特征。我们强调的是：如果有较好的交互环境的支持，汉语自闭症幼儿的语言形式有可能会获得较多功能性的运用，因此，也改善了他的语言运用质量。

第七章　总结论、教育建议与展望

第一节　研究总结论与教育建议

经过三个板块有联系的、逐步深入的研究,我们得出了一系列的结论,并且对汉语自闭症幼儿语言发展与交流有了一个总体的认识,主要表现为以下几点:

1. 汉语自闭症幼儿语言发展模型与匹配普通幼儿不一致,表现为:与MLU(平均语句长度)匹配的普通幼儿相比,汉语自闭症幼儿语法为相对弱势,语义起点低、发展快,交流行为类型多,但具体使用类型受限。功能性言语比例既不和语言形式一致,也不和交流行为一致。这种范畴不平衡、发展不同步的现象超出人们日常对于语言整合式发展的一般印象,是自闭症幼儿语言被人认为是奇特概貌的重要原因。

2. 汉语自闭症幼儿个体差异很大。不管是起始点图景,还是跟踪当中的发展速率,以及语言发生、运用的整个过程各个环节,都存在很大的差异。

3. 汉语自闭症幼儿语义语用语法不平衡的语言概貌,其实质是语言形式、运用、操作方面的不平衡;他们的操作存在不同程度的困难。

4. 汉语自闭症幼儿应用型习得及操作的指向,对语言形式与运用能否建立起功能将产生重大的影响。

5. 对于汉语自闭症幼儿来说,应用型习得与操作指向不是建立起有效功能的充分条件,事实上,如果存在一个确实的交互平台,形式及运用就可以建立它的功能。应用型习得与操作指向都是良好交互平台表现特征的一种。

6. 汉语自闭症幼儿的交互平台,在关系属性、语言鹰架等方面均需要特定的要求,而前者是后者发挥作用的基础。

7. 汉语自闭症幼儿交互平台发生作用的过程：交互需求满足带来的指向，交互当中可以形成语言影响，最终建立起良好的语用功能。

8. 对于汉语自闭症幼儿来说，如果有支持性交互平台的属性，良好的同伴会话，良好的亲子会话，都是可以形成的。

那么，根据以上对于自闭症幼儿语言发展与交流的结论，我们认为，在教育情境中，对于汉语自闭症幼儿语言的教育和干预应从以下方面加以关注：

1. 不能简单以普通儿童的语言发展模型衡量汉语自闭症幼儿的语言发展，而应以相应的研究为基础。

2. 汉语自闭症幼儿语言发展个体差异大，具有复杂性的不平衡性。因此，需要深入了解自闭症幼儿语言发展与交流的具体情况，了解他们的语言形式、运用、操作等的发展真实状况、发展速率，针对性建立个训方案。

3. 需要以“语言形式、运用、操作”整合的方式对汉语自闭症幼儿的语言进行干预。简单的孤立的各范畴(词汇、句法、某一言语行为类型)单项训练不仅是无效的，而且易于使他们产生奇异的语言运用现象，使其语言使用进入恶性循环。

4. 语言的应用性习得(情境当中的语言运用、体验式教学)和语言指向敏感的关注(即交互意识敏感性培养、分享式操作敏感性培养)是汉语自闭症幼儿形式与运用能否建立功能的重要方面，应着重培养他们这些方面的能力。

5. 需要对汉语自闭症幼儿的交互环境做细致的观察和分析，给予针对性的支持。建立平等、宽松、自信的一种环境，并在此基础之上，对语言的形式、运用、调整方面给予良好鹰架。

6. 以能力相似、能力互补、性格互补、兴趣相似等因素，促成汉语自闭症幼儿的交互需求满足。在需求得到满足之后，他们自会产生交互的自然指向，形成交互的平台。

7. 良好的交互平台，是汉语自闭症幼儿语言能够接受环境良好影响的唯一途径。只有在这个平台上，自闭症幼儿才能够完成包括分析式模仿在内的应用型习得，同时将形式、运用诉之于功能，所以应努力为他们创建良好的交互平台。

第二节　研究局限以及有待进一步研究的问题

在本研究当中，研究对象是4—6岁学龄前自闭症幼儿，现有的结论还有待于拓展到更宽泛的年龄段，以及更多的自闭症儿童中去，以进一步地验证研究结论。另外，通过在研究过程中的一些思考，我们认为，下列问题值得进一步地深入研究：

其一，针对本论文提出的关系平台和语言运用交互平台假设，制订个别化教育方案，对这些个案进行干预研究。本研究使用质化和量化研究方法，对四名汉语自闭症幼儿的语言发展和交流进行了系统的研究，还尝试性地探讨了自闭症幼儿良性关系平台和语言运用交互平台假设，这是对自闭症幼儿语言障碍干预的初步研究。拟验证其有效性，仍需对这些个案进行进一步的干预研究。

其二，对自闭症幼儿进行语用中语篇能力(discourse competence)的研究。语用研究主要集中于语言运用的三个层次：强调单个话语功能的语用交流行为研究(communicative act)、强调符合语篇情境的会话技能的研究(conversation skill)和更高层次上的组织语篇技能的研究(strategies in discourse level)(Ninio & Snow, 1996)。本研究只对汉语自闭症幼儿的语用交流行为和会话的一些技能进行了探讨。拟深入全面揭示汉语自闭症幼儿的语言运用全貌，仍需对处于口头语阶段的自闭症幼儿进行语篇能力中的叙事研究。

其三，对学龄阶段自闭症幼儿进行研究。这实际上是本研究的发展阶段的后续研究，在本研究中，研究者对这些个案被试进行了长达18个月的跟踪研究，并得出了一些有意义的结论，那么，这些个案以后的语言发展轨迹有什么变化，值得进一步的探讨。

其四，将自闭症幼儿与其他语言障碍群体幼儿进行比对研究。这实际上是考虑自闭症幼儿和其他群体差异的问题，这项研究很重要，因为研究结果可以帮助人们全面理解自闭症儿童的语言和交流情况，为提出提高自闭症儿童生活质量的新的干预方法提供坚实的基础。

其五，对融合幼儿园和普通幼儿园的自闭症幼儿语言运用进行比对研究。在本研究中，由于时间的限制，只对融合幼儿园的个案QQ进行了幼儿园和家庭的跟踪观察，普通幼儿园的其他三名个案在幼儿园里又是怎样的互动现场？与个案QQ是否有不同？若不同，表现在什么地方？拟进行深入全面的了解，仍需对这三名个案进行幼儿园的深入观察和研究。

附　录

一、INCA-A 系统中有关编码类型的功能

(一)言语倾向类型

CMO:安慰,即安慰听者,表达对不幸的同情

DCA:讨论,澄清事实,即澄清听者的非言语交流行为

DCC:讨论某个词语的表达,即澄清听者模棱两可的言语交流,或证实说者对其理解

DFW:讨论想象情境的事情,即进行一次想象游戏中的对话

DHA:引导听者对于事物和人的注意,即引起听者对于环境中物体、人物、事件的注意,准备商议活动或者讨论焦点问题

DHS:讨论听者的想法和情绪,即就听者不易被观察到的想法和情绪进行一次谈话

DJF:讨论当前关注的焦点,即就环境中双方都可以观察到的一些事情进行一次谈话,比如,物体、人物、听者和说话者正在进行的行为、正在发生的事件

DNP:讨论过去或将来发生的事情,即就不能在环境中观察到的话题进行一次谈话,比如,过去或将来的事件和行为,远距离的物体和人物,抽象的事物(排除有关听者和说者内部状态的谈话)

DRE:讨论刚才发生的事件,即就刚刚发生的活动和事件进行一次谈话

DRP:讨论与目前有关的事情,即讨论目前环境中物或人的不能被观察到的特征或者讨论与这些事物有关的过去或将来的事情

DSS:讨论说话者的想法和情绪,即就说者不易被观察到的想法和情绪进行一次谈话

MRK：标号，即表达像感谢、道歉这样一些被期望的社会化情绪或标记一些事件

NCS：商议共同的意见或分歧，控制转变

NIA：商议即刻进行的活动，即商议活动和行为的开始、继续、结束和停止，分配共同活动中的角色、步骤和转变；评估听者和说者的行为是否正确，是否值得去做

NFA：商议将来的活动，即商议将来的行为和活动

NFW：商议想象情境的活动，即商议想象游戏中的活动和行为

NMA：商议共同关注的或接近的话题，即建立一个共同关注和接近的话题或者取消

PRO：伴随活动发出的声音，即通过说一些适合的话在游戏或其他活动中进行言语行为

PSS：商议对物体的占有，即决定谁是物体的占有者

SAT：表示关注、表明说话的人正在关注听者

SDS：自言自语、说话者在表达一些明显不是指向听者的言语

TXT：朗诵或背诵某个内容，即大声阅读书面文章

(二)言语行动类型

1. 指令和回答

RP：向听者要求、提议、建议某种行动，所建议的行动也可涉及说话者

RQ：用是非问句的形式征求、询问听者的愿望和意图，其功能相当于一个建议

CL：通过叫名字或替代性地喊叫引起听者的注意

AD：同意去做，即同意执行他人要求或建议的行为

RD：拒绝去做，即执行他人要求或建议的行为

CS：反对建议，委婉地拒绝

GI：屈服，接受他人的坚决主张或拒绝

AC：认可对方的言语和非言语交流

GR：说明原因的陈述，证明对行为的要求、拒绝或禁止是合理的

SS：开始执行一个行动的信号，比如去滚一个球，听者配合动作的执行

2. 言语诱导和回答

EC：引发完成词语或者是句子

SC：在遵从别人诱发完成的要求下，完成陈述或者说出其他的话语

RT：重复或者模仿别人的话

EA：诱导出模拟的声音

3. 承诺和回答

FP：说话者申请允许执行行动

PA：允许听者执行行动

PD：许诺

PF：禁止或阻止听者去执行行动；反对听者的行动

SI：陈述自己做某事的意图

4. 宣告和回答

DC：宣布，通过宣布建立事情的一种新情况

ND：对一个宣告表示反对

YD：赞同一个宣告

5. 标记和回答

EM：因悲伤、痛苦或者其他消极的情感而大声地喊叫

EN：表达积极的情绪

MK：标记事件出现的言语

XA：表达对听者的注意

TO：标记听者对事物的迁移

6. 陈述和回答

AP：同意先前说者表达的提议

CN：数数

DW：不同意先前说话者表达的提议

ST：陈述自己的观点

WS：表达一个愿望

7. 问题和回答

AA：对是非疑问句的肯定回答

AN：对是非疑问句的否定回答

AQ：加重的问题，即通过重新问问题表示反对

EQ：诱发的问题，比如"嗯？"

NA：对问题的不满意的回答

QA：用特殊问句的形式来回答问句

QN：以特殊疑问句方式提问

RA：拒绝回答

SA：对特殊疑问句的回答

TA：对限制性选择问句的回答

TQ：选择疑问句

YA：用是非疑问句来回答问题

YQ：以是非疑问句方式提问

8. 执行(表现)

PR：在游戏中执行言语行动；对 EA 的回答

TX：大声读或朗诵书面文字

9. 评估

AB：对适当行为的赞叹，对听者或说者的行为表示积极的评价

CR：批评、指出非言语行为中的错误

DS：不赞成、责骂、反对造成分裂的行为，对听者或说者的不适当行为表示否定的评价

ED：不赞成或沮丧的叫喊

ET：惊奇或热情的喊叫

PM：称赞某种表现

10. 阐明(澄清)的需要

RR：重复一个要求，即要求重复话语

11. 修订、编辑

CT：纠正言语错误，可以是对形式或者内容的修改

二、会话编码框架(Pan and Snow，1992)

1. 会话的发起与拓展(主动性交流；字母 I 表示发起，字母 C 表示拓展)

IQ/CQ——要求有一个"正确"答案的特殊疑问句

IH/CH——要求有一个"正确"答案的一般疑问句

IM/CM——中等水平的，陈述性话语，结尾是开放性的

IL/CL——较低水平的，仅仅是致谢等等

ID/CD——指令性的，要求一个非言语行为

2. 回应(应答性交流)

RA——回答完全正确

RS——真诚回答但不完整

RD——故意不完整的回答/故意回答错误
RN——没有回应
RC——以重述母亲话语的形式纠正或要求母亲阐释清楚
RQ——以特殊疑问的方式要求母亲阐释清楚

三、个案语言现象实例分析

例1(个案CC与妈妈的对话片断)

(情境说明:CC和妈妈正在玩医生给病人看病的游戏:小羊受伤,CC扮医生给玩具小羊看病。这时游戏室外传来了救护车的响笛声,妈妈引入这个话题,CC没有接应,注意力集中在玩具小羊身上。整个对话过程,充满了歧义。妈妈的对话以跟从CC为主,意图澄清CC的语言。显示CC语言形式上的困难。)

*MOT:这 是 救护车声音对 吧 ?
*MOT:有 人 撞车 了 .
*CHI:人家 小羊 .
*CHI:这 是 .
*MOT:干什么 啦 ?
*CHI:这 是 小羊 .
*MOT:小羊 怎么 啦 ?
*CHI:小弟弟 .
*MOT:小弟弟 怎么 啦 ?
*MOT:你 说 小弟弟 你 怎么 啦 ?
*CHI:小弟弟 怎么 啦 ?
*MOT:你 问问 看 .
*CHI:怎么 啦 ?
*MOT:你 问 它 呀 .
*CHI:哭 了 .
*MOT:为什么 哭 啊 ?
*CHI:因为 .
*MOT:因为 什么 ?
*CHI:受伤 .

在这个例子当中,CC表现以下语言信息:

(1) 语言形式:从上下文可以了解到,CC想要对妈妈说的一系列语言是:这是小羊弟弟。小羊弟弟哭了。因为它受伤了。CC能够说出这些句子的每一个成分词,而且无错用,但他在表达这些语义时,使用了一系列不完整句,致语义不明,使得语言运用出现歧义和中断的现象,令妈妈不解。可以从中推断:CC运用语言存在较多的语法困难。这与CC的MLU(平均语句长度)及MLU5(最长5句平均语句长度)发展的测试结果:语法长度短小一致。

(2) 语言操作:CC语言提取时表现出困难,讲话多为不完整句。在语言操作指向上,虽然CC指向于自己已知的信息内容,但他在交互的平台上展示这些已知内容。

(3) 信息运用:CC较少使用提问向妈妈要求信息,但愿意分享自己知道的信息。CC与妈妈的信息交流十分不畅,需要妈妈反复澄清与引导,才能够将对话进行下去。

(4) 交际运用:CC有使用语言发起与妈妈言语互动的意愿,也愿意以回应维持言语关系的发展。但CC的回应未能充分表达完整的信息,故在交际中需要妈妈不断地引导与跟从。

例2(个案CC与妈妈的对话片断)

(情境说明:CC和妈妈玩家里来客人的游戏。妈妈建议CC倒杯水给客人喝。CC因此想起要倒绿豆奶茶给客人喝,CC虽已习得词汇“绿豆奶茶”,但提取该词汇困难。只能提取与“绿豆奶茶”同一个字的词汇“绿灯”。由于CC表述不明,又未能以相近的意义加以澄清,因此,CC和妈妈共经历了14个话轮,直到妈妈突然明白CC的意图为“绿豆奶茶”时,才结束有关词汇“绿豆奶茶”的澄清对话。显示CC语言提取和操作上的困难。)

*CHI:拿 .

*CHI:妈妈 .

*MOT:哎 .

*CHI:拿 绿灯 .

*MOT:绿灯 啊 ?

*CHI:嗯 .

*MOT:绿灯 自己 找 .

*MOT:绿 的 .

*CHI:绿灯 .

*MOT: 这个是 什么 呀 ?(M拿一个栏杆积木吸引C的注意)

*MOT:栏杆 呀 .

*CHI:找 绿灯 .

*MOT:绿灯 啊 ?

*CHI:绿灯 在 哪 ?

*MOT:红绿灯 喏 .

*CHI:小绿灯 .

*MOT:小绿 吗 ?

*CHI:小灯(小灯) .

*MOT:哪里 小灯 啊 ?

%act:C 走开看

*MOT:一样 的 .

*MOT:过来 .

*MOT:一样 的 .

*CHI:小灯 .

*MOT:小灯 喏 .

%act:M 举起手中的红绿灯给 C 看

*MOT:对 吗 ?

*CHI:绿灯 .

*CHI:拿 大 的 绿灯 .

*MOT:这 不是 一样 吗 ?

*CHI:拿小的绿灯(拿小的绿灯).

*MOT:什么 绿灯 啊 ?

*CHI:拿 大 的 绿灯 .

*MOT:这个 是 吗 ?

%act:M 拿起桌子上的积木问 C

*MOT:拿 绿豆奶茶 对 吗 ?

*CHI:绿豆奶茶 .

CC 在这个例子当中,包括以下语言信息:

(1) 语言形式:从上下文可以了解到,CC 想要对妈妈说的话是:拿绿豆奶茶。但他不能提取词汇“绿豆奶茶”,CC 在协商、澄清意图时,使用了多种言语形式,如:使用了呼唤名字引起注意“妈妈”,提出建议“拿绿灯”,回答是否问句“嗯”,澄清言语形式“绿灯”,特殊问句的提问“绿灯在哪”,回答特殊问句“拿大的绿灯”,等等。由此看出,在这个例子中,CC 使用了较多种类的交流行为,缘于其词汇提取困难,且表达的词汇种类贫乏。

(2) 语言操作:在日常生活中,CC 经常喝“绿豆奶茶”,他已经习得了该词汇。但在游戏情境中,CC 未能提取该词汇,未能交代清楚自己的意图。

显示 CC 提取词汇困难，属于找词困难。在操作指向上，虽然 CC 指向于自己已知的信息内容，但他在交互的平台上展示这些已知内容。

(3) 信息运用：偶尔有向妈妈获取信息的意识(绿灯在哪?)，但分享自己的信息时由于信息误用，对信息的调整不到位，且不能以其他信息给予补充说明，造成与妈妈的信息交流十分不畅，需要妈妈极大的耐心，才能将会话勉强维持下去。

(4) 交际运用：CC 表达并澄清自己的交流意图时，发起和回应均较积极。但由于他词汇提取困难，致使其与妈妈的语言交际过程十分不畅，不能表达交流意图。若妈妈未能根据情境线索推测 CC 的交流意图，那么，CC 此次将无法达成使用语言进行语言交际的目的。

例 3(个案 CC 与妈妈的对话片断)

(情境说明：妈妈和 CC 在玩客人敲门的游戏，谈论到"小兔儿乖乖，把门儿开开"这首儿歌，进而讨论到妈妈要回来了。CC 以自己知道答案的提问开始"妈妈什么"，不断地向妈妈重复回答自己的提问"妈妈回来了""妈妈真的回来了"。显示 CC 信息交互的困难。)

*CHI：妈妈 什么 ?
*MOT：妈妈 下班 回家 了 .
*MOT：妈妈 在 烧饭 .
*CHI：妈妈 回来 了 .
*CHI：妈妈 真 的 回来 了 .
*MOT：真 的 回来 了 .
*MOT：对 .
*MOT：妈妈 烧饭 .
*MOT：好 吗 ?
*MOT：烧好 饭 给 你吃好不好?
*CHI：妈妈 .
*MOT：嗯 .
*CHI：都 回来了 .
*CHI：妈妈 真的 回来 了 .
*MOT：嗯 .[+Y]
*CHI：爸爸 .
*MOT：恩 .[+Y]
*CHI：小兔 呢 ?
*MOT：什么 啊 ?

*MOT：什么 啊 ?

*CHI：妈妈 回来 了 .

*CHI：妈妈 真的 回来 了 .

CC 在这个例子当中，包括以下语言信息：

(1) 语言形式：CC 不断重复"妈妈回来了"这一信息，(妈妈回来了，妈妈真的回来了，都回来了，等等)，这些重复信息在这一小段中的对话达到 6 次。另一方面，对妈妈提出的深入游戏情境的对话"妈妈烧饭好吗？烧好饭给你吃好不好？"等不回应。表明，CC 用于表达的语言形式有限。

(2) 语言操作：信息提取固着。在操作上鲜明地显示出 CC 使用自己知道答案的设问句。表现出指向自己已知的信息内容，但在交互平台上展示这一内容。

(3) 信息运用：CC 无获取信息的意愿，亦不能提供妈妈所需的信息。CC 提供的是重复信息，亦是自己知道答案的信息。虽然妈妈试图拓展主题，但得不到 CC 的回应。

(4) 交际运用：CC 能够主动发起与当前情境有关的言语交互，但是这种交互是异常的，即忽略或不考虑妈妈的意图，只对自己感兴趣的情境进行交互，且不能够随着游戏情境的发展，根据语言交际的场景调整语言的使用。

例 4(个案 CC 与妈妈的对话片断)

(情境说明：CC 和妈妈正在讨论手中的警察叔叔积木，CC 提出要做车车。妈妈同意，与 CC 就做一个什么样的车对话自如。但是，在妈妈深入情境进行对话或者引导 CC 跟随妈妈的讨论主题时，CC 不应，或者出现非功能性言语。最后，当妈妈引入的话题是 CC 知道且能回答的，CC 又开始回应妈妈了。)

*CHI：我 要 做 个 车车 .

*MOT：什么 车车 啊 ?

*MOT：要 做 个 什么 车 ?

*CHI：来 一 个 白 颜色 车 .

*MOT：白 颜色 车 啊 ?

*MOT：哦 .

*MOT：这个 是 不是 啊 ?

*MOT：白 颜色 车 .

*CHI：是 的 .

*MOT：哦 这个 .

*MOT：是 吗 ?
*MOT：警车 .
*MOT：呜哒＜呜哒＞＜呜哒＞＜呜哒＞[/] .
*MOT：就 车子 来 了 对 吗 ?
*MOT：警察叔叔 要 坐 上去 吗 ?
*MOT：要 坐 上去 好 吗 ?
*CHI：好 的 .
*MOT：坐 呀 .
*MOT：能 坐 上去 啊 ?
*MOT：没 人 开车 的 ?
*MOT：谁 开车 啊 ?
*MOT：你 这个 是 干什么 的 ?
*MOT：宝宝 .
*CHI：××× .(自言自语)
*MOT：不要 瞎 讲 了 .
%act：M 碰了 C 的胳膊一下
*MOT：这 是 兔子 什么 呀 ?
%act：M 把兔子在桌子上敲了敲
*MOT：这 是 什么 动物 啊 ?
%act：M 把兔子拿到 C 眼前
*CHI：小动物 .
*MOT：什么 动物 ?
*CHI：兔子 .
*MOT：哪个 兔子 高 哪个 兔子 矮 呀 ?
%act：M 拉 C 的手
*CHI：××× .(自言自语)
*MOT：哎 你 看 呢 .
*MOT：看看 这 两 个 哪个 高 哪个 矮 .
*MOT：好 不理 你 了 .
*MOT：不理 你 了 .
*CHI：××× .(唱歌)
*MOT：不要 唱歌 了 .
%act：M 拍 C 的胳膊
*MOT：不好 乱 唱 的 .

*CHI：××× .(唱歌)

*MOT：哎 布娃娃 拍 一 拍 .

*MOT：布娃娃 会 唱歌 吗 ?

*MOT：布娃娃 会 爬 的 你 看 .

*MOT：布娃娃 会 爬 的 .

*CHI：××× .(唱歌)

*MOT：看见 吗 ?

*CHI：××× .(唱歌)

*CHI：这个 装 上去 .

*MOT：装 不 出来 .

*MOT：这个 什么 车 啊 ?

%act：M 拿着一个红色的车问

*CHI：这个 119 .

*MOT：哦 119 .

*CHI：着火 什么 .

*MOT：哦 着火 的 打 119 .

CC 在这个例子当中，包括以下语言信息：

(1) 语言形式：在这段语料的开头与结束段，CC 对于自己知道的内容，回应正确，主要表现为对“What”问句以及是否问句的回答；但在语料的中间段，对于较为复杂的“How”“Who”或者不熟悉内容的“What”问句，CC 采取忽略，不回应的态度，甚或以与场景无关的自言自语、自己唱歌等回应。使得 CC 与妈妈的会话多次中断。可以判断，CC 不能理解较为复杂的语法形式，即使理解，也未能产生话语回应这些问题。表明 CC 存在较多语言形式上的困难。

(2) 语言操作：操作指向自己已知的信息内容，对于不熟悉的，或不理解的内容，操作指向自我。前者的操作建立在交互平台上，后者的操作未建立在交互平台上。

(3) 信息运用：CC 在分享自己已知信息时较为顺畅，有一定程度的信息交互；对于未知的信息，CC 既不回应，也不试图获取新的信息，而是出现非功能性言语，无信息交互意识。信息交流时需要妈妈足够的耐心，才能够将会话进行下去。

(4) 交际运用：对于自己已知的信息，CC 能够紧扣情境，发起和维持语言的交互；但对于自己未知信息的交流，CC 不进入语言交互平台进行交互。表明 CC 有根据交流情境调整语言的意识，但是这种调整不利于语言的交际运用。

例5(个案QQ与爸爸的对话片断)

(情境说明:QQ与爸爸玩汽车比赛游戏,在第二轮比赛准备开始时,QQ不小心把站在旁边看比赛的玩具小熊碰倒了。爸爸提问“怎么办啊?”QQ想以“重新开始比赛”进行回答,但由于其语言形式贫乏,未能清楚表达自己的这种意图,故二者的会话进入歧义阶段。显示QQ语言形式的困难。)

*FAT:撞 了 哦 .
*FAT:啊 熊 摔跤 了 哦 .
*FAT:是 不是 啊 ?
*CHI:不是 .
*FAT:对 不对 啊 ?
*FAT:好 .
*FAT:怎么办 啊 ?
*CHI:游戏 结束 .
*FAT:游戏 结束 .
*FAT:好 .
*FAT:我们 怎么样 啊 ?
*FAT:我们 回家 了 好 不好 ?
*CHI:不 回家 .
*FAT:不 回家 干什么 啊 ?
*CHI:比赛 结束 .
*FAT:比赛 结束 干什么 啊 ?
*CHI:107 .
*FAT:再 回去 .
*FAT:再 重新 来 .
*CHI:重新 来 .

QQ在这个例子当中,包括以下语言信息:

(1) 语言形式:QQ和爸爸玩游戏过程中,碰倒了小熊,对于这个偶发事件,QQ的意思是重新开始新的游戏。他想要表达这种感受,但是用于表达的语言形式十分有限。由于他不回家,爸爸才猜到他想接着玩,但爸爸还是希望他自己能说出来。QQ在使用了相关情境的话语“游戏结束、比赛结束”后,爸爸还是没有结束提问。所以,QQ使用不相关的言语“107”回应。爸爸示范“重新来”,他才能够使用“重新来”这样一个句子。QQ将与游戏进程相关的"游戏结束、比赛结束"用于表达"重新进行游戏",显示出他不仅语言形式贫乏,而且语义理解错误。追踪研究也表明,QQ 词汇水平很差,语法也滞后。

(2) 语言操作:语言提取显示 QQ 语言形式贫乏。但操作指向显示出 QQ 指向于与交互者均关心的游戏内容,而且在交互平台表现这些内容。

(3) 信息运用:一方面,QQ 词汇有限,但他信息交互意识强,尽可能向爸爸提供与交流主题有关的针对性信息,也有在信息交互中调整提供信息的敏感性。所以,爸爸可以在两到三个话轮当中得到线索,获得有效信息,这在一定程度上促进了 QQ 有效的信息交互。另一方面,由于 QQ 还未习得提问形式,故获取新的信息能力有限,只能依赖于爸爸的主动察觉与语言示范。

(4) 交际运用:QQ 能够紧密结合情境进行语言交互,尽管不知正确答案,但回应积极。说明 QQ 维持语言交互关系的意识较强。

例 6(个案 QQ 与爸爸的对话片断)

(情境说明:QQ 和爸爸正在玩开汽车的游戏,玩具中有加油站、红绿灯标志等等。在游戏的 10 分钟内,QQ 推着车,告诉爸爸:"我们开到 * * 里面去。"可见,QQ 的语法形式贫乏。)

*CHI: 我们 开到 杭州 里面 去.

*CHI: 开到 苏州 里面 去 .

*CHI: 开到 学校 里面 去 .

*CHI: 开到 水果市场 里面 去 .

*FAT: 吉普车 开到 哪里 去 啊 ?

*CHI: 开到 红灯 里面 去 .

*CHI: 开到 幼儿园 里面 去 .

*CHI: 开到 AAA 幼儿园 里面 去 .

QQ 在这个例子当中,包括以下语言信息:

(1) 语言形式:QQ 在与爸爸游戏对话当中,不断地将新习得的句型"开到 * * 里面去"替换中间的名词,展开与爸爸的游戏交流。从"杭州"到"苏州"到"学校"到"水果市场",又从"红灯"到"幼儿园"到"AAA 幼儿园",共替换了七种说法。有的替换语义正确,有的替换语义错误,如"开到红灯里面去"这个句子是错的。可见,虽然 QQ 意识到信息交流需丰富,采用不同的词汇替换成不同的信息,但由于句法贫乏,致其交流内容单一,且出现语义错误。可见他的语法能力和语义水平均有待于进一步提高。

(2) 语言操作:语言提取显示 QQ 语言形式贫乏。但操作指向于 QQ

与交互者均关心的游戏内容,而且他在交互平台上表现这些内容。

(3) 信息运用:QQ使用的这些句子表明他在一个固定的句型里替换词汇进行游戏对话,在语法固定的情况下仅有语义上的变化,这在一定程度上降低了QQ以较为贫乏的语言形式与爸爸进行信息交互的难度,分享了自己仅有的一点信息。表明QQ虽然语言形式贫乏,但有信息交互的意识,且不满足于提供完全重复的信息。

(4) 交际运用:QQ能够紧扣游戏情境进行言语交互,不断使用类似的语言发起和维持与爸爸的语言关系互动。但由于QQ语言形式单一,未能使用丰富的语言推动游戏情节的发展,表明交际的单调性。

例7(个案QQ与爸爸的对话片断)

(情境说明:QQ正和爸爸玩玩具滑板车的游戏。QQ手里拿着一个椅子模样的玩具,爸爸却指着另外一个桶装的玩具。语料开始,QQ对爸爸引导的问话不予接应,但当爸爸拓展自己感兴趣的话题后,QQ回应积极。)

*FAT:这里 有 两 个看到 吗 ?

%act:爸爸指着桶说

*FAT:对 吗 ?

*CHI:放 在 这里 .

%act:QQ把椅子放在桶旁边

*FAT:放 在 这里 .

*FAT:放 好 了 吗 ?

*CHI:哇 .

%act:QQ把一小熊放在椅子旁边

*FAT:哦 叫 它 站好 .

*FAT:它 是 谁 啊 ?

%act:爸爸指着QQ放的小熊说

*CHI:比赛 自动 .

*FAT:哦 比赛 啊 .

*FAT:它们在比赛还是看比赛啊 ?

*CHI:看 比赛 .

*FAT:看 谁 比赛 啊 ?

*CHI:看 人家 比赛 .

QQ在这个例子当中,包括以下语言信息:

(1) 语言形式:QQ在与爸爸对话当中,用"比赛自动",表示他已经把观众台布置好,可以开始比赛了,可见他用以表达意图的语言形式贫乏,易引起歧义。当爸爸说“看谁比赛啊”时，QQ虽然能够以完整句“看人家比赛”回答，但这里的“人家”似乎与语境不妥，如果换作“我们”似乎更为恰当，可见，QQ回答的“看人家比赛”也许是惯例性回应，同样证明了QQ语法语义形式的贫乏。相比CC而言，尽管CC的词汇量较好，但QQ的回应在语法上较为完整，所以两者引起的歧义不同，引起歧义的原因也不同：CC多为不完整句或指代不清或找词困难引起的，而QQ是因语法语义贫乏引起的。但在交流行为类型的使用上，QQ与CC一样，由于交流中经常出现歧义，交互对象为了澄清歧义，反而增加了他们使用多种交流行为类型的机会。

（2）语言操作：语言提取显示QQ语言形式贫乏，时常采用替代的方式提取语言，如用“比赛自动”替代“比赛开始”。在操作指向上，QQ指向与交互者均关心的内容，且在交互平台上展示，是分享型的。

（3）信息运用：这段对话显示QQ忽略爸爸引导的信息交互，但是对于自己感兴趣的内容，QQ提供信息及时。由于未习得提问形式，故获取新信息能力有限。爸爸未对QQ表达的错误信息加以调整与示范。

（4）交际运用：在语言交互中有吸引爸爸对自己关注的意识，能够发起语言交互关系，并通过回应维持交互关系。

例8(个案TT与妈妈的对话片断)

（情境说明：TT一直沉浸在“辣椒辣得受不了”的话题，出不来。妈妈为了转移TT的视线，建议TT做小朋友上课的游戏。妈妈成功地转换了TT的注意力，但TT在和妈妈进行言语交互时，会添加冗余信息。）

*MOT：我们现在上画画课好不好？

*CHI：好 .

*MOT：你 想 画 什么 ?

*CHI：我 想 画 我 决定 .

*CHI：我 要 画 棉花 .

*MOT：画 棉花 呀 ?

*CHI：棉花 那么 漂亮 .

*MOT：哦 棉花 很 漂亮 .

*MOT：棉花 什么 颜色 的 ?

*CHI：是 白色 的 棉花 .

*CHI：棉花 是 果实 .

*CHI：棉花 不是 花 .

TT在这个例子当中，包括以下语言信息：

(1) 语言形式：TT 回应妈妈的问题时使用了相关信息的语句，但所使用的语言具有非日常用语的特征，似脚本式语言，比如“我想画我决定”“棉花那么漂亮”“棉花是果实，棉花不是花”等。后经妈妈证实是 TT 阅读过的书本原句。这些句子，语法语义均正确，而且词汇、句法丰富，变化较大。

(2) 语言操作：语言提取非常流畅。但操作的指向则显示，TT 在背诵书面语，指向自我，妈妈的问题仅仅给了他一个背诵的线索，表明 TT 展示的内容，并非他与交互对象均关心的内容，而且，他没有将语言放置于交互平台进行交互的意识。

(3) 信息运用：如上段对语言操作的分析，TT 缺少交互指向的操作，因此，尽管他说了多样化的句子，但这些句子并非是妈妈需要的“信息”。从例子可以看出，TT 除了必须应该回应的内容外，他还使用流利的语言增补了其他多余信息，使得信息冗余、信息不切题等。另外，TT 虽已习得提问句法，但几乎不使用提问获得新的信息。

(4) 交际运用：TT 易于从最初始的正确回应中滑入回忆式背诵状况。这表明，TT 的语言在很多时候未进入情境交互的平台进行交互，没有运用语言进行交际的意识。对 TT 来说，与交互对象之间的话轮转换，也许只是一个提示背诵内容的线索。表明 TT 既不使用语言维持关系交互，也不能根据交流情境的变化调整自己的语言。

例 9(个案 TT 与妈妈的对话片断)

(情境说明：在一个关于家的情境游戏中，TT 正在看游戏中客厅里的电视机模型，并不断地说：“看电视机不能离电视机太近”，忽然，TT 用手触摸了一下开关，表示电视机关掉了。妈妈适时地介入引导交流，但整体上，TT 未对妈妈的提问有回应，而只是他一个人在说话。)

*CHI：关闭 .

*MOT：关闭 什么 ?

*CHI：好 的 .

*CHI：关闭 吃饭 了 .

*MOT：哦 .

*CHI：吃 晚饭 .

*CHI：这个 吃 晚饭 .

*MOT：这个 是 什么 ?

*CHI：还没 吃 过 呢 .

*MOT：要 吃 晚饭 了 吗 ?

*CHI：看 电视不能 离电视机太近.

*CHI:这个 要 放 光盘 了 .

*MOT:哦 放 光盘 啊 ?

*MOT:要 放 光盘 的 .

*MOT:大家 看 电视 了 .

*MOT:一起 来 看 电视 了 .

*CHI:能 不能 太 近 .

*MOT:看 什么 电视 啊 ?

*CHI:看 电视 的 时候 .

*MOT:哎 看 什么 电视 啊 ?

*CHI:不能 离 电视机 太 近 .

*MOT:嗯 .

*CHI:眼睛 要 瞎掉 了 .

*MOT:眼睛 要 瞎掉 的 .

*MOT:它 要 看 什么 电视 啊 ?

*CHI:一起看 .

TT 在这个例子当中,包括以下语言信息:

(1) 语言形式:TT 使用的句子语法正确,MLU(平均语句长度)较长。但是这些语言为背诵式语言,是日常生活中妈妈对其看电视时的用语。

(2) 语言操作:语言提取非常流畅。但操作指向上显示 TT 在背诵语言,对于妈妈的问话不回应。妈妈的问话只是发挥了他背诵停顿的作用。显示出 TT 展示的内容,并非他与交互对象均关心的内容,而且,他没有将语言放置于交互平台上进行交互的意识。

(3) 信息运用:在此例中,TT 没有回应妈妈问话的意识,不提供妈妈需要的信息,只顾背诵自己想说的内容。例如,妈妈问"关闭什么?""这个是什么?""要吃晚饭了吗?""看什么电视啊?""看什么电视啊?""它要看什么电视啊?",TT 均未回应。表明 TT 无向交互对象提供对方需要信息的意识,也无向交互对象获取信息的意识,他做的只是不断地向交互对象输送自己掌握的相关信息。

(4) 交际运用:本例鲜明地表明,TT 的语言没有进入情境交互的平台,未能意识到他在与另一个人进行语言交互。虽然 TT 的语言夹杂在和妈妈一来一往的话轮转换中,但事实上,是 TT 对一段相关内容的无间断的背诵。TT 有话轮的基本意识,但他没有将话轮转换当作维持关系交互的途径。

例 10（个案 TT 与陌生人的对话片断）

（情境说明：TT 的妈妈将陌生人简单介绍给 TT 后离开，陌生人和 TT 开始玩交通线的游戏。当游戏当中，TT 发起了“他们说夏天可以吃冰激凌”的话题。TT 可以与陌生人交流，但是却把陌生人喊作妈妈。）

*陌生人：夏天可以吃冰激凌啊？

*CHI：妈妈。我要把它放到这边来。

*陌生人：哦。

*CHI：这个是什么呢？

*陌生人：冰激凌。

*陌生人：他们用钱买冰激凌啊？那加油要不要钱啊？

*CHI：看。看啊。夏天了。放在这边。放在边上。妈妈。这边是飞机。

*陌生人：哦天上的飞机啊？

*陌生人：起飞了。

*CHI：飞来飞去。飞机现在在航空飞行。飞机已经慢慢来。

*陌生人：来。

*CHI：飞机航空飞行。飞机航空。

*陌生人：飞机在航空飞行啊？哦从我的头上飞过去了。

*陌生人：绿灯啦。这些车都可以走。

*CHI：飞行。飞机已经慢慢来。

*陌生人：这些都可以走的。

*CHI：妈妈。这个不是红灯停的。

TT 在这个例子当中，包括以下语言信息：

(1) 语言形式：TT 的语言形式，不管是语法还是语义，以及多种类型的言语行为类型，单从语言形式来看，都是正确的、丰富的。但所使用的语言为脚本式语言，是从图书上学来的。

(2) 语言操作：语言提取非常流畅。而操作的指向则显示出 TT 在背诵书面语。陌生人几次介入谈话，但几乎不能吸引 TT 和其对话，TT 独自沉浸在背诵当中，和陌生人之间的话轮转换仅仅起到自言自语的停顿作用。显示出 TT 展示的内容，并非他与交互对象均关心的内容，而且，他无将语言放置于交互平台进行交互的意识。

(3) 信息运用：在这一段语料中，TT 的话语中，只有“这个是什么呢？”以及最后一句“妈妈。这个不是红灯停的”这两句话有信息交互的功能，其他话语的操作均指向自我，因此，尽管他说了许多话语，但无信息交互的功能。对交互对象的提问信息亦不处理，一直背诵自己熟悉的内容。比如，TT 提到冰激凌，陌生人即问冰激凌的相关问题，但 TT 已转至与夏天有关的语句，紧接着又转到飞机的话语，等等。表明 TT 无信息交互意识，不明白在会话中有向交互对象提供信息或者获取信息的责任与义务。该陌生人反映与他对话十分疲惫。

(4) 交际运用：本例表明，TT 有话轮的基本意识，但话轮转换并未用于他和交互对象的“交流”，而只是背诵的停顿点。因此，TT 的语言多数未进入情境交互的平台，尽管他有使用语言发起关系互动的意识，但不能使用语言维持关系互动。另外，TT 情境交互意识相当模糊，不能意识到交互对象的关系变化，而是将一个陌生的成人称作“妈妈”。表明 TT 对交互情境很不敏感。

例 11(个案 LL 与妈妈的对话片断)

(情境说明：妈妈与 LL 玩医生看病的游戏，妈妈扮演病人，LL 扮演医生给妈妈量血压。二者言语互动自如，围绕主题的讨论丰富。)

*CHI：妈妈谁来当医生?

*CHI：请举手.

*MOT：让我说是吗?

*CHI：是.

*CHI：然后我来说谁来当医生请举手.(妈妈举手)

*CHI：妈妈你来当医生.

*MOT：我来当医生.

*CHI：谁来当病人?

*CHI：妈妈谁来当病人请举手.(C 自己举手)

*CHI：还要戴上这个.(C 手里拿着血压计)

*MOT：这是医生戴的还是病人戴的?

*CHI：医生戴的.

*MOT：医生戴呀?

*MOT：不是.

*MOT：这是病人戴的.

*MOT：给病人量血压.

*CHI：妈妈我给你量血压.

*MOT：好.

*MOT：怎么量呢?

*MOT：量血压在哪里量?

*CHI：在后面.（C 要给妈妈戴到脖子上）
*MOT：不对.
*MOT：你没看人家量过血压对吧?
*MOT：有没有看人家量过?
*CHI：还要戴上这个.(C 手里拿着血压计)
*CHI：这个是干吗的?（C 指着血压计上面的摁钮问）
*MOT：哦捏呀.
——(省略 38 个话轮)
*MOT：现在 谁 要 当 病人 ?
*CHI：对 是 你 要 当 .
*MOT：我 不 当 了 .
*MOT：我 刚刚 已经 治好 了 .
*MOT：不当 了 .
*CHI：我 不要 的 .
*CHI：不 当 了 .
*CHI：没 人 当 了 .
*CHI：要 回家 煮饭 .

LL 在这个例子中,包括以下语言信息:

(1) 语言形式:LL 的语言形式,不论是语法还是语义,以及多种类型的言语行为类型,单从语言形式来看,都是正确的、丰富的。就具体的使用来说,也是流畅的、正确的。

(2) 语言操作:语言提取非常流畅。语言操作指向于 LL 与交互者共同关心的内容,而且是在交互平台上展示交互内容的。

(3) 信息运用:较为有效。由于有较好的语言形式和操作指向的支持,LL 既可以通过提问获取自己想要获得的信息,又可以通过正确的回应给予交互对象所需的信息。即可以和交互对象共享信息。

(4) 交际运用:LL 能使用语言发起、维持与妈妈的语言交互,在语料的最后,当妈妈拒绝再次扮作病人时,LL 能够根据情境的变化,使用语言对游戏情境做出调整“不当了,没人当了,要回家煮饭”,表明他不再继续医生看病的游戏,而进入新的烧饭游戏。由此可见,LL 可以与妈妈进行有效的情境交互,谈论的主题、场景均切合情境的需要。

例 12(对个案 LL 的妈妈的访谈)

(访谈情境:LL 的妈妈述说 LL 在与陌生人相处时出现的一些异状。比如,她带 LL 去饭店吃早饭,饭桌对面坐着两个不认识的爷爷奶奶,LL 不断地对爷爷奶奶的行为进行描述。再比如,LL 不管陌生人是否愿意,不停地问他们问题。)

(1)爷爷奶奶就坐在我们对面。
他说:"爷爷奶奶快要吃好了。"
其实爷爷奶奶还没有吃完。
爷爷奶奶打包时,
他说:爷爷奶奶要打包。
他就这样自言自语,
也不知道他说给谁听,
也没有对话,
搞得爷爷奶奶老笑他。
爷爷奶奶要走的时候,
"爷爷奶奶吃饱了再见。"
从头到尾老是人家做一个动作他就说一下。

(2)在来的地铁上,
旁边那个姐姐打电话说:
"下一站就到宝山路了,我就下了。"
人家挂掉电话他就问刚才那个姐姐:
"你为什么下一站就下了呢?"
姐姐不理他,他还继续问:
"姐姐为什么打电话呢?"
姐姐还是不理他。
姐姐拿出手机玩游戏,
他立即凑上去说:"这个游戏应该这样玩。"
姐姐赶紧把手机放到包里。
他问人家的问题,不考虑人家愿意不愿意。

在这两个访谈例子中,LL 包括以下语言信息:

(1) 语言形式:LL 的语言形式,不管是语法还是语义,还有多种类型的言语行为类型,单从语言形式来看,都是正确的、丰富的。就具体的使用来说,也是流畅的、正确的。

(2) 语言操作:语言提取非常流畅。操作指向于 LL 与交互对象均了解的内容,而且在交互平台上展示这些内容。

(3) 信息运用:在这两个例子中,LL 具有通过提问获取新信息的能力与意识,也愿意分享自己所知的信息,并向交互对象提供多样性的信息。但 LL 未获得交互对象的响应与自己想要的信息。

(4) 交际运用:LL 虽然能使用语言发起、维持与陌生人的语言交互,但不能根据交互对象的身份、反应以及语言情境调整自己的语言使用,使得"爷爷奶奶老笑他""姐姐不理他""姐姐还是不理他""姐姐赶紧把手机放到包里",致使 LL 与陌生人的交际失败。可见,LL 运用语言与陌生人交际存在一定的障碍。

参考文献

(一)中文部分

[1] 布赖恩·麦克维尼. 国际儿童语言研究方法:CHILDES国际儿童语料库数据储存和分析系统[M]. 许文胜,高晓妹,译. 北京:教育科学出版社, 2010.

[2] 桂诗春,宁春岩. 语言学方法论[M]. 北京:外语教学与研究出版社,1997.

[3] 计迁,周兢,李晓燕. 自闭倾向儿童语言运用特点的个案研究[J]. 中国特殊教育,2006(7).

[4] 乐国安,D. G. 弗里德曼,C. 帕克. 中国的母子关系模式及文化传递[J]. 天津师范大学学报(社会科学版),1997(3).

[5] 李晓燕. 汉语自闭症儿童语言图景特征研究[M]//周兢:汉语儿童语言发展研究——国际儿童语料库研究方法的应用与发展. 北京:教育科学出版社, 2009.

[6] 梁秋月. 自闭症、智能不足与正常学龄前儿童沟通行为之比较研究[D]. 台北:国立台湾师范大学, 1992.

[7] 潘文国. 汉英语对比纲要[M]. 北京:北京语言文化大学出版社, 1997.

[8] 孙秀荣. 母亲的言语运用对儿童语用发展的影响——1—3岁儿童的母子互动研究[D]. 南京:南京师范大学, 2001.

[9] 郑全全,余国良. 人际关系心理学[M]. 北京:人民教育出版社, 1999.

[10] 周兢,李晓燕. 成长模型在特殊儿童语言发展研究中的运用[J]. 中国特殊教育,2008(3).

[11] 周兢. 儿童语言运用能力的发展[M]. 南京:南京师范大学出版社, 2002.

[12] 周兢. 从前语言到语言转换阶段的语言运用能力发展——3岁前汉语

儿童语用交流行为习得的研究[J]. 心理科学杂志,2006(6).

[13] 周兢. 重视儿童语言运用能力的发展:汉语儿童语用发展研究给早期语言教育带来的信息[J]. 学前教育研究,2002(3).

[14] 周兢. 汉语儿童语言发展研究——国际儿童语料库研究方法的应用与发展[M]. 北京:教育科学出版社,2009.

(二)英文部分

[1] ALLEN D A, RAPIN I. Language disorders in preschool children: Predictors of outcome. A preliminary report[J]. Brain & Development, 1980, 2(1).

[2] ALLEN D A. Developmental language disorders in preschool children: Clinical subtypes and syndromes[J]. School Psychology Review, 1989, 18(4).

[3] American Psychiatric Association. Diagnostic and statistical manual of mental disorders [M]. 4th Ed. Arlington: America Psychiatric Publishing, Inc. , 2000.

[4] American Psychiatric Association. Diagnostic and statistical manual of mental disorders [M]. 5th Ed. Arlington: Americann Psychiatric Publishing, Inc. , 2013.

[5] ASHER S R, PARKER J G, WALLKER D L. Distinguishing friendship from acceptance: Implications for intervention and assessment [J]//BAUMINGER N, SOLOMON M, AVIEZER A, et al. Friendship in High-functioning Children with Autism Spectrum Disorder: Mixed and Non-mixed Dyads. Journal of Autism & Developmental Disorders, 2008, 38(7).

[6] BACON A L, FEIN D, MORRIS R, et al. The responses of autistic children to the distress of others. [J]. Journal of Autism & Developmental Disorders, 1998, 28(2).

[7] BANG J, BURNS J, NADIG A. Brief Report: Conveying Subjective Experience in Conversation: Production of Mental State Terms and Personal Narratives in Individuals with High Functioning Autism[J]. Journal of Autism & Developmental Disorders, 2013, 43(7).

[8] BANG J, NADIG A. Learning Language in Autism: Maternal Linguistic Input Contributes to Later Vocabulary[J]. Autism Research,

2015, 8(2).

[9] BARON-COHEN S, JOLLIFFE T, MORTIMORE C, et al. Another Advanced Test of Theory of Mind: Evidence from Very High Functioning Adults with Autism or Asperger Syndrome[J]. Journal of Child Psychology & Psychiatry, 1997, 38(7).

[10] BARON-COHEN S. Perceptual role taking and protodeclarative pointing in autism[J]. British Journal of Developmental Psychology, 1989, 7(7).

[11] BASIL C. Social interaction and learned helplessness in severely disabled children[J]. Augmentative & Alternative Communication, 1992, 8(3).

[12] BATES E. Language and context : the acquisition of pragmatics [J]//ROLLINS P R. A case study of the development of language and communicative skills for six children with autism. Unpublished doctoral dissertation, Harvard University,1994.

[13] BAUMINGER N, SHULMAN C, AGAM G. Peer Interaction and Loneliness in High-Functioning Children with Autism[J]. Journal of Autism & Developmental Disorders, 2003, 33(5).

[14] BAUMINGER-ZVIELY N, KARIN E, KIMHI Y, et al. Spontaneous peer conversation in preschoolers with high-functioning autism spectrum disorder versus typical development[J]. Journal of Child Psychology & Psychiatry, 2014, 55(4).

[15] BERNARD-OPITZ V. Pragmatic analysis of the communicative behavior of an autistic child. [J]. Journal of Speech & Hearing Disorders, 1982, 47(1).

[16] BEVERSDORF D Q, Anderson J M, Manning S E, et al. The effect of semantic and emotional context on written recall for verbal language in high functioning adults with autism spectrum disorder[J]. Journal of Neurology Neurosurgery & Psychiatry, 1998, 65(5).

[17] BIBER D, CONRAD S, REPPEN R. 语料库语言学(Corpus Linguistics)[M]. 北京：外语教学与研究出版社, 2000.

[18] BLOOM L, ROCISSANO L, HOOD L. Adult-child discourse: Developmental interaction between information processing and linguistic knowledge[J]. Cognitive Psychology, 1976, 8(4).

[19] BOND M H. The psychology of the Chinese people[M]. Oxford: Oxford University Press, 1986.

[20] BOUCHER J. Word fluency in high-functioning autistic children [J]. Journal of Autism & Developmental Disorders, 1989, 18(4).

[21] BROOKS-GUNN J, LEWIS M. Maternal responsivity in interactions with handicapped infants. [J]. Child Development, 1984, 55 (55).

[22] BROWN R. A first language: The early stages[M]// SOKOLOV J L, SNOW C E. Handbook of Research in Language Development Using CHILDES. New Jersey: Lawrence Erlbaum Associates, Inc. , 1994.

[23] BRUNER J. The social context of language acquisition[J]. Language & Communication, 1981, 1(2—3).

[24] BRYSON S. Epidemiology of autism [J]. Journal of Autism and Developmental Disorders, 1996.

[25] CAPPS L, KEHRES J, SIGMAN M. Conversational Abilities Among Children with Autism and Children with Developmental Delays[J]. Autism, 1998, 2(4).

[26] CARROW-WOOLFOLK E, LYNCH J I. An integrative approach to language disorders in children[M]// 周兢. 学前儿童语言教育. 南京:南京师范大学出版社, 2001.

[27] CHARMAN T, DREW A, BAIRD C, et al. Measuring early language development in preschool children with autism spectrum disorder using the MacArthur Communicative Development Inventory (Infant Form)[J]. Journal of Child Language, 2003, 30(1).

[28] CHARMAN T. Matching Preschool Children with Autism Spectrum Disorders and Comparison Children for Language Ability: Methodological Challenges[J]. Journal of Autism & Developmental Disorders, 2004, 34(1).

[29] CHARMAN T. Why is joint attention a pivotal skill in autism? [J]. Philosophical Transactions of the Royal Society of London, 2003, 358(1430).

[30] CHIANG H M, CARTER M. Spontaneity of Communication in Individuals with Autism[J]. Journal of Autism & Developmental Dis-

orders, 2008, 38(4).
[31] CHIANG H M, LIN Y H. Expressive Communication of Children with Autism[J]. Journal of Autism & Developmental Disorders, 2008, 38(3).
[32] CONDOURIS K, MEYER E, TAGERFLUSBERG H. The relationship between standardized measures of language and measures of spontaneous speech in children with autism. [J]. American Journal of Speech-Language Pathology, 2003, 12(3).
[33] COOK B G, SEMMEL M I. Peer Acceptance of Included Students with Disabilities as a Function of Severity of Disability and Classroom Composition[J]. Journal of Special Education, 1999, 33(1).
[34] CROMER R F. The cognition hypothesis revisited [J]// GATHERCOLE V C M. Introduction to Special Issue: Languagespecific influences on acquisition and cognition. First Language, 2006, 26(1).
[35] CROMER R F. The cognitive hypothesis of language acquisition and its implications for child language deficiency[J]// GATHERCOLE V C M. Introduction to Special Issue: Languagespecific influences on acquisition and cognition. First Language, 2006, 26(1).
[36] CROSLAND K, DUNLAP G. Effective strategies for the inclusion of children with autism in general education classrooms. [J]. Behavior Modification, 2012, 36(3).
[37] CROSS T G, MORRIS J E. Linguistic Fedback and Maternal Speech: Comparisons of Mothers Addressing Infants, One-Year-Olds and Two-Year-Olds[J]. First Language, 1980, 1(2).
[38] CUNNINGHAM C E, REULER E, BLACKWELL J, et al. Behavioral and linguistic developments in the interactions of normal and retarded children with their mothers. [J]. Child Development, 1981, 52(1).
[39] CURCIO F, PACCIA J. Conversations with autistic children: Contingent relationships between features of adult input and children's response adequacy[J]. Journal of Autism & Developmental Disorders, 1987, 17(1).
[40] CURCIO F. Sensorimotor functioning and communication in mute autistic children[J]. Journal of Autism & Developmental Disor-

ders, 1978, 8(3).

[41] DALEY T C. The Need for Cross-Cultural Research on the Pervasive Developmental Disorders[J]. Transcultural Psychiatry, 2002, 39(4).

[42] DAWSON G, HILL D, SPENCER A, et al. Affective exchanges between young autistic children and their mothers[J]. Journal of Abnormal Child Psychology, 1990, 18(3).

[43] DAWSON G, MUNSON J, ESTES A, et al. Neurocognitive Function and Joint Attention Ability in Young Children with Autism Spectrum Disorder Versus Developmental Delay[J]. Child Development, 2002, 73(2).

[44] DAWSON G, TOTH K, ABBOTT R. Early social attention impairments in autism: social orienting, joint attention, and attention to distress. [J]. Developmental Psychology, 2004, 40(2).

[45] DURAND V M, CRIMMINS D B. Assessment and treatment of psychotic speech in an autistic child[J]. Journal of Autism & Developmental Disorders, 1987, 17(1).

[46] DYER K. The effects of preference on spontaneous verbal requests in individuals with autism. [J]. Journal of the Association for Persons with Severe Handicaps, 1988, 14(3).

[47] EALES M J. Pragmatic impairments in adults with childhood diagnoses of autism or developmental receptive language disorder[J]. Journal of Autism & Developmental Disorders, 1993, 23(4).

[48] EHEART B K. Mother-child interactions with nonretarded and mentally retarded preschoolers. [J]. American Journal of Mental Deficiency, 1982, 87(1).

[49] EIGSTI I M, BENNETTO L, DADLANI M B. Beyond Pragmatics: Morphosyntactic Development in Autism[J]. Journal of Autism & Developmental Disorders, 2007, 37(6).

[50] EL-GHOROURY N H, ROMANCZYK R G. Play Interactions of Family Members Towards Children with Autism[J]. Journal of Autism & Developmental Disorders, 1999, 29(3).

[51] ESKES G A, BRYSON S E, MCCORMICK T A. Comprehension of concrete and abstract words in autistic children[J]. Journal of Au-

tism & Developmental Disorders, 1990, 20(1).

[52] FEIN D, WATERHOUSE L. Autism is not a disorder of language [R]. Boston University Conference on Language Development, Boston, MA., 1979.

[53] FERRAIOLI S J, HARRIS S L. Teaching Joint Attention to Children with Autism Through A Sibling-Mediated Behavioral Intervention[J]. Behavioral Interventions, 2011, 26(4).

[54] FEY M, WEISS A L. Language intervention with young children [J]. Topics in Language Disorders, 1987, 7(2).

[55] FINE J, BARTOLUCCI G, SZATMARI P, et al. Cohesive discourse in pervasive developmental disorders[J]. Journal of Autism & Developmental Disorders, 1994, 24(24).

[56] FOXX R M, FAW G D. long-term follow-up of echolalia and question answering[J]. Journal of Applied Behavior Analysis, 1990, 23 (3).

[57] FREDERICKSON N, TURNER J. Utilizing the classroom peer group to address children's social needs: An evaluation of the Circle of Friends. [J]. Journal of Special Education, 2003, 36(4).

[58] FRITH U, SNOWLING M. Reading for meaning and reading for sound in autistic and dyslexic children. [J]. British Journal of Developmental Psychology, 1983, 1(4).

[59] GELLER E. An Investigation of Communication Breakdowns and Repairs in Verbal Autistic Children[J]. British Journal of Developmental Disabilities, 1998, 44(87).

[60] GENA A, KYMISSIS E. Assessing and Setting Goals for the Attending and Communicative Behavior of Three Preschoolers with Autism in Inclusive Kindergarten Settings[J]. Journal of Developmental & Physical Disabilities, 2001, 13(1).

[61] GIROLAMETTO L E. Improving the Social-Conversational Skills of Developmentally Disabled Children: An Intervention Study [J]. Journal of Speech and Hearling Disorder, 1988, 53(2).

[62] GIROLAMETTO L, GREENBERG J, MANOLSON H A. Developing Dialogue Skills: The Hanen Early Language Parent Program [J]. Seminars in Speech & Language, 1986, 7(4).

[63] GLEITMAN L R, NEWPORT E L, GLEITMAN H. The current status of the motherese hypothesis. [J]. Journal of Child Language, 1984, 11(1).

[64] GRANDIN T. Thinking in Pictures: and other reports from my life with autism[M]. New York: Doubleday. 1995.

[65] GURALNICK M J, CONNOR R T, HAMMOND M A, et al. The Peer Relations of Preschool Children with Communication Disorders [J]. Child Development, 1996, 67(2).

[66] GURALNICK M J. Major Accomplishments and Future Directions in Early Childhood Mainstreaming[J]. Topics in Early Childhood Special Education, 1990, 10(10).

[67] GURALNICK M J. The Nature and Meaning of Social Integration for Young Children with Mild Developmental Delays in Inclusive Settings. [J]. Journal of Early Intervention, 1999, 22(1).

[68] HALE C M, TAGER-FLUSBERG H. Brief Report: The Relationship between Discourse Deficits and Autism Symptomatology[J]. Journal of Autism & Developmental Disorders, 2005, 35(4).

[69] HAPPE F G E. An advanced test of theory of mind: Understanding by story characters' thoughts and feelings by able autistic, mentally handicapped, and normal children and adults[J]. Journal of Autism & Developmental Disorders, 1994, 24(2).

[70] HAPPE F G. Communicative competence and theory of mind in autism: a test of relevance theory. [J]. Cognition, 1993, 48(2).

[71] HARRIS S L, HANDLEMAN J S, KRISTOFF B, et al. Changes in language development among autistic and peer children in segregated and integrated preschool settings[J]. Journal of Autism & Developmental Disorders, 1990, 20(1).

[72] HAUCK M, FEIN D, WATERHOUSE L, et al. Social initiations by autistic children to adults and other children[J]. Journal of Autism & Developmental Disorders, 1995, 25(6).

[73] HONG W C, PING L T C W. The Relationship of Language Function of Adults with Autism to the Speech of Their Mothers[J]. British Journal of Developmental Disabilities, 2001, 47(93).

[74] KAISER A P, GOETZ L. Enhancing Communication with Persons

Labeled Severely Disabled. [J]. Research & Practice for Persons with Severe Disabilities, 1993, 18(3).

[75] KAISER A P, HESTER P P, MCDUFFIE A S. Supporting communication in young children with developmental disabilities[J]. Mental Retardation & Developmental Disabilities Research Reviews, 2001, 7(2).

[76] KAISER, ANN P, HANCOCK, et al. Parents as Cointerventionists: Research on Applications of Naturalistic Language Teaching Procedures. [J]. Infants & Young Children, 1998, 10(4).

[77] KANNER L. Autistic disturbances of affective contact[J]// TAGER-FLUSBERG H. Understanding the language and communicative impairments in autism. Glidden International Review of Research in Mental Retardation Autism, 2000, 23(00).

[78] KASARI C, SIGMAN M, MUNDY P, et al. Caregiver interactions with autistic children[J]. Journal of Abnormal Child Psychology, 1988, 16(1).

[79] KASARI C, SIGMAN M, YIRMIYA N. Focused and social attention of autistic children in interactions with familiar and unfamiliar adults: A comparison of autistic, mentally retarded, and normal children[J]. Development & Psychopathology, 1993, 5(3).

[80] KELLEY E, PAUL J J, FEIN D, et al. Residual Language Deficits in Optimal Outcome Children with a History of Autism[J]. Journal of Autism & Developmental Disorders, 2006, 36(6).

[81] KILLORAN I, WORONKO D, ZARETSKY H. Exploring preservice teachers' attitudes towards inclusion[J]. International Journal of Inclusive Education, 2014, 18(4).

[82] KJELGAARD M M, TAGERFLUSBERG H. An Investigation of Language Impairment in Autism: Implications for Genetic Subgroups. [J]. Language Cognition & Neuroscience, 2001, 16(2—3).

[83] KJELGAARD M M, TAGER-FLUSBERG H. Defining the language deficits in autism. Symposium for Research on Child Language Disorders[M]. Madison: WI. , 1999.

[84] KLEE T, SCHAFFER M, MAY S, et al. A comparison of the age-

MLU relation in normal and specifically language-impaired preschool children. [J]. Journal of Speech & Hearing Disorders, 1989, 54(2).
[85] KLEE T. Developmental and diagnostic characteristics of quantitative measures of children's language production[J]. Topics in Language Disorders, 1992, 12(2).
[86] KOEGEL L K, MI N P, KOEGEL R L. Using Self-Management to Improve the Reciprocal Social Conversation of Children with Autism Spectrum Disorder[J]. Journal of Autism & Developmental Disorders, 2014, 44(5).
[87] KOEGEL L K, VERNON T, KOEGEL R L, et al. Improving Social Engagement and Initiations between Children with Autism Spectrum Disorder and Their Peers in Inclusive Settings[J]. Journal of Positive Behavior Interventions, 2012, 14(4).
[88] KOEGEL R L, BRADSHAW J L, ASHBAUGH K, et al. Improving Question-Asking Initiations in Young Children with Autism Using Pivotal Response Treatment[J]. Journal of Autism & Developmental Disorders, 2014, 44(4).
[89] KOEGEL R L, MICHELLE M. Motivation in childhood autism: Can they? Or won't they[J]. Journal of Child Psychology & Psychiatry, 1985, 26(2).
[90] LAURSEN B, HARTUP W W. The Origins of Reciprocity and Social Exchange in Friendships[J]// CHOI H J, NIEMINEN T A. Effect of Participation as Peer-Players on Ideas and Attitudes About Disability[C]// Making Meaning: Creating Connections that Value Diversity. AASE, 2005.
[91] LORD C, RISI S, DILAVORE P S. Patterns of growth in verbal abilities among children with autism spectrum disorder. [J]. Journal of Consulting & Clinical Psychology, 2007, 75(4).
[92] LORD C. The development of peer relations in children with autism [M]// MORRISON F J, LORD C, KEATING D P. Applied developmental psychology. New York: Academic Press, 1984.
[93] LOVELAND K A, Landry S H, Hughes S O, et al. Speech Acts and the Pragmatic Deficits of Autism[J]. Journal of Speech &

Hearing Research, 1988, 31(4).

[94] MACWHINNEY B, SNOW C. The Child Language Data Exchange System: an update. [J]. Journal of Child Language, 1990, 17(2).

[95] MACWHINNEY B. The CHILDES project: Computational tools for analyzing talk [M]. 2nd Ed. New Jersey: Lawrence Erlbaum, Associates, Inc. , 1995.

[96] MACWHINNEY, B. The CHILDES Project: Tools for Analysing Talk [M]. 3rd Ed. New Jersey: Lawrence Erlbaum Associates, Inc. , 2000.

[97] MARCUS, E. Compulsion and yes, freedom too [J]. Facilitated Communication Digest, 2002, 10(1) .

[98] MCDONALD J D, GILLETTE Y. Communicating partners: A conversational model for building parent-child relationships with handicapped children [J]// KAISER A P, HESTER P P, MCDUFFIE A S. Supporting communication in young children with developmental disabilities. Mental Retardation & Developmental Disabilities Research Reviews, 2001, 7(2).

[99] ROBYN FIVUSH, FAYNE A, FROMHOFF. Style and structure in mother-child conversations about the past[J]. Discourse Processes, 1988, 11(3).

[100] STAINBACK W, STAINBACK S. Facilitating Friendships[M]// KLUTH P. "You're Going to Love This Kid!" Teaching Students with Autism in the Inclusive Classroom. 2nd Ed. Baltimore: Brookes Publishing Com. , 2010.

[101] TAGER-FLUSBERG H, PAUL R, LORD C. Language and Communication in Autism[M]// Handbook of Autism and Pervasive Developmental Disorders, Vol 1. 3rd Ed. New York: John Wiley & Sons, Inc. 2013.

[102] VIRGINIA BUYSSE, LAURA NABORS, DEBRA SKINNER, et al. Playmate Preferences and Perceptions of Individual Differences Among Typically Developing Preschoolers[J]. Early Child Development & Care, 1997, 131(1).

[103] WOLCHIK S A. Changing the Speech of Autistic Children and Their Parents[J]. Child & Family Behavior Therapy, 1982.

后　　记

本书是我在华东师范大学攻读完成的博士论文的一项研究，感谢浙江省社科联省级社会科学学术著作出版资金的全额资助，使得本书能有机会得以出版，并收录在“当代浙江学术文库”中和读者见面。

在本书即将付梓之际，最凝重的一笔，要用来感谢在泥泞而风雨的路上时时扶持着我的人。无数的影像在脑中翻飞，交织着倦怠和兴奋的日与夜。

首先应该感谢的是恩师周兢先生。自硕士到博士，从读书到课题研究，先生一直是我进入学术殿堂的领路人。常感恩上天，使我幸得先生为师。先生为人宽厚，治学严谨，总是以她的博大胸怀和宽容之心原谅包容我的愚钝与冥顽，自始至终都尽心尽力、无微不至地帮助我、关爱我。先生以她敏锐的学术眼光，发现了汉语自闭症儿童语言研究这一学术富矿，并郑重地交给了我。我明白先生的一片苦心，她不仅希望我的博士论文能结出硕果，而且想要我在这个方向上走得更深更远。无数次地问学伴随着论文写作的全过程，先生热情与智慧的话语使我每次交流都有豁然开朗的感觉。论文如果有些许可取之处，这主要归功于先生的指导。这些年，我仍然沿着先生指引的方向蹒跚前行，我想这是对导师最好的回报。

在华师大三年，除了先生的课，我还有幸聆听了方俊明教授、王振宇教授、周欣教授以及复旦大学文学院申晓龙教授、龚群虎教授的教诲，这些大师的课堂是一道道美丽的风景，使我常常流连忘返。上述老师的授课滋补了我的学养，使我能够面对论文写作中的困难。开题报告会上，方俊明教授、刘春玲副教授、马红英副教授、贺荟中博士、席居哲博士的质疑和建议对我的论文写作有着较多的帮助和启发。在此，我想向他们表达诚挚的谢意！

我的论文得以最终完成还离不开如下热心人的热情帮助：英国 De

Montfort 大学言语和语言障碍评估与矫治系的金立贤教授和 Martin 教授夫妇当面给我指点迷津，并通过 E-mail，审读了我的论文提纲，给我以中肯的建议和热情的鼓励，促进了我对论文的思考。特教系的昝飞博士对我提出的研究方法上的疑惑给予了耐心的解答与帮助。心理系的席居哲博士和学前系的左志宏博士夫妇多次与我讨论论文，提出了诸多宝贵意见。南京师范大学的郑荔博士审读了我的开题报告，给出中肯的建议。本论文中的小朋友 CC、TT、QQ、LL、WW、ZZ、XE、DD 以及他们的父母，还有 QQ 所在幼儿园的园长和老师对于我收集论文数据时提供了大力支持，可以说，没有他们，就没有这篇论文。师弟宋永宁多次抽出时间，不厌其烦，帮我耐心推敲统计分析方法上的问题。同门师妹王晓芬、杨晓岚、夏滢、高君、曹思敏、金慧慧、陈思、张莉在语料和玩具的处理方面为我提供了支持，使我得以顺利地完成数据收集和很大工作量的语料整理。室友张放放为我校对和翻译论文摘要，好友高晓妹、杨玉琴、张旭、刘必英，同门王玉琼等对我论文的关注也使我不敢有丝毫的懈怠。所有这些，都是我不可忘怀的，在此向他们特致谢忱！

应该特别感谢室友张玉敏，博士三年，她对我的帮助涉及学习生活的多个方面，现在还没有足够的距离来回忆与书写。一直以来，她都给予了我无穷的鼓励和帮助。在我彷徨痛苦时，努力进入我的话题，忍受我喋喋不休和自以为是的提问。在论文修改阶段，她又为我做了很多具体的工作，她的勤勉、热心与执着深深地影响了我。深深的友情，永志不忘！

感谢我的家人。感谢他们一直以来无私的支持与宽容；感谢他们默默的关爱与奉献；特别是我的女儿凌莉，在我读博的三年里，她已经从一个 1.5 米的小女孩长成了 1.75 米的大女孩，她有繁重的学业，每天早上 5:30 起床，晚上 10:30 才能准备入睡，可是我陪她的时间是那么少，内心难安！她努力地学习和生活着，给我这个做妈妈的许多坚持的勇气，让我能够继续学业。

总要有收尾。对于那些帮助过我的人们，我无法尽数他们的名字，而任何话语都难以承载我真诚的感激。

是为记。

李晓燕

2015 年冬日暖阳